JN123877

Keiji Sakamoto | Takashi Ono

坂本桂二 大野貴司 著

# ローカル鉄道の
# 経営戦略と
# マーケティング

## 長良川鉄道を事例として

三恵社

# 発刊にあたり

　長良川鉄道は，昭和時代末期に第三セクター鉄道として出発し，三十年余の平成時代を経て，そして今，令和の時代へと歩み始めました。この間，時代は大きく変化してきました。

　昭和期の高度成長時代においては，人を点から点へ如何に早く移動させるかが鉄道の大きな使命でありました。しかし，成熟社会においては「スロー」が脚光を浴びるようになってきました。今の時代は「ゆっくり」「のんびり」が生活のキーワードとなっており，多くの人々はそれを求めています。

　長良川鉄道はそんな時代を演出する鉄道であります。長良川鉄道は長良川沿いをノンビリ，トコトコ走る列車であり，車窓から眺める長良川の清流，釣人の姿，黄金の稲穂が垂れた田園風景，列車内に注ぎ込む長良川のそよ風は訪れる人の心を和ませてくれます。列車の中で交わされる「郡上弁」や「美濃弁」は牧歌的で，人と人の心が通う空間であり，その空間では自分自身の鎧を脱いで，自分自身を取り戻すことができる時間でもあります。長良川鉄道沿線の牧歌的な風景は「心のふるさと」の原風景と言っても過言ではありません。このポテンシャルを最大限に生かしたのが，観光列車「ながら」（乗ることが楽しく，それが目的となる列車）であります。それは経営の安定化に大きく寄与しています。経営の安定化なくして，地域住民の移動手段の確保は不可能であり，長良川鉄道の持続ある発展はあり得ません。

　観光列車「ながら」は，JR九州の「七つ星」をデザインされた水戸岡鋭治先生にデザインを依頼しました。その特徴は，ラグジュアリーな列車空間（非日常の体感），本物指向の列車空間演出（藍染等），地域の生活文化を演出した空間（動く物産館），木のぬくもりの体感空間（東濃ひのき，あべまき等），地域の四季折々の旬の食材を使った料理提供，一流のシェフが食の満足を提供，地域住民，アテンダントが千利休のおもてなしの教え（利休七則）に倣った一流の「おもてなし」，五感を刺激する沿線の自然（長良川等）の中で楽しい思い出づくりができる「歓交」の空間であります。観光列車「ながら」は，「人・空間・時間」のつながりを再構築し，地域を元気に（長良川鉄道が元気になれば地域も元気になる）することを可能にします。このような長良川

鉄道のマーケティング戦略は，鉄道のみならず，地域の活性化にも大きく寄与しています。

　本書が，ローカル鉄道や全国の中山間地域の活性化の参考になれば幸いです。また，長良川鉄道の様々な取り組みを通してローカル鉄道，長良川鉄道に関心を持っていただけることを期待しています。

令和元年 10 月

長良川鉄道株式会社代表取締役社長

日置　敏明

# はじめに

　第三セクター鉄道経営（ローカル線）は赤字ではダメなのか。素朴な疑問があります。赤字の第三セクター鉄道においては「鉄道経営に数億円税金をつぎ込むのであれば，その金を福祉事業に使った方が良い。そんな金食い虫の鉄道はいらない，廃止したらどうか」という論調が根強くあります。JR 東海においてもローカル線は赤字線で苦慮しています。国は，鉄道は最終交通手段ではなく，地域交通はバス等で対応できるとしています。「鉄道が必要だ，残したい」ならば地域で対応すべきであるとの意見が多くあります。

　しかし，ローカル鉄道は地域の重要な公共交通機関であるがゆえに，一方的に廃止もできません。いざ廃止ということになれば，一部の住民においては大きな抵抗感があります。とにかく鉄道は維持存続のコストが大きすぎます。鉄道の特性は，大量性，高速性，安全性，定時性，少エネ性において優れているとされています。この特性を発揮することができるのは，利用者が多く人口密度が高い大都市の鉄道であって，空気を運ぶ鉄道，1 周遅れで走る鉄道等と揶揄される過疎化が進む中山間地域を走る鉄道においては，鉄道の特性を発揮できません。鉄道はエコだ，環境に優しいといっても，数人の乗客のために定員 100 人のディーゼルカーを運行するという状態では，環境的にも経済的にも地域にも優しくありません。田舎の第三セクター鉄道の時速は60km 程度で，お世辞にも高速公共交通機関とはいえません。過疎的地域の鉄道路線においては，効率論から考えればバスやタクシーの方が理にかなっています。

　それを頭では理解していても「鉄道は地域に不可欠である」「個人的には鉄道を利用しないが，鉄道はなくしたくない」という人が多々存在します。これを支持する政治家等のオピニオンリーダー的な人も存在し無視できません。第三セクター鉄道を廃止にするにしても，存続するにしても，第三セクター鉄道経営は赤字ではダメなのか否かの方向性を出し，その方向性に基づき，早く地域コンセンサス形成を図り地域一丸となって鉄道経営，地域経営に取り組まないと，地域の交通どころか，地域全体が衰退してしまいます。第三セクター鉄道に従事する職員も将来が不安となります。平成 29 年における第三セクター鉄道等協議会会員は全国で 40 鉄道ありますが，これら

の鉄道の大部分は赤字経営で，北越急行（株），愛知環状鉄道（株），伊勢鉄道（株），智頭急行（株）が唯一の黒字鉄道（鹿島臨海鉄道は単年度赤字も，利益剰余金2,278百万円を有する）です。赤字経営の鉄道は，その赤字を沿線市町村からの補填で賄っているのが現状です。

　第三セクター鉄道のほとんどは，日本国有鉄道経営再建促進特別措置法（昭和55年12月27日交付）により廃止路線（経営持続が困難）となった国鉄路線を引き継いで経営をしているものであり，大都市の鉄道路線，特殊な条件下（JRの特急が乗り入れ等）で運行している鉄道路線以外は黒字化が望めません。むしろ，第三セクター鉄道は，最近のモータリゼーションの進展，高速道路を始めとした道路網の整備等の進展，少子高齢化の進展等の影響に加え，鉄道施設の老朽化による整備費，車輌の更新等の経費の増嵩により赤字額が拡大しています。

　第三セクター鉄道沿線市町村の財政状況は厳しく，その支援は限界状態から一部廃線，廃業に追い込まれるところもあります。その沿線市町村は過疎化が一気に進み，一部廃線，廃業したことを後悔しているところもあります。

　第三セクター鉄道は住民の足としての役割が大きく，第三セクター鉄道の赤字経営の観点のみで一部廃線，廃業をすることには疑問があります。第三セクター鉄道には地域活性化，存在効果，社会効果（交通事故減少等）があり，住民の意向，鉄道経営の収支状況，地域経営方針等を総合的に考えて，第三セクター鉄道の一部廃線，廃業を議論すべきです。第三セクター鉄道の重要性に鑑み，鉄道の経営の考え方を抜本的に見直す（例えば，赤字は不可避との意識に変革）必要があります。

　長良川鉄道は，沿線住民，特に交通弱者の移動手段として欠かせない鉄道であると同時に，行政の福祉，地域活性化等の政策の一翼を担っています。長良川鉄道のミッションは，鉄道経営のみの視点（部分最適化）ではなく，地域全体を最適化（地域の活性化，元気なまちづくり等）することです。これからの鉄道経営は，鉄道の機能として見逃されてきたソーシャル・キャピタル（社会関係資本）充実の視点で運営をしていくことが求められます。最近，地域社会においては，交流人口，関係人口の拡大が大きなテーマになっており，そこにおける長良川鉄道，ローカル鉄道の役割は大きなものがあります。

そこには戦略的なマーケティングが必要であり，長良川鉄道のマーケティング事例が，日本のローカル鉄道の持続ある発展の参考になれば幸いです。

　本書の公刊にあたっては，多くの方々にお世話になりました。特に，本書の出版作業においてお世話になった株式会社三恵社代表取締役木全哲也氏，文章校正でお世話になった長良川鉄道株式会社中井啓介氏に厚く御礼を申し上げます。

令和2年1月

坂本　桂二

大野　貴司

# 目　　次

# 序章　問題意識と本書の構成

## 第1節　問題意識

　日本の鉄道は，1872 年 9 月 12 日に新橋から横浜間で開業されて以降 1950 年代まで総延長距離は増加してきた。しかし 1960 年代になると，モータリゼーションの進展によりローカル線が廃止され始めた。1966 年以降国鉄財政赤字は加速度的に拡大し，その最終的な対応として 1980 年に「日本国有鉄道経営再建促進特別措置法」が，同政令が 1981 年に制定され，国鉄の赤字ローカル線の整理が行われ，路線の廃止，あるいは地元自治体が参加する第三セクターへの経営移管が行われた。特定地方交通線 83 の内地方鉄道として存続されたのは 38 路線で，半分以上がバス路線に転換されている。国鉄赤字線の処理が終わった 1990 年代は比較的落ち着いていたが，2000 年代以降は鉄道の廃止路線は増えてきている。

　鉄道の廃線理由の 1 つは，1999 年 3 月 1 日の鉄道事業法改正である。これまで路線廃止する際にも国の許可が必要であった。鉄道会社が赤字路線を廃止したくても，地元自治体などが反対した場合は許可されなかった。しかし 1999 年 3 月の鉄道事業法の改正により，鉄道会社が廃線をしたい場合，国土交通省に届出をすれば 1 年後においては、地元の同意がなくても廃線ということになる。鉄道事業法が改正された 1 年後からは，鉄道の廃線が増加している。バスも同様である。

　2 つめの理由は，第三セクター鉄道の経営難と沿線市町村の財政支援の限界である。1980 年代に国鉄が赤字ローカル線を切り離した時，その路線の多くを地元自治体が継承するために第三セクター方式が採用された。こうした路線には，国から転換交付金が交付されたが，現在，大部分の第三セクター鉄道は使い果たしている。第三セクター鉄道と自治体は，路線を維持していくためには税金で赤字を補填する必要に迫られた。それができない第三セクター鉄道のいくつかは廃止された(岐阜県内においても第三セクター鉄道として発足した神岡鉄道が 2006 年 12 月に廃止されている)。

　3 つめの理由は，第三セクター鉄道インフラの大幅リニューアル時期を迎え，

その財源確保が難しくなっていることである。国鉄の赤字ローカル線が第三セクター鉄道に引き継がれてから30年以上，国鉄時代から考えると90年近く経過している。その間，根本的な鉄道基盤整備がされず，今，鉄道基盤の大幅リニューアルが必要となってきている。また，第三セクター鉄道当初に，新型車両（長良川鉄道の場合レールバス）が導入され，その車両が更新時期を迎えていることへの対応が必要となっている。鉄道インフラを大幅にリニューアルするには年間数十億円が，車両更新するためには1両2億円近く（レールバスで）の費用が必要となり，その財源確保が難しくなっている。財源確保ができず基盤整備ができなければ，安全確保の観点から運行継続が不可能となる。また，新車を買えなければ，その第三セクター鉄道は廃止に追い込まれることになる。

　4つめの理由は，第三セクター鉄道の多くが山にへばりつくように走るほか，河川沿いを走っており，災害を受けやすい地形に存在する。毎年，ゲリラ的豪雨や大地震で鉄道被害が甚大なケースが増え，その被害額は増加傾向である。復旧には巨額の費用が掛かり，赤字路線に自治体が巨額の資金を投入することが不可能になってきている。国策として復旧支援ができない第三セクター鉄道は廃止あるいは，廃止が検討されることになる。大地震に遭遇した三陸鉄道（株），南阿蘇鉄道（株）は国策として復旧のための支援がされている。

　年々経営が厳しくなっていくローカル鉄道（第三セクター鉄道）の経営基盤が安定しない限り，その持続ある発展はありえない。第三セクター鉄道もその経営安定のために沿線市町村等からの支援以上の地域還元ができなければ住民のコンセンサスは得ることはできない。座して死を待つのではなく，自助努力で活路を見出していくことが求められる。

　本書は，この状況を踏まえて，ローカル鉄道（第三セクター鉄道）の今後の展望を捉えようとするものである。


## 第2節　本書の構成

　以下，次章以降の本書の構成を紹介したい。

　第1章では，国鉄から引き継がれた第三セクター鉄道設立の経緯，国の地方鉄

道問題の検討状況，それを踏まえた交通政策基本法の制定と関連施策の概要や地方鉄道への支援制度を整理している。

　第2章では，ローカル鉄道の経営に大きな影響を及ぼす人口を中心にして，日本，長良川鉄道を取り巻く社会経済環境を整理している。

　第3章では，長良川鉄道の経営状況と沿線住民の長良川鉄道との関わり合い意識について整理している。

　第4章では，第3章までの問題意識を基に長良川鉄道の事業環境分析，SWOT分析を試み，長良川鉄道の経営戦略を整理している。

　第5章では，長良川鉄道の持続ある発展に向けて，経営改善の視点からの提案，鉄道の使命である安全対策についての提案，長良川鉄道の一部廃線問題への考え方，新たな挑戦に向けての試みをまとめている。

　第2部は，長良川鉄道のマーケティングについてキーワードからアプローチした論考をまとめたものである。

　第6章では，観光化をキーワードとして，観光のメカニズムを整理すると同時に，世界，日本を代表する観光鉄道の状況を整理し，それを踏まえて，長良川鉄道と沿線の観光ポテンシャルと長良川鉄道利用の観光客状況をまとめ，長良川鉄道の観光化への課題と対応についてまとめている。なお，本章は，坂本桂二（2011）「長良川鉄道の観光化への課題と対応」『鉄道ジャーナル』第45巻，98-105頁　に大幅な加筆訂正を施したものである。

　第7章では，列車を観光の対象とした観光列車「ながら」，ながてつチャギントン列車導入に至る過程と，観光列車導入の意味，展望を地域活性化と関連付けると同時に，今後の課題についてまとめている。なお，本章は，坂本桂二・大野貴司（2016）「ローカル鉄道経営における観光列車導入の可能性—長良川鉄道における観光列車導入を事例として—」『地域経済』第35集，25-34頁　に大幅加筆な訂正を施したものである。

　第8章では，健康志向の高まりの中でアウトドアスポーツへの関心が高まっており，これをキーワードに長良川鉄道，沿線地域の状況を分析し，発展の可能性についてまとめている。なお，本章は，坂本桂二・大野貴司（2013）「中山間地

3

域におけるアウトドア・スポーツツーリズムの可能性─岐阜県郡上市を事例として─」『地域経済』第32集，59-69頁　に大幅な加筆訂正を施したものである。

　第9章では，アウトドアスポーツの中でも特にサイクルスポーツの関心が高まっており，これをキーワードに長良川鉄道，美濃市（サイクルシティを標榜）の状況を分析し，発展の可能性についてまとめている。なお，本章は，坂本桂二・大野貴司（2014）「長良川鉄道の経営における自転車の意義と活用」『地域経済』第33集，95-104頁　に大幅な加筆訂正を施したものである。

　第10章では，鉄道のブランド化の重要性を踏まえて，鉄道のブランド化で成功している鉄道を事例に長良川鉄道のブランド化の可能性と課題についてまとめている。なお，本章は，坂本桂二・大野貴司（2014）「長良川鉄道のブランド化への試み」『岐阜経済大学論集』第47巻2・3号，79-95頁　に大幅な加筆訂正を施したものである。

　第11章では，最近，シェアリングエコノミーが注目され，鉄道においても規制緩和が図られ，客と荷物の混載が認められるようになったことを踏まえ，長良川鉄道の収益確保と宅配業者（ヤマト運輸）の働き方改革，人材確保対策，$CO_2$削減等の必要性から貨客混載導入を図った事例を紹介し，その将来発展の可能性についてまとめている。

　第12章では，自前主義から脱却する長良川鉄道における連携・協働・協力をキーワードとした展開について具体的事例を交えて紹介し，その今後の展開についてまとめている。なお，本章は，坂本桂二・大野貴司（2013）「協働による地域づくりに関する一考察─長良川鉄道を事例として─」『岐阜経済大学論集』第47巻1号，59-72頁　に大幅な加筆訂正を施したものである。

　第13章では，航空，ホテル等においてはイールドマネジメントの手法が取り入れられ収益の最大化の試みがされていることを踏まえ，鉄道におけるその導入の可能性についてまとめている。最近，国土交通省においては，公共交通機関への導入について検討がされている。なお，本章は，坂本桂二・大野貴司（2015）「長良川鉄道の経営における『1日フリー切符』の意義とその検証─イールドマネジメントの視点から─」『地域経済』第34集，87-93頁　に大幅な加筆訂正を

施したものである。

　終章では，今後ローカル鉄道が生き残っていくためには，乗って残そう発想から，ローカル鉄道が地域の重要な社会インフラであることを踏まえた支援制度のあり方やビジネスモデルの転換を構築していく必要があり，その対応を述べている。

　そして，巻末には参考文献一覧を記載している。

　なお，どの章から読んでも分かるように内容に重複があることをご理解いただきたい。

# 第 1 部　ローカル鉄道の概要

人口減少の影響は，ローカル鉄道の経営に大きな圧力となってきている。日本の人口は，2006年に1億2,774万人でピークに達した後，死亡数が出生数を上回り，人口が減少していくと見込まれている。国立社会保障・人口問題研究所は2030年に全都道府県で人口が減少し，「将来推計人口」の中位推計によると，将来の人口は2025年には1億2,114万人，2050年にはおよそ1億60万人になると予測している。

　特に，ローカル鉄道が走る中山間地域の人口減少は著しい。従来の通学客，通勤客主体の経営では早晩ローカル鉄道経営は破綻することになる。その対応の一つとしてローカル鉄道は観光路線に転換を進めているが，経営改善の決定打にはならなく，今後の経営の困難さは増していくと予想される。今まで観光地の需要を下支えしてきた高齢者（団塊世代）も2025年には，後期高齢者世代となり，観光客は急激に減少すると予想される。

　従来，高校生の通学の足の確保というのが，今まで鉄道維持の大きな理由の一つであったが，少子化の中で両親，祖父母のマイカー送迎の増加やスクールバス通学の増加等その必要性は低下してきている。

　鉄道路線が廃止されると，JRの時刻表から消える，過疎化が一気に進み地域が衰退する，災害時の代替え交通手段がなくなる，一度廃線すると二度と鉄道の復活はできないといった情緒的意見だけではローカル鉄道を維持していけないのが現状である。今まで多額の投資で路線が維持されてきたからといった理由で延命投資を続けることは，地域住民のためにはならない。本気で存続させたいのであれば，シビアに採算性を検討して，それでも残したいと考えるのであれば，税金を投入することの住民の覚悟が必要である。鉄道路線維持のために毎年投じている多額の資金は，高齢化，少子化等の政策経費を圧迫することになるが，鉄道を重要な社会インフラとして残していく覚悟である。

　ローカル鉄道（第三セクター鉄道）は，国鉄改革の煽りを受けて，大幅な赤字覚悟で地域の交通弱者を守る観点から発足したものである。そこにビジネスの論理を全面的に要求することはもともと無理がある。ローカル鉄道を社会インフラとして存続をさせていくか否かである。発足当時は10年もすればローカル鉄道

は消滅するだろうと言われていたが，その必要性から大部分の鉄道は今でも存続している現実がある。

　国鉄から引き継いだローカル鉄道は発足以来 30 年以上経過し，その間社会経済環境は大きく変化している。特に，中山間地域の少子高齢が急速に進みローカル鉄道は存亡の危機に直面している。今後，ローカル鉄道の存亡を左右する人口等の動向をウォッチしていく必要から，日本の少子高齢化の動向，長良川鉄道沿線地域の人口，社会経済環境の変化を的確に捉えてローカル鉄道の将来を戦略的に考えていく。

# 第1章　第三セクター鉄道の歴史と変遷

　本章では，第三セクター鉄道の持続ある発展を考える原点となる第三セクター鉄道設立の歴史と変遷について概観する。

## 第1節　第三セクター鉄道設立の経緯

### (1)　国鉄再建と地方交通線

　日本の鉄道の運行開始は明治 5 年である。当初の鉄道は官営であり，明治 22 年の東海道線（新橋～神戸間）が開通までは列車本数の増大，スピードの向上，線路の複線化，新規開業等著しい進展があった。明治 33 年には国策から「鉄道営業法」が，明治 39 年には鉄道国有法が公布され国有鉄道の礎ができた。昭和 24 年に国鉄は公共企業体に組織改編があったが，輸送構造の変化，モータリゼーションの進展，産業構造の変化等時代の変化への適合が遅れ，昭和 39 年を境に国有鉄道は瓦解し，その影響を受けたのがローカル線で，後にその存廃が議論されることになった[1]。

　国有鉄道は，昭和 39 年度に 300 億円の単年度赤字が生じて以来，毎年赤字が拡大して，経営，財務の立て直しは不可能になった。このような状況を踏まえ，第 1 次再建策として各種の再建策が講じられたが，その施策の一つとして「地方閑散線について道路輸送への転換促進する」ことが明記された。再建期間において約 2,600km については「便益性を十分確保することにするが，直ちに切り替えることが困難なものについては，採算可能な運賃の設定または関係地方公共団体による損失の負担等の措置をとる」との方向が出された。これがその後のローカル線存廃の方向を付けるものとなった。10 年間を期間とした再建策が進められたが，それにもかかわらず国鉄財政はさらに悪化したことを受け，昭和 44 年 2 月 2 日「日本国有鉄道の財政再建策について」として第 2 次再建策が閣議決定された。その中に「地方閑散線は・・・・同意が得られる線区については積極的にバス輸送への転換を進める」という考え方が示された。以上の 2 回の再建策が講じられたが財政状況は悪化の一途をたどる状況から昭和 50 年 12 月に「日本国有

10

鉄道再建対策要綱」が閣議了解され，これを更に一部修正された「日本国有鉄道の再建策について」が閣議了解された[2]。

　これを受け，運輸政策審議会の国鉄地方交通線問題小委員会は，昭和52年1月に赤字ローカル線対策実施については地域住民参加の協議会設置が提言され，協議会が検討，選択するための案として「民間事業者，第三セクター，地方公共団体に移譲する」と明示された。しかし，これまでの再建策にもかかわらず国鉄の累積赤字，長期債務は危機的な状況から昭和55年12月に「日本国有鉄道経営再建促進特別措置法」が制定公布された。この法律の中で，昭和60年度までに，地方交通線について「バス輸送又は民間事業者，第三セクター等による鉄道輸送への転換等の所要の措置を講じること」とされた。また，この法律及び施行令において，特定地方交通線の具体的基準，対策協議会会議，地方交通線の譲渡，貸付及び助成措置等が定められ，当面昭和60年度までの間は旅客輸送密度2,000人未満の路線（約4,000km）について転換するとされた[3]。

　昭和58年6月10日に国鉄再建監理委員会が発足し，昭和60年7月26日に同委員会が国鉄再建についての最終答申（全国6分割，経営形態は株式会社，余剰人員対策約93,000人，長期債務等の処理約37.3兆円，民営化移行時期は昭和62年4月1日実施）がなされ，その再建が進められたところである[4]。

　日本国有鉄道経営再建促進特別措置法，同法施行令に基づき，国有鉄道の線区を幹線系線区（70線，約12,300km），地方交通線（輸送密度8,000人未満の175線，約10,160km）に分類し，さらに，地方交通線の内，輸送密度4,000人未満の83線，約3,160kmを特定地方交通線（転換対象路線）として位置づけ，第一次から第三次にわたって転換が進められたところである。特定地方交通線認定基準は，次の①から④以外の路線とされている。

①　1日のピーク時の輸送人員が1時間1方向1,000人以上である。

②　代替バス輸送道路がない。

②　代替バス輸送道路の積雪期不通日数が年平均10日を超える。

③　旅客の平均乗車距離が30kmを超え，かつ輸送密度が1,000人以上である。

以上のような基準で運輸大臣の承認を得た路線は，83線，3,157.2kmである[5]。

11

第一次特定地方交通路線は約40路線，約730km（2,000人/日未満かつ30km以下の行き止まり線，500人/日未満かつ50km以下）で，転換路線を経営する鉄道事業者は三陸鉄道等16業者（その後廃業しているところもある），第二次特定地方交通路線は約31路線，約2,089km（2,000人/日未満でかつ第一次特定地方交通路線に選定されなかった線区）で，転換路線を経営する鉄道事業者は秋田内陸縦貫鉄道等11業者（その後廃業しているところもある），第三次特定地方交通路線は約12路線（約339km，輸送密度2,000人/日以上4,000人/日未満）で，転換路線を経営する鉄道事業者は愛知環状鉄道等7業者である。その内，地方鉄道に転換したのは，第一次特定地方交通路線で18路線，約327.2km，第二次特定地方交通路線で11路線，約670.6km，第三次特定地方交通路線で9路線，約312.9kmである[6]。

　岐阜県内路線は第一次選定特定地方交通路線として，昭和59年10月1日に神岡線（20.3km）が神岡鉄道（現在廃業）に，昭和60年11月16日に明知線（25.2km）が明知鉄道に，昭和59年10月6日に樽見線（24.0km）が樽見鉄道に，第二次特定地方交通路線として，昭和61年12月11日に越美南線（72.2km）が長良川鉄道に経営移管された。転換路線はいずれも黒字化が望めない路線である。越美南線が廃止されたことに伴い，その代替手法について，バス転換にするか，鉄道として存続するか否かについて議論がされた結果，次の理由により地方鉄道として存続が選択された。

○　通学生等を中心にして，1日約4,800人（昭和61年現在）の利用がある生活路線であること。

○　今後高齢化社会への移行の中で交通弱者の足の確保は極めて肝要であり，また，地域の活性化を図る上でも基幹的な役割を担うものである。

○　越美南線，北線の貫通は，福井県との長年の懸案事項であり，沿線住民の悲願でもあり，将来の地域開発をする上で特に重要である[7]。

　また，それと並行して，越美南線鉄道経営収支試算が昭和61年5月に越美南線鉄道対策準備会において行われ，その収支試算結果は以下のとおりである。

① 収支試算結果

ア 主な試算の前提

- 鉄道事業に必要な土地，設備（車輌は除く）は，国鉄から無償譲渡を受ける

- 列車運行は，旅客列車のみとし，10〜20往復

- 運賃は国鉄の 1.5 倍，遠距離逓減，通勤定期割引は 35%，通学定期割引は 55%
  等

- 運賃アップによる旅客減少率は，昭和 60 年国鉄輸送実績の普通旅客で 10%
  マイナス，定期旅客で 20%マイナス

- 無償譲渡等の資産は圧縮記帳を行い，減価償却は行わない

- 有人駅は 7 駅

イ 国鉄実績と収支試算との比較（単年度）[8]

　地方鉄道存続に当たっては，年間 1 億 8 千万円程度の赤字は容認した形で出発
をしている。当然，その当時と現在では，乗降客の動向，収益構造，費用構造，
沿線市町の財政状況が変化しており，100%これが現在も容認されているとはい
えない[9]。


## 第 2 節　国の地方鉄道施策の方向性

　地方鉄道問題に関する検討会は，平成 15 年 3 月に「地方鉄道復活のためのシ
ナリオ」と題する報告書をまとめた。それ（平成 14 年の原案）によると，地方
鉄道の責任は，基本的には，鉄道事業者と地元市町村，道府県，地元住民等の地
域と連携して果たすべきとし，そのためにはそれらの地域が一体となって，地域
の交通機関として鉄道を支え，鉄道の魅力を高める努力をすべきであり，それに
対して地方公共団体が適切に支援し，国は地方運輸局を通じて関与するとしてい
る。一義的には鉄道事業者の自助努力が不可欠としている[10]。

　しかし，最近の少子高齢化傾向，モータリゼーションの進展等による鉄道利用
者の大幅な減少に鉄道事業者が自助努力で対応していくには限界がある。また，
それを支援する沿線市町村も財政状況は逼迫し支援は限界状態である。国は地方
運輸局を通じて関与する消極的スタンスでは，全国の多くの第三セクター鉄道は

図表 1-1　開業後の収支試算　　　　　　　　　　　　　　　　単位：百万円

| 区　　　　分 | | | 国鉄実績(昭和59年) | 準備会試算(昭和61, 5) |
|---|---|---|---|---|
| 収　入　合　計 | | | 268 | 408 |
| | 旅客収入計 | | 239 | 408 |
| | | 普通旅客収入 | **164** | **225** |
| | | 定期旅客収入 | **75** | **183** |
| | 雑収入 | | 29 | — |
| 費　用　合　計 | | | 2, 648 | 590 |
| | 人件費 | | 1, 573 | 249 |
| | 物件費 | | 569 | 257 |
| | 租税公課 | | 75 | 68 |
| | 減却償却費 | | 233 | —- |
| | その他 | | 198 | 19 |
| 差引損益 | | | △2, 380 | △182 |

出典：長良川鉄道（1996），41 頁。

破綻をきたす恐れがある。

　平成 29 年度第三セクター鉄道等協議会加盟（平成 30 年 7 月現在 40 社）の鉄道の輸送実績，経営成績をみると，平成 29 年度の輸送実績は 5, 589 万人（前年度比 101.2%）で，40 社中 23 社が減少，16 社が増加となっている。人口減少社会において，観光列車，イベント列車等の運転で観光誘客を図るとともに，企画切符の販売，沿線でのイベントの開催等により輸送人員の増加を図る会社もある一方，沿線の少子高齢化の中で通学，通勤客の減少の影響を受け輸送人員が減少している鉄道会社もある[11]。

　経営成績は平成 29 年度より経常損益が改善した会社が 40 社中 11 社あったが，全体としては，輸送人員の減少，老朽鉄道インフラの修繕の増大，中東の政治情

勢の影響で燃料費の値上がりで経営は厳しい状況である[12]。

　平成29年度の黒字会社は40社中8社で経常利益は10億1,280万円（平成28年度は40社中8社で13億505万円）を計上している。一方，赤字会社は40社中32社で経常損失は61億505万円（平成28年度は40社中32社で54億6,883万円）を計上している。第三セクター鉄道においては，乗客の安全確保の観点から増大する老朽設備，車輌の修繕等の対応は不可欠であり，経営の合理化も限界状態である[13]。

　このような状況から「地域公共交通の活性化及び再生に関する法律」に基づく公有民営化方式等鉄道事業の新しい形態に転換した会社として，三陸鉄道，若桜鉄道，信楽高原鉄道，京都丹後鉄道（旧北近畿タンゴ鉄道），山形鉄道がある。

図表1-2　輸送人員の推移　　　　　　　　　　　　　　　単位：千人

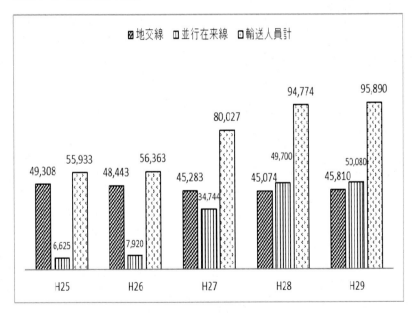

出典：平成29年度第三セクター鉄道の輸送実績データを基に筆者グラフ作成，「三セク鉄道だより」第48号，12頁。

図表 1-3 経常損益の推移　　　　　　　　　　　　　　　単位：百万円

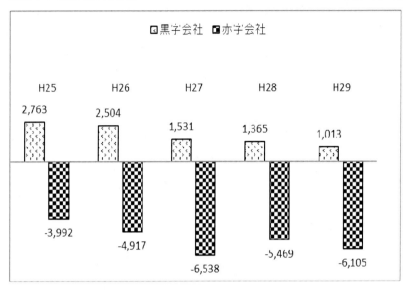

出典：平成 29 年度第三セクター鉄道の輸送実績データを基に筆者グラフ作成，
「三セク鉄道だより」第 48 号 12 頁。

## 第 3 節　交通政策基本法の制定と関連施策

　国土交通省において，平成 25 年 3 月に交通政策基本法が制定された。それに
よると，「くるまに依存する社会となったため，気がつくとお年寄りや体の不自
由な方々に不便社会」となったという認識に立ち，交通弱者にも移動権が保障さ
れるようにしていくことが必要としている[14]。

　平成 25 年度以前の国土政策では，「国土形成計画法」と同法に基づく「国土形
成計画」が，交通インフラ整備では「社会資本整備重点計画法」と同法に基づく
「社会資本整備重点計画」があり，それぞれ総合的，計画的に施策が進められて
きた。一方，従来交通政策に関する基本的な法律，計画は存在しておらず，個別
法に基づき個々に施策を推進していたことから，交通政策の推進に当たっての基
本理念を打ち立て，関係者の連携と役割分担の下に，政策を総合的に推進する体
制を構築していくことが必要な状況であった。「交通政策基本法」は，こうした

交通に対する時代の要請に的確に応え，関係者の一体的な協力のもとに，施策を策定，実行していく体制を構築するものである。今後は，交通政策に関して，政府が一丸となって様々な課題に取り組むとともに，地域の関係者間の役割分担と合意の下で望ましい地域公共交通ネットワークを形成する新たな枠組みの構築について検討を進めるなど，政策の充実を図っていくこととしている[15]。

　「交通政策基本法」では，まず，国民等の交通に対する基本的な需要が適切に充足されることが重要であるという認識の下に，「豊かな国民生活の実現」，「国際競争力の強化」，「地域の活力の向上」，「大規模災害への対応」など，政府が推進する交通に関する施策についての基本理念を定めている。そして，これらの基本理念を実現するために実施することが必要な交通に関する基本的な施策として，以下のような内容を定めている。

① 　まちづくりと一体となった公共交通ネットワークの維持，発展を通じた地域の活性化

② 　国際的な人流，物流，観光の拡大を通じた我が国の国際競争力の強化

③ 　交通に関する防災，減災対策や多重性，代替性の向上による巨大災害への備え

④ 　少子高齢化の進展を踏まえたバリアフリー化をはじめとする交通の利便性向上

⑤ 　以上の取り組みを効果的に推進するための情報通信技術（ICT）の活用[16]

　さらに，交通に関する基本的な施策の策定と実施について，国及び地方公共団体の責務を定めるとともに，以上のような交通施策に関する基本的な計画（交通政策基本計画）を策定して閣議決定し，その推進を図ることとしている。交通政策基本法の内容をみると，人の移動に関する権利を明確にすること等を目的に，第2条で「交通が，国民の自立した日常生活及び社会生活の確保，活発な地域間交流及び国際交流並びに物資の円滑な流通を実現する機能を有するものであり，国民生活の安定向上及び国民経済の健全な発展を図るために欠くことのできないものであることに鑑み，将来にわたって，その機能が十分に発揮されることに

より，国民その他の者の交通に対する基本的な需要が適切に充足されることが重要であるという」基本的認識を示している[17]。

また，第 3 条で交通の機能の確保及び向上を意図して，「交通に関する施策の推進は，交通が，国民の日常生活及び社会生活の基盤であること，国民の社会経済活動への積極的な参加に際して重要な役割を担っていること及び経済活動の基盤であることに鑑み，我が国における近年の急速な少子高齢化の進展その他の社会経済情勢の変化に対応しつつ，交通が，豊かな国民生活の実現に寄与するとともに，我が国の産業，観光等の国際競争力の強化及び地域経済の活性化その他地域の活力の向上に寄与するものとなるよう，その機能の確保及び向上が図られることを旨として行われなければならない。」とし，「交通の機能の確保及び向上を図るに当たっては，大規模な災害が発生した場合においても交通の機能が維持されるとともに，当該災害からの避難のための移動が円滑に行われることの重要性に鑑み，できる限り，当該災害による交通の機能の低下の抑制及びその迅速な回復に資するとともに，当該災害の発生時における避難のための移動に的確に対応し得るものとなるように配慮しなければならない。」としている[18]。

その推進については，第 6 条において「交通に関する施策の推進は，まちづくり，観光立国の実現その他の観点を踏まえ，当該施策相互間の連携及びこれと関連する施策との連携を図りながら，国，地方公共団体，運輸事業その他交通に関する事業を行う者，交通施設の管理を行う者，住民その他の関係者が連携し，及び協働しつつ，行われなければならない。」とし，第 8 条から第 11 条においてそれぞれの役割を規定している[19]。

また，第 2 章第 1 節において，交通政策基本計画に定める事項も明示し，第 2 節で国等の施策について規定している[20]。

第 2 条で国民の移動権確保のために国は交通に関する施策を実施するために必要な法制上又は財政上の措置等を講じなければならないとし，そのための基本的施策として，交通施設の整備促進，輸送サービスの提供確保，その費用の縮減，公共交通機関に必要な助成等の措置を講ずるものとしているが，移動権をどこまで補償するのか，それに対する財源の確保をどうするのかが今後の大きな課題と

18

なる。国民，事業者，地方公共団体は，交通政策基本法の制定とその具体化に大きな期待を抱いている[21]。

## 第 4 節　地方鉄道への支援制度

　平成 31 年度予算に係る国土交通省鉄道局の予算をみると，地域鉄道の活性化，安全確保等として，①地域鉄道による安全輸送の確保，②地域鉄道の利便性の向上，③移動の利便性向上，利用環境の改善をあげている。安全輸送の確保は，鉄道施設総合安全対策事業補助金（公共）と鉄道公共交通確保維持改善事業補助金（非公共）の 2 つのメニューを用意し，鉄道輸送の安全性向上に資する設備の更新等に支援を行うとしている。利便性の向上としては，幹線鉄道等活性化事業費補助（公共）のメニューを用意し，鉄道利用ニーズの高い地方都市や近郊の路線等について，利用者の利便性向上施設整備に支援をするとしている。移動の利便性向上，利用環境の改善としては，訪日外国人旅行者受入環境整備緊急対策事業費補助金（非公共）と公共交通利用環境の革新等（非公共）の 2 つのメニューを用意して，訪日外国人旅行者等の移動の利便性の向上や利用環境の改善を促進するとしている他，空港等から訪日外国人旅行者の特に多い公共交通機関の利用環境（訪日外国人旅行者のニーズの高い多言語対応，無料 WI-FI サービス，トイレの洋式化，キャッシュレス決済対策）を刷新する整備費に支援するとしている[22]。

　以上の国の補助率の基本は 1/3 であるが，財政力が低い地方公共団体が支援する鉄道事業再構築事業については補助率を 1/2 に嵩上げするとしている。平成 31 年度予算額は 50 億円程度である。30 年度の補正予算を含めて 70 億円弱である。その予算額は減少傾向である。この予算額では，経営の悪化している第三セクター鉄道の安全確保は困難となってきている[23]。

---

## 注

[1] 国土交通省，日本鉄道史　http://www.mlit.go.jp/common/000218983.pdf （最終アクセス 2020 年 1 月 6 日）
[2] 国土交通省鉄道局（2017），1-2 頁。
[3] 国土交通省鉄道局（2017），1-2 頁。
[4] 国土交通省鉄道局（2017），1-2 頁。

5 国土交通省鉄道局（2017），1-2 頁。

6 国土交通省鉄道局（2017），1-2 頁。

7 1986 年 3 月の越美南線運行対策準備委員会記者発表資料，長良川鉄道 10 年史編集委員会（1996），40-41 頁。

8 1986 年 3 月の越美南線運行対策準備委員会記者発表資料，長良川鉄道 10 年史編集委員会（1996），40-41 頁。

9 1986 年 3 月の越美南線運行対策準備委員会記者発表資料，長良川鉄道 10 年史編集委員会（1996），40-41 頁。

10 地方鉄道問題に関する研究会　地方鉄道復活のためのシナリオ―鉄道事業者の自助努力と国・地方の適切な関与―
http://hp1.cyberstation.ne.jp/kitaku/ginga-express/download/siryou3-1.pdf（最終アクセス 2020 年 1 月 6 日）

11 平成 29 年度第三セクター鉄道等協議会加盟（平成 30 年 7 月現在 40 社）の鉄道の輸送実績，三セク鉄道だより第 48 号，12 頁。

12 平成 29 年度第三セクター鉄道等協議会加盟（平成 30 年 7 月現在 40 社）の鉄道の輸送実績，三セク鉄道だより第 48 号，12 頁。

13 平成 29 年度第三セクター鉄道等協議会加盟（平成 30 年 7 月現在 40 社）の鉄道の輸送実績，三セク鉄道だより第 48 号，12 頁。

14 国土交通省，交通基本法の制定と関連施策の充実に向けて ―中間整理― ～人々が交わり、心の通う社会をめざして～，1 頁。

15 国土交通省　交通政策基本法について
https://www.mlit.go.jp/sogoseisaku/transport_policy/sosei_transport_policy_tk1_000010.html（最終アクセス 2020 年 1 月 6 日）

16 国土交通省　交通政策基本法について
https://www.mlit.go.jp/sogoseisaku/transport_policy/sosei_transport_policy_tk1_000010.html（最終アクセス 2020 年 1 月 6 日）

17 交通政策基本法　https://www.mlit.go.jp/common/001037565.pdf（最終アクセス 2020 年 1 月 6 日）

18 交通政策基本法　https://www.mlit.go.jp/common/001037565.pdf（最終アクセス 2020 年 1 月 6 日）

19 交通政策基本法　https://www.mlit.go.jp/common/001037565.pdf（最終アクセス 2020 年 1 月 6 日）

20 交通政策基本法　https://www.mlit.go.jp/common/001037565.pdf（最終アクセス 2020 年 1 月 6 日）

21 交通政策基本法　https://www.mlit.go.jp/common/001037565.pdf（最終アクセス 2020 年 1 月 6 日）

22 国土交通省　https://www.mlit.go.jp/page/kanbo01_hy_006743.html（最終アクセス 2020 年 1 月 6 日）

23 国土交通省　https://www.mlit.go.jp/page/kanbo01_hy_006743.html（最終アクセス 2020 年 1 月 6 日）

# 第2章　第三セクター鉄道経営を取り巻く環境変化

　鉄道事業においては国内の人口動向が経営に大きく影響する。特に，ローカル鉄道が受ける影響は大きい。

## 第1節　日本の人口

　日本の総人口は，平成28年10月1日現在，1億2,693万人となっている。65歳以上の高齢者人口は，3,459万人となり，総人口に占める割合（高齢化率）も27.3%となった。高齢者人口のうち，「65〜74歳人口」は1,768万人で総人口に占める割合は13.9%，「75歳以上人口」は1,691万人で，総人口に占める割合は13.3%である[1]。

　日本の65歳以上の高齢者人口は，昭和25年には総人口の5%に満たなかったが，昭和45年に7%を超え，さらに，平成6年には14%を超えた。高齢化率はその後も上昇を続け，平成28年現在，27.3%に達している。また，生産年齢人口（15〜64歳）は，平成7年に8,716万人でピークを迎え，その後減少に転じ，平成25年には7,901万人と昭和56年以来32年ぶりに8,000万人を下回った。日本の人口の高齢化が進み鉄道等の公共交通機関の必要性は増していくと予想される[2]。

　平成29年4月に国立社会保障・人口問題研究所が公表した「日本の将来推計人口」における出生中位・死亡中位推計結果を概観すると，日本の総人口は，長期の人口減少過程に入っており，2029年に人口1億2,000万人を下回った後も減少を続け，2053年には1億人を割って9,924万人となり，2065年には8,808万人になると推計されている。今後，鉄道事業の厳しさは増していくと予想される。高齢者人口は，「団塊の世代」が65歳以上となった2015年に3,387万人となり，「団塊の世代」が75歳以上となる2025年には3,677万人に達すると見込まれている。その後も高齢者人口は増加傾向が続き，2042年に3,935万人でピークを迎え，その後は減少に転じると推計されている[3]。

　一方，総人口が減少する中で高齢者が増加することにより高齢化率は上昇を続

け，2036 年に 33.3％で 3 人に 1 人となる。2042 年以降は高齢者人口が減少に転じても高齢化率は上昇傾向にあり，2065 年には 38.4％に達して，国民の約 2.6 人に 1 人が 65 歳以上の高齢者となる社会が到来すると推計されている。総人口に占める 75 歳以上人口の割合は，2065 年には 25.5％となり，約 4 人に 1 人が 75 歳以上の高齢者となると推計されている。高齢者人口のうち，65～74 歳人口は「団塊の世代」が高齢期に入った後に 2016 年の 1,768 万人でピークを迎え，その後，2028 年まで減少傾向となるが再び増加に転じ，2041 年の 1,715 万人に至った後，減少に転じると推計されている。一方，75 歳以上人口は増加を続け，2018 年には 65～74 歳人口を上回り，その後も 2054 年まで増加傾向が続くものと見込まれている[4]。

**図表 2-1　日本の高齢者人口対前年増加数の推移**　　　　　　単位：万人

■65～74歳人口　　■75歳以上人口

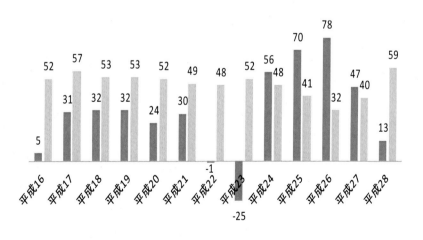

出典：平成 29 年版高齢社会白書の日本の高齢者人口対前年増加数の推移データを基に筆者がグラフ作成，3 頁。

図表 2-2　日本の人口推移と将来人口　　　　　　　　　　　　単位：万人

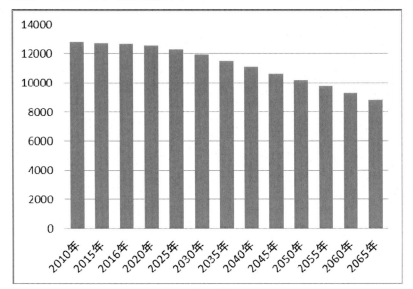

出典：平成 29 年版高齢社会白書の年齢区分別将来人口推計データを基に筆者
　　がグラフ作成，4 頁。

図表 2-3　日本の将来の高齢化率（65 歳以上人口割合）の推移

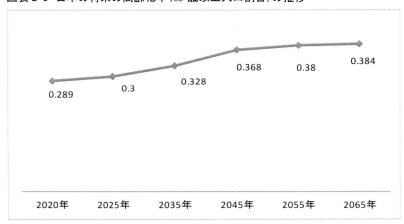

出典：平成 29 年版高齢社会白書の高齢化推移と将来推計データを基に筆者がグ
ラフ作成，6 頁。

日本の平均寿命は，2015年現在，男性80.75年，女性86.99年と，前年に比べて男性は0.25年，女性は0.16年上回った。今後，男女とも平均寿命は延びて，2065年には，男性84.95年，女性91.35年となり，女性は90年を超えると推計されている[5]。

　出生数は減少を続け，2065年には，56万人になると推計されている。この減少により，年少人口（0〜14歳）は2056年に1,000万人を割り，2065年には898万人と，現在の半分程度になると推計されている。出生数の減少は，生産年齢人口にまで影響を及ぼし，2029年に6,951万人と7,000万人を割り，2065年には4,529万人となると推計されている。一方，高齢者人口の増大により死亡数は増加，死亡率（人口1,000人当たりの死亡数）は上昇を続け，2065年には，17.7になると推計されている[6]。

**図表 2-4　平均寿命の推移**　　　　　　　　　　　　　　　　　　　　単位：歳

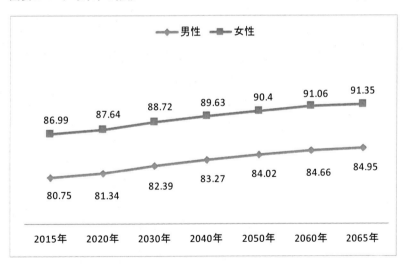

出典：平成29年版高齢社会白書の平均寿命の推移と将来推計データを基に筆者がグラフ作成，7頁。

## 第2節　長良川鉄道沿線市町の状況

### (1)　人口等の推移

　沿線市町の人口は緩やかではあるが右肩下がりで減少（平成14年の223千人から平成27年には213千人に）し，将来も減少が予想され，平成42年には20万人を切るとされている。年齢三区分でみると，65歳以上の高齢者人口は右肩上がりで増加し，若年人口，生産年齢人口は右肩下がりで減少している。今後高齢化の進展が予想され，長良川鉄道は益々地域の足として期待される。しかし，人口減少という厳しい経営環境の中で，長良川鉄道の自助努力にそれを100%求めることは酷である。これは沿線市町の全面協力（財政支援等）の下で対応すべき課題である。将来の人口は，少子高齢化の社会的背景の中，減少傾向が続くことが見込まれ，増加を続ける美濃加茂市においても平成42年をピークに減少することが予測されている。長良川鉄道の利用者の中心となる15〜19歳の学生に相当する年齢層の人口も，減少が予測されている。また，高齢化の進行も見込まれている[7]。

図表2-5　15歳から19歳人口の推移　　　　　　　　単位：人

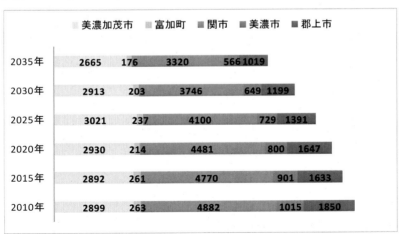

出典：国立社会保障・人口問題研究所『日本の市区町村別将来推計人口・男女5歳　　階級別データ（平成20年推計）』を基に筆者がグラフ作成。

**図表 2-6　年齢構成比の推移**　　　　　　　　　　　　　　　　　単位：%

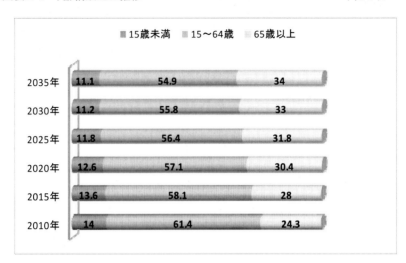

出典：国立社会保障・人口問題研究所『日本の将来推計人口（平成 29 年推計）』，データを基に筆者がグラフ作成，154-155 頁。

　通勤・通学流動に関わる流出人口と流入人口は，人口の傾向と同様に減少傾向にある。流出・流入の従業・通学地及び常住地ごとの内訳は，自市町での従業・通学が約 64〜65%，沿線 5 市町内での従業・通学が約 11〜12%，沿線 5 市町外での従業・通学が約 24%となっている[8]。

　沿線市町に立地する高校に通う生徒数は，15 歳〜19 歳層人口の減少と並行して右肩下がりで減少している。長良川鉄道の利用者の多くを占める生徒数の沿線市町における推移は，人口の傾向と同様に年々減少傾向にある。15〜19 歳の学生に相当する年齢層の人口比率は，長良川鉄道全線にわたって大きな差はない[9]。

　沿線市町の高校生徒数が減少すれば，通学定期利用者の減少を余儀なくされる。定期通学利用者数は全体輸送客数の約 4.5 割，定期通学利用者収入が営業収入全体の約 2.5 割占める長良川鉄道としては経営の不安材料となる。これへの対応は地域全体で行う必要がある。

　沿線市町の通勤・通学者の利用交通手段は自家用車依存が高まり，鉄道利用者

の割合は減少傾向である。しかし，最近，外国人労働者の増加で定期利用者の増加もみられる。総人口が減少している中にあっても，乗用車（自家用車）の登録台数は増加傾向にあるために，人口1人当たりの登録台数は増加を続けており，自家用車への依存度の高まりが続いている。

　車社会が進展し，沿線市町の保有台数は着実に増加し，長良川鉄道の乗客数にマイナスの影響を及ぼしていると想定される。鉄道は交通安全確保等公的効果も高く，それにシフトしていく国等の施策（交通基本法等においては交通環境対策を施策の柱の1つとして謳っている）が進められており，住民がマイカー移動から長良川鉄道移動へ転換していく仕組みを地域全体で考えていく必要がある。

**図表 2-7　沿線市町の乗用車登録台数等**　　　　　　　　　単位：千台

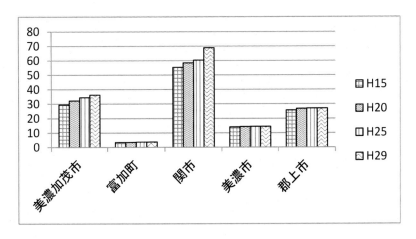

出典：（一社）岐阜県自動車会議所『岐阜県の自動車保有車両数』データを基に筆者がグラフ作成，8-12 頁。


**（2）産業構造**

　沿線市町全体の事業所の産業別構成比をみると，卸・小売業，飲食・宿泊業が34.5%を占め，そのウエイトは高く，観光関連産業に依存する産業構造となっている。特に，郡上市は39.9%を占め，観光関連産業依存度が高い。しかし，観光

と不可分の農林水産業は衰退し 0.5%を占めるのみである。従業員ベースでみても，卸・小売業，飲食・宿泊業が全体の 24.5%を占め，郡上市においては 28.2%を占めている[10]。

長良川鉄道の重要な使命である地域住民の足の確保は当然として，今後，観光誘客を意識した事業展開が必要となる。

1 事業所当りの平均従業員数は 7.8 人と小規模であるが，大企業の子会社等が立地する美濃加茂市の製造業は 23.6 人と規模は大きくなっている[11]。広範な地域に小さな事業所が散在している現状から，鉄道による従業員の通勤に大きな期待はできないが，比較的大規模企業が立地する美濃加茂市等への鉄道通勤利用者の確保に向けた展開が必要となる。この対応については沿線市町一体となった対応が不可欠である。

沿線市町の就業者数は減少傾向にあり，平成 17 年から平成 22 年にかけては，沿線 5 市町全てで減少している[12]。就業者数の産業別割合は，第二次・第三次産業の割合の高さは，各市町とも同じ傾向にある。

図表 2-8　就業者の産業別構成比の推移　　　　　　　　　　　単位：%

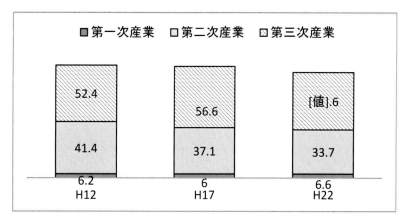

出典：国勢調査

## (3) 沿線市町の観光

沿線市町の観光入込客数は, 平成21年から平成23年にかけて減少したものの, 平成23年以降は横ばいで推移している[13]。

沿線市町の平成29年の観光客数は11,774,120人で岐阜県全体の14.9%を占め, 宿泊客数は684,033人で岐阜県全体の10.7%を占めている。その中で, 郡上市の観光客数は6,424,165人と岐阜県の市町村別の第3位(岐阜県全体の構成比8.2%)に位置し, 沿線市町の5割以上を占め, また宿泊客数は473,971人と岐阜県の市町村別の第4位(岐阜県全体の構成比7.4%)に位置し, 沿線市町の7割近くを占めている。関市には寺尾の千本桜, 善光寺, 刃物祭, 小瀬の鵜飼等が, 美濃市には大矢田の紅葉祭, 美濃和紙あかりアート展, うだつの上がる町並み等が, 郡上市には郡上おどり, スキー場, 古今伝授の里, 鮎釣り等が, 美濃加茂市には太田宿中山道会館, 清流里山公園等が, 富加町はそば道場, 朝市等があり, 多くの人を楽しませる観光資源が豊富である[14]。

郡上市の観光ポテンシャルは非常に高く, また, その他の沿線市町の観光ポテンシャルも高く, 長良川鉄道は観光誘客を意識した事業展開が求められる。

図表 2-9　沿線市町観光入込客数の推移　　　　　　　　単位：百万人

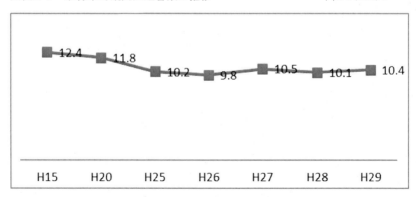

出典：岐阜県観光動態調査

注
[1]　平成29年版高齢社会白書

29

https://www8.cao.go.jp/kourei/whitepaper/w-2017（最終アクセス 2020 年 1 月 6 日）
2  平成 29 年版高齢社会白書
   https://www8.cao.go.jp/kourei/whitepaper/w-201（最終アクセス 2020 年 1 月 6 日）
3  平成 29 年 4 月の国立社会保障・人口問題研究所公表資料「日本の将来推計人
   口」http://www.ipss.go.jp/pp-zenkoku/j/zenkoku2017/pp_zenkoku2017.asp
    （最終アクセス 2020 年 1 月 6 日）
4  平成 29 年 4 月の国立社会保障・人口問題研究所公表資料「日本の将来推計人
   口」http://www.ipss.go.jp/pp-zenkoku/j/zenkoku2017/pp_zenkoku2017.asp
   （最終アクセス 2020 年 1 月 6 日）
5  平成 29 年版高齢社会白書
   https://www8.cao.go.jp/kourei/whitepaper/w-2017/zenbun/pdf/1s1s_01.pdf（最終アク
   セス 2020 年 1 月 6 日）
6  平成 29 年版高齢社会白書
   https://www8.cao.go.jp/kourei/whitepaper/w-2017/zenbun/pdf/1s1s_01.pdf（最終アク
   セス 2020 年 1 月 6 日）
7  国立社会保障・人口問題研究所『日本の市区町村別将来推計人口・男女 5 歳階
   級別データ（平成 20 年推計）』
   http://www.ipss.go.jp/pp-shicyoson/j/shicyoson08/5-sai/shosai.html（最終アクセス
   2020 年 1 月 6 日）
8  国立社会保障・人口問題研究所『日本の市区町村別将来推計人口・男女 5 歳階
   級別データ（平成 20 年推計）』
   http://www.ipss.go.jp/pp-shicyoson/j/shicyoson08/5-sai/shosai.html（最終アクセス
   2020 年 1 月 6 日）
9  国立社会保障・人口問題研究所『日本の市区町村別将来推計人口・男女 5 歳階
   級別データ（平成 20 年推計）』
   http://www.ipss.go.jp/pp-shicyoson/j/shicyoson08/5-sai/shosai.html（最終アクセス
   2020 年 1 月 6 日）
10 郡上市『平成 27 年度国勢調査の概要（郡上市）』
   https://www.city.gujo.gifu.jp/admin/docs/H27_kokuseichousa_abst.pdf（最終アクセ
   ス 2020 年 1 月 6 日）
11 長良川鉄道『平成 29 年度施設維持・更新及び経営改善計画等検討調査』14-15
   頁。
12 長良川鉄道『平成 29 年度施設維持・更新及び経営改善計画等検討調査』14-15
   頁。
13 岐阜県観光動態調査（2003〜2017）
   https://www.pref.gifu.lg.jp/sangyo/kanko/kanko-tokei/（最終アクセス 2020 年 1 月 6
    日）
14 岐阜県観光動態調査（2003〜2017）
   https://www.pref.gifu.lg.jp/sangyo/kanko/kanko-tokei/（最終アクセス 2020 年 1 月 6
    日）

# 第3章　長良川鉄道の状況

## 第1節　会社の経営状況等

　昭和61年8月28日に資本金4億円（株主8,000株）で会社が設立された。主な株主は，岐阜県が2,200株（構成比27.5%），郡上市が1,140株（構成比14.25%），関市が400株（構成比5.00%），美濃加茂市が300株（構成比3.75%），美濃市が260株（構成比3.25%），富加町が80株（構成比1.00%）と，地方公共団体が55.25%，金融機関が560株（構成比7.0%），めぐみの農協が320株（構成比4.0%）等となり，公的機関が中心の構成員となっている[1]。

　これらの公的機関のバックアップを如何に得ていくかが大きな課題である。

　令和元年5月現在の営業区間は美濃太田から北濃まで72.1kmの単線，車輌は11両（ディーゼル），トンネル12箇所，橋梁146箇所，踏切139箇所，駅38箇所となっている。運行距離が長く，安全確保が大きな課題である。従業員は79人（2019年4月1日現在），役員は沿線市町の首長，金融機関の長，農協，鉄道関係者等となっている[2]。

　輸送人員は，昭和61年12月の全線開業以降平成4年度までは微増傾向を示したが，平成4年度の1,804,496人をピークにほぼ一貫して減少し続け，平成29年度はピーク時の4割程度の743,687人となっている。その内訳をみると，通勤定期利用者は開業以降ほぼ一貫して減少してきたが，平成17年度の57,900人を底に微増傾向を示し，平成29年度は88,860人まで回復した[3]。

　これは沿線市町に企業立地が進んだこと，外国人労働者が増えたこと，沿線企業，勤労者の環境意識の高まり等が好影響を及ぼしていると推測される。

　通学定期利用者は，平成4年度の1,060,380人をピークにほぼ一貫して減少し，平成29年度はピーク時の3割程度の341,520人となっている。これは，沿線市町の少子化，それに伴う沿線高校の入学定員の削減，マイカー送迎，義務教育児童のスクールバス化が大きく影響していると推測される。全体利用客の約45%を占める通学定期利用者の減少は長良川鉄道の経営に悪影響を及ぼしている[4]。

　定期外利用者は，景気，天候等に影響されるものの，平成20年度まではほぼ

**図表 3-1 長良川鉄道輸送実績の推移**

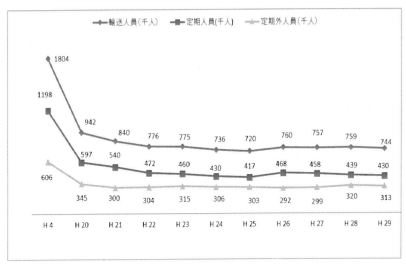

出典:『岐阜県第三セクター鉄道の概要（平成 30 年度版）』データを基に筆者グラフ作成, 74 頁。

40 万人台から 60 万人台の前半で推移していたが, 東海北陸自動車道の全線開通, リーマンショック等の影響から平成 26 年度はピーク時（613,615 人）の半分以下の 292,335 人となったが, 平成 28 年度に観光列車「ながら」の運行を開始した結果, 平成 29 年度は 313,307 人に回復した[5]。

　通学定期利用者のニーズにあったサービスの向上策, 企業等へのセールスによる通勤利用者の増加策, 新たな商品開発等による定期外利用者の増加策等が必要となる。

　営業損益状況をみると, 営業費用は, 開業以来 4 億円台から 5 億円台で推移しているが, 営業収益は平成 8 年度の 478,739 千円をピークにほぼ一貫して減少し, 平成 24 年度にはピーク時の半分程度の 256,746 千円に落ち込んだが, 平成 28 年度に観光列車「ながら」の運行を開始したことにより平成 29 年度はピーク時の 65％程度の 309,677 千円と回復した。この間, 人件費, 修繕費等の縮減に努めその合理化を図ってきたが, 毎年の通学定期利用者の大幅な減少が収支構造を悪化

させている。営業係数は平成13年度の130から平成30年度には183と悪化している[6]。

　開業当初にあった9億円の運営費補助基金（会社の欠損補助を目的）が平成15年度に枯渇し，現在は岐阜県，市町各3億円で積み立てた6億円の第二基金（基金果実による欠損補助）のみになった。その他に，鉄道利用者の拡大又は利便性向上事業への助成を目的とした第三基金（企業等からの寄付金101百万円を基金に積み立て，その果実で長良川鉄道協力会連合会を支援）が存在するが，毎年の赤字補填は第二に基金のみで，その果実の支援は僅かで，沿線市町からの支援で賄っている[7]。

**図表 3-2　長良川鉄道営業費用の推移**　　　　　　　　　　　　単位：千円

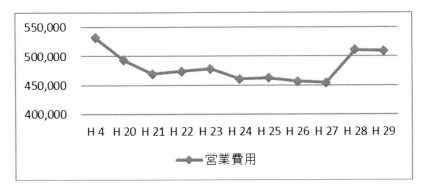

出典：『岐阜県第三セクター鉄道の概要（平成30年度版）』データを基に筆者グラフ作成，74頁。

　長良川鉄道の営業費用は，平成2年度の574,715千円（ピーク）から縮減が図られ，平成29年度にはピーク時の9割弱程度になっている。営業費用の内訳をみると，構成比の一番高い人件費は，職員の削減（昭和61年の開業時には国鉄から出向者の32人も含めて102人であったのが，平成29年4月現在では76人）等が図られ，平成29年度は312,362千円となっている。その構成比は平成13年度以降60%台で推移している[8]。

33

**図表 3-3　長良川鉄道営業損失の推移**　　　　　　　　　　　　　　単位：千円

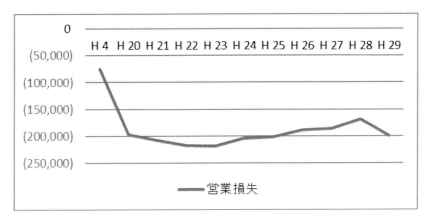

出典：『岐阜県第三セクター鉄道の概要（平成 30 年度版)』データを基に筆者グラフ作成，74 頁。

　要員の削減は定期の運行確保，安全確保等の必要性から限界であり，これ以上の削減は無理な状況であるといえる。しかし，全国の第三セクター鉄道の職員 1 人当り人件費をみると改善の余地はあると思われる。

　修繕費は設備の老朽化が進み毎年増加し，平成 29 年度は 73,633 千円と平成 13 年度（35,839 千円）の 2 倍以上となっている[9]。修繕費は今後とも増加が予想されるが，沿線市町の財政構造悪化から，その支援を沿線市町に 100%依存することは非常に厳しい状況である。鉄道輸送の根幹は安全であり，そのためには修繕費の財源確保が大きな課題となる。

## 第 2 節　沿線住民の長良川鉄道との関わり合い意識

　2003 年 11 月から 2004 年 1 月にかけて長良川鉄道沿線住民に対して行われた意識調査結果（データとしては古いが基本的には大きな変化はないと推察される）からその内容をみると，長良川鉄道利用者は，高齢者（おじいちゃん・おばあちゃん）が 32%，高校生が 14%，小中学生 10%等となっており，5 割以上が交通弱者である。利用目的は通学 18%，レクリエーション 14%, 通院 8%, 冠婚葬祭 8%,

**図表 3-4　長良川鉄道費用内訳の推移**　　　　　　　　　　　　　　　　単位：千円

|  | 平成 15 | 平成 20 | 平成 25 | 平成 26 | 平成 27 | 平成 28 | 平成 29 |
|---|---|---|---|---|---|---|---|
| 人件費 | 324,052 | 32,4325 | 302,394 | 292,389 | 298,336 | 311,840 | 312,362 |
| 修繕費 | 95,350 | 73,962 | 61,590 | 68,556 | 69,826 | 71,435 | 73,633 |
| その他 | 98,965 | 95,611 | 98,825 | 95,542 | 86,453 | 128,168 | 123,427 |
| 費用合計 | 518,367 | 493,898 | 462,809 | 456,487 | 454,615 | 511,443 | 509,422 |

出典：『岐阜県第三セクター鉄道等の概要』，74 頁。

買い物 12%等となっており，長良川鉄道が生活の足となっている。利用頻度は毎日 16%，週に 1 度 3%，月に数回が 13%等と，その利用頻度は高い方である。長良川鉄道利用理由は，他に交通手段がない 36%，駅が近い 39%，時間が正確 16%等となっており，利用しない理由は，ダイヤが悪い 19%，駅が遠い 15%，運行本数が少ない 8%，他線との連絡が悪い 7%等となっている。利用拡大に何が必要かを問うと，運行回数を増やす 20%，他線との連絡を良くする 18%，コミバス等との連絡を良くするが 14%，運賃を引き下げる 13%等となっており，長良川鉄道利用客拡大のためには，これらのことへの対応が求められる。

　沿線住民の意見，要望等に 100%応えていくことがベストではあるが，費用対効果，財源面，物理的な面等から対応できないこともあるが，その実現に最大限努力をする必要がある。

　長良川鉄道利用について，岐阜医療科学大学，中部学院大学，沿線市町所在高等学校（9 校），中濃特別支援学校，沿線市町所在小中学校，沿線市町所在保育園，関信用金庫，十六銀行，日立情報テック岐阜工場，沿線市町の老人会，沿線市町の女性の会は，存続していきたいという強い思いがある。しかし，大学はスクールバス導入済みのため学生利用は困難とし，沿線高校は運賃が高いということで生徒のマイカー送迎や自転車通学が多くなっており，その利用拡大は厳しいものがある。

　駅から遠方の学校は駅からのアクセス確保が必要，学生のボランティア等参加

を募り学生が愛する鉄道にする必要があるとする意見がある。また，小中学校，保育園は体験学習時に，駅からの体験学習場所までのアクセスの確保が必要，多面的な体験学習企画商品の提供が必要とし，企業は勤務が不規則でそれに対応できない鉄道はその利用が困難であるが，職員の互助会利用等は可能という。老人会はバス等での旅行の方が便利（トイレの関係，送迎場所が家から近い）としている。沿線住民団体等の長良川鉄道利用拡大にはこれらの対応が求められる。

---

## 注

[1] 長良川鉄道の概要（2019），1-2 頁，7 頁。
[2] 長良川鉄道の概要（2019），1-2 頁，7 頁。
[3] 岐阜県第三セクター鉄道の概要（2017），74 頁。
[4] 長良川鉄道の概要（2019），1-2 頁，7 頁。
[5] 長良川鉄道の概要（2019），1-2 頁，7 頁。
[6] 長良川鉄道の概要（2019），1-2 頁，7 頁。
[7] 長良川鉄道の概要（2019），1-2 頁，7 頁。
[8] 長良川鉄道の概要（2019），1-2 頁，7 頁。
[9] 長良川鉄道の概要（2019），1-2 頁，7 頁。

# 第4章　長良川鉄道の経営戦略的検討

　本章では，経営戦略の視点から長良川鉄道の経営について検討する。経営戦略論，とりわけ事業ドメインの説明として使い古された事例ではあるが，アメリカの鉄道産業が衰退した原因をレビットは鉄道事業を「鉄道」と定義したことにあるとしている。アメリカの旅客と貨物輸送の需要は依然として増え続けているにもかかわらず鉄道産業が衰退したのは，自動車，バス，トラック，航空機に顧客を奪われたからではなく鉄道会社自体がそうした需要を満たすことに努力しなかったためであり，道会社は自社の事業を輸送事業ではなく，鉄道事業と考えたために，輸送という顧客のニーズに対応しなかったことが原因である。事業の定義を誤った理由は，輸送を目的と考えず，鉄道（技術，内部組織等）を目的と考えたことにある。顧客中心ではなく，自社事業中心に考えたことによるとしている。その結果，自社の潜在的なお客さまを他社に渡してしまった。自社の鉄道という商材や技術ばかり考えすぎたために，潜在的な自社に対する需要を見逃してしまった。レビットは鉄道産業にかけていたのは，成長のチャンスではなく経営的な想像力であるとしている[1]。

　長良川鉄道が持続ある発展をしていくためには，顧客のニーズに的確にかつ，スピーディな対応が求められる。以下，本章では経営戦略の視点から長良川鉄道の経営について検討したい。

## 第1節　経営戦略とは

　本節では，経営戦略をどのように捉えているのか，本書における視角を示したい。それゆえ，経営戦略論の理論の詳細な検討を行い，学説的なインプリケーションを見出すことが課題ではないことを付記しておく[2]。

　経営戦略とは，経営戦略論の始祖アルフレッド・チャンドラーJr.によれば，「基本的な長期目標や目的を設定し，それら諸目的を遂行するために必要な行動のコースを選択し，諸資源を割り当てる」[3]（Chandler, 1962）企業の行動であるという。チャンドラーの定義から，経営戦略とは組織がその目標を達成するための計

画であると考えることが可能である。経営戦略は，それが策定される階層により，呼称と目的が異なる。組織における経営者，経営幹部により策定される戦略は企業戦略（全社戦略）と呼ばれ，そこでは事業領域，事業のポートフォリオ（配置），事業間の資源配分が決定される。製品レベル，すなわち事業部レベルで策定される戦略は事業戦略と呼ばれ，そこでは競合他社よりも先んじて製品を販売し，利益を獲得していくこと，そのための競争優位の構築の方法が決定される。購買，製造，人事，経理，営業などのそれぞれの現場レベルで策定される戦略は機能戦略と呼ばれる。そこでは，企業戦略や競争戦略を効果的に遂行していくための業務の効率化が決定される。これら企業戦略，事業戦略，機能戦略を総称して経営戦略と呼ばれる。本書において経営戦略という言葉を用いる場合，これら3つの戦略の統合的な戦略を戦略と称していることを事前に述べておく。

## 第2節　事業環境分析

　3C分析やPEST分析，SWOT分析は，現在の事業環境を分析する代表的な分析手法である。厳しい市場環境においてはその事業環境分析が不可欠である。鉄道会社はその分析に基づいて経営戦略を樹立していく必要がある。

### （1）3C分析

　3Cは，「customer（顧客・市場）」，「competitor（競争）」，「company（自社）」の頭文字から成り立っている。3C分析は，外部環境である市場と競合企業の分析から，競合企業に対する自社の優位性を把握し，自社のサービス等が市場ニーズに合っているのかどうかを分析するものである。外部環境情報を定量的・定性的に整理して，自社が成長するための成功要因を見つけて，自社の戦略策定に活かすものである[4]。

### ①　Customer（顧客・市場）分析

　顧客の属性，ニーズをアンケート，インタビュー等で調査し，商品やサービスについてのニーズからセグメントして，メインターゲットを決め，そこに顧客属

性を加味して，そのユーザーがどんなことを感じ，どんな行動をとって，自社の商品・サービスを購入しているのか，仮説を立ててストーリを作っていくことになる[5]。

「市場・顧客分析」を行う上で必要な視点は「量」「質」「変化」の3つである。量は，全体との相対的比較で捉える。「量」の中には「質」が存在する。市場内に存在するニーズは，実利を求めるニーズ（品質・性能・利便性等），感性を求めるニーズ（デザイン・イメージ等），雰囲気を求めるニーズ（実感・体験等），自己表現を求めるニーズ（マズローの自己実現・社会からの承認等）など様々である[6]。

また，市場の変化分析が必要となる。市場が右肩上がりの時期は，競合よりも早く商品・サービスを拡販させる必要がある。市場成熟期は，市場規模が横ばいとなり，ニーズが細分化していく時期であり，派生商品の投入が必要となる時期でもある。ニーズの量が一定であり，顧客はリピーターが中心となる。その時期はブランドロイヤリティを高め，差別化戦略によって他のブランド商品顧客を如何に獲得するかがポイントである。市場衰退時期は，ニーズの量自体が減少し，ブランドは一般化し，差別化の中心が低価格化競争となる[7]。

市場成熟期，市場衰退期は競争が激化するが，レッドオーシャンスペースでの戦いは極力避け，新たな市場機会を模索する必要がある。ローカル鉄道はこれらの対応が遅れている。

## ② Competitor（競争）分析

3C分析の競合分析は，競合者が市場の変化に対してどのように対応しているかを分析するものである。競合分析は，ターゲットとなる顧客が重なる相手について調査・分析を行い，自社と比較するためのデータを集めていく。顧客分析で定めたメインターゲットとどんな商品・サービスが競合となるのかを分析し，必要な情報を整理していくことになる。3C分析の競合分析では，競合企業のビジネスの成果と，そのプロセスに絞り分析を進める。その成果は，競合企業の売上げや営業利益率，コスト，販売管理費用に着目する[8]。

経営資源（ヒト・モノ・カネ・情報）分析では，資産に着目し，ビジネスに資産がどれだけ効率的に使われているかを評価する。また，サービス，製品の開発，仕様，販路，マーケティング，営業など，ビジネスに関連するあらゆる仕組みを調査し，売上げや高い効率化の仕組み等を分析する[9]。

　3C 分析の競合分析では，競合事業者の市場の変化対応力，課題等を分析する。競合事業者の数，参入障壁，競合事業者の戦略，各事業者の強み・弱み，競合事業者の業績に着目し，自社の相対的な強み・弱みを把握する[10]。

### ③　Company・自社分析

　3C 分析の自社分析は，市場の変化と競合事業者の市場の変化への対応と自社を比較することである。自社分析では，競合事業者と自社を比べてその対策を検討していくことになる。競合分析の結果に対して，自社ではどのような対策を取っていくべきかを検討する。競合に対して，自社が優位な部分は積極的に勝負する。明らかに競合事業者が優位な部分ではできる限り勝負しないが，必要に応じて改善すべき部分は改善する。競合事業者と自社を比較してみると，そこには多くのヒントがある。これらの分析結果から，これからどんな施策を行っていけば良いかを導き出す[11]。

　戦略に必要な第一は具体的目標設定である。目標は，具体的かつ定量的で期限があることが望ましい。5W1H といった設定が必要である。目標設定ができたら，目標達成のためにどのような対応が必要なのか，課題，強み・弱み等を分析する。課題に対して解決策を考える。自社の経営資源（ヒト・モノ・カネ・情報）や現状の戦略，施策を定性的・定量的に把握する。具体的には，売上高，市場シェア，収益性，ブランド力，組織力，知的財産力，人的パワー，技術力等を分析することになる[12]。

　以上を踏まえて，長良川鉄道の 3C 分析をしてみると，量でいえば，人口減少，モータリゼーションの進展，高速道路との競合の中で鉄道利用乗客数は右肩下がりで，移動手段としての価値は下がっているが，沿線の高校生等の交通弱者には必要不可欠な交通手段である。また，ここでしか味わえない自然景観，文化歴史，

食等へのニーズは高く観光客は増加傾向である。質でいえば，楽しく，おしゃれな空間づくり，利便性の高い運行パターンへのニーズは高く，その対応を進めている。鉄道ボランティアへの参加意識も高まっている。

　長良川鉄道の経営環境は厳しいものがある。マイカー，バス，タクシー等他の交通機関との競合を避け，沿線のここでしか体験できない自然環境，歴史文化等の観光資源とタイアップして，長良川鉄道に乗ることを目的とする観光客を創り出していくことが，長良川鉄道のこれからの戦略となる。その対応の一つが経験価値の高い観光列車「ながら」の運行である。しかし，全国的に観光列車導入が増えており，地域と一体となって差別化（ブランド力を高める）を図り，リピーターを確保していく必要がある。顧客の経験価値を高めていくことを追求し，低価格競争に陥らない戦略が求められる。


## (2) PEST 分析

　PEST とは，「Politics（政治），Economy（経済），Society（社会），Technology（技術）」の 4 つの頭文字を取ったものである[13]。

　PEST 分析は，自社業界の社会経済環境変化のマクロ環境分析である。PEST 分析でのポイントは，中長期的な将来の社会経済環境変化等について予測をすることである。予測をしてシミュレーションすることが，市場に及ぼす影響，環境変化を考えるベースとなる。PEST 分析では，「政治」「経済」「社会」「技術」のPEST の項目ごとに将来動向をチェックし，その関連性を見ることでマクロ環境の全体構造が明らかになっていく[14]。

　PEST 分析のマクロ環境トレンドでは，変化するもの，変化しないものがある。そのトレンドを見極めることになる。マーケティング戦略に PEST 分析を活用し，自社をマクロ社会経済環境変化に適合させれば，競争優位を築くことが可能である[15]。

　P・政治的環境は，組織や個人の行動を制限する法律改正，判例の動向，税制改正，政局動向，政治思想の潮流，変化，補助金制度・交付金制度・特区制度の変化等である。適切な規制は，製品やサービスの提供において競争を促し，公正

な市場を保証することになる[16]。

**E・経済環境**は，景気動向の変化，賃金動向の変化，物価・消費動向の変化等である。消費者の購買力や支出行動に影響を与えることになる[17]。

**S・社会環境**の大きな要素は人口動態，社会インフラの変化，ライフスタイルの変化等である。人口動態などは，需要構造に影響を与えるものである[18]。

**T・技術環境**は秒進日歩で変化している。新しい技術は，新しい市場と機会を提供する[19]。

以上を踏まえて，長良川鉄道の PEST 分析をしてみると，政治的には，ローカル鉄道の政治力は弱く政治的支援は期待できない。しかし，ローカル鉄道の人気は高まっており，その応援団は多く，政治がそれに影響される可能性はある。経済的には，沿線人口減少の中で鉄道の通学・通勤定期利用の需要は減少しているが，インバウンドの拡大等観光需要は高まっている。社会的には，ライフスタイルの変化等からローカル鉄道が注目されている。技術的には，安全対策技術は高度化しており，鉄道の自動運転技術も進んでいくと思われるが，その財源確保が課題となる。

長良川鉄道は，人口減少の中でも中期的には細く長く維持していくことは可能である。

## (3) SWOT 分析

自社を取り巻く外部環境と自社内の強みや弱みを把握する内部環境分析が，自社の戦略を策定するベースとなる。SWOT 分析は，事業者や事業の戦略策定や，マーケティング戦略を導き出すための有効な手段である。SWOT 分析をする上において情報収集が重要であるが，その手法として 3C 分析，PEST 分析からのデータ収集が有効である[20]。

SWOT 分析は，「S：強み」，「W：弱み」，「O：機会」，「T：脅威」のそれぞれについて，多面的に整理する必要から色々な分野の人（経営者，営業マン，現場労働者等，男女，複数の年齢層）が参加して，議論を進めることが重要であるが，

零細企業ではその対応に困難性が伴う[21]。

　SWOT 分析のメリットとしては，内部環境，外部環境の両面で，客観的に全体の状況を捉えることができる。各項目について議論を進めることで，分析対象となった事業などへの理解が深まり，参加者の意思の統一や調整ができる。デメリットとしては，「強み」と「弱み」の二者択一で内部環境を分類することになる。分類が曖昧なものでも強み，弱みの何れかに分別が必要となる。これが，SWOT分析の問題でもある[22]。

　SWOT 分析の具体的な手順としては，一般的には外部環境（機会・脅威）から入るのがベターである。例えば，市場規模や成長性，競合の状況，景気や経済状況，政治情勢，社会動向，法令等の分析である。次に，内部環境である「S：強み」，「W：弱み」を分析する。対象項目は，外部環境や競合状況を加味して判断することになるが，数値やデータを用いると，より正確な分析ができる。項目の例としては，経営力，認知度，ブランド力，価格や品質，人的資源，物的資源，財源，立地，サービス，技術力等である[23]。

　以上を踏まえて，S・W・O・T の 4 項目のマトリックス分析が必要になる。先ず，自社の強み（S）を使って，機会（O）を活かすためにどうするか，自社の強みを活かして，脅威にどのように対応（避ける，チャンスとして活かす）するか，自社の弱み（W）をカバーするなどして，機会を活かすにはどうするのか，自社の弱みを理解し，脅威による影響を避けるにはどうするのかの分析をする必要がある[24]。

　「強み」「弱み」という要素は主に現状を把握しようとする枠組みであり，「機会」「脅威」という枠組みは，現在から今後起こりうる状況を分析することになる。最後に，マトリックス SWOT 分析をベースに，今後とるべき戦略や戦術を策定することになる[25]。

　若桜鉄道の山田元社長は，SWOT 分析を通じての高校生の乗客確保について，オンライン東洋経済（2016 年 10 月 22 日）の中で「鉄道の収益を左右するのは高校生です。しかしながら，若桜鉄道が過疎化の進む地域で高校生の減少を止めることは不可能です。さらに，鳥取市内に通勤する保護者が自家用車で学校に送

迎する例も増えており，これもコスト面で対抗しづらいところです」[26]と述べている。

　また，「一見，打ち手がなさそうですが，列車通学のSWOTを分析すると，お買い物列車に似た施策が見えてきます。列車通学では，家でも学校でもない公共の場が体験できること，友人との交流が深まること，交通事故のリスクが減ること，通学生の収益で公共交通が支えられ，車を運転できないお年寄りや障がいのある方の足が確保されるという社会的な意義があることなどを学校説明会の機会などでご紹介し，利用をお願いするほか，いつまでに，何を，どうするのか。勝てる計画を考えます。経営資源を使い，戦術を実行します。経営資源とは，人と組織，おカネ，モノ，顧客とパートナーです。この経営資源を使い，決められた期限内に，数値化された目標を達成するのが，ビジネスプランと呼ぶべきものです。しかもビジネスプランは，最小の労力，最大の効率，最小のリスクに向けて計画しなければならない。」[27]とも述べている。

## 第3節　長良川鉄道におけるSWOT分析と戦略体系

　SWOT分析を進めるには，先ず，目的を明確化する必要がある。長良川鉄道の戦略目的は，人口減少の中で乗客減少を如何に食い止めるかである。それを踏まえて，現在の顧客，潜在的な顧客，有識者，職員等を交えてブレーンストーミング（アイディアをラベル化し統合すること）を進めSWOT分析を進めることが必要であるが，そのプロセスが人的パワー不足、財源不足等の面から実行できていないのが問題である。

　SWOT分析の具体的な手順としては，一般的には外部環境（機会・脅威）から入るのがベターであるとされる。ローカル鉄道の市場規模や成長性，競合の状況，景気や経済状況，政治情勢，法律等の分析である。

　次に，内部環境である「S：強み」，「W：弱み」を分析する。対象項目は，外部環境や競合状況を加味して判断することになる。

　その一般的視点は，以下の（ア）～（エ）のようになる。

（ア）Value（経済価値）

企業の有する経営資源が，経済的な価値があるとみなされているかを分析

（イ）Rareness（希少性）

他社にない経営資源を分析。経営資源の希少性が高ければ，他社の市場参入を防ぐことができると同時に，参入があっても競争に打ち勝てる可能性が高い。

（ウ）Imitability（模倣可能性）

経営資源を他社が真似しやすいかを分析。真似が難しい経営資源があれば，競争優位性を長期間維持できる。

（エ）Organization（組織）

経営資源を有効に活用できる組織かどうかを分析。企業の組織体制の確立度，企業文化の醸成，意思決定の速さや柔軟性などを分析する[28]。

　以下に，筆者が認識する（一面的になるが）長良川鉄道の強み・弱み・機会・脅威の状況を列挙する。

① O：機会

・社会動向　　　鉄道の見直し機運が高く，ローカル鉄道ブームが起きている

　　　　　　　　インバウンドが増加傾向

　　　　　　　　車の乗れない外国人の雇用増加

・経済状況　　　景気に停滞感あるが現段階ではアベノミックス効果ある

・制度　　　　　ローカル鉄道を守ろうとする機運が高まり，支援制度が充実

② T：脅威

・社会動向　　　少子高齢化傾向続く

　　　　　　　　高速道路の整備が進み，車の利便性が高くなっている

・市場規模　　　中山間地域に立地するため市場規模は小さくなっていく

- ・成長性　　　　成長の鈍化
- ・競合の状況　　自家用車との競争激化
- ・経済状況　　　アメリカと中国の覇権争いによる世界経済の停滞懸念
- ・政治情勢　　　世界の政治情勢が不安定化


③　S:強み

- ・認知度　　　　沿線市町における認知度は高い

　　　　　　　　　観光列車「ながら」の運行により沿線市町以外の認知度向上
- ・ブランド力　　観光列車「ながら」のブランド力が徐々に高まっている
- ・立地　　　　　周辺に観光資源豊富
- ・サービス力　　アテンダントのホスピタリティ高い，沿線住民のもてなしの心

　　　　　　　　　高い

④　W:弱み

- ・認知度　　　　沿線市町以外の一般的認知度低い
- ・ブランド力　　観光列車「ながら」以外のブランド力は低い
- ・インフラ　　　鉄道インフラ等劣化
- ・価格　　　　　JR より運賃高い
- ・人的資源　　　人材不足，技術伝承が困難になっている
- ・物的資源　　　財政基盤が脆弱で修理品等のストック少ない
- ・財力　　　　　財政基盤が脆弱なため財源は沿線市町村への依存度高い
- ・立地　　　　　中山間地域での乗客は減少
- ・サービス力　　人的パワー等の関係で観光列車「ながら」以外のサービス力は

　　　　　　　　　弱い
- ・技術力　　　　人的パワーは弱く技術力が低い


　以上の SWOT 分析を踏まえてそのクロス分析を進める。その概念図は図表 4
－1 のようになる。

クロス分析のポイントは以下の通りである。

## ① SWOT 分析で量を増やしていく

SWOT 分析の量の多さが SWOT 分析での選択肢を増やすことにつながる。選択肢が多ければ多面的な戦略案の中で，戦略を絞り込みが可能となる。

## ② 外部環境と内部環境の調整を図る

外部環境，内部環境の一面だけの戦略になっていないかチェックする。必ず，外部環境と内部環境の両面の整合性を図る。

## ③ 戦略案の絞り込み

限られた経営資源の中で，目的達成に有効な戦略を 1 から 3 に絞り込む。状況によっては，機会と強みの戦略だけに重点化することも必要となる。

**図表 4-1　SWOT 分析のクロス分析概念図**

|  | 強み | 弱み |
|---|---|---|
| 機会 | 積極化戦略<br>強みを活かしフォローの波に乗る | 段階的戦略<br>弱みをフォローの風でカバー |
| 脅威 | 差別化戦略<br>脅威を強みでカバー | 撤退<br>最悪を避け、無理をしない |

筆者作成

図表 4-2　長良川鉄道戦略体系図

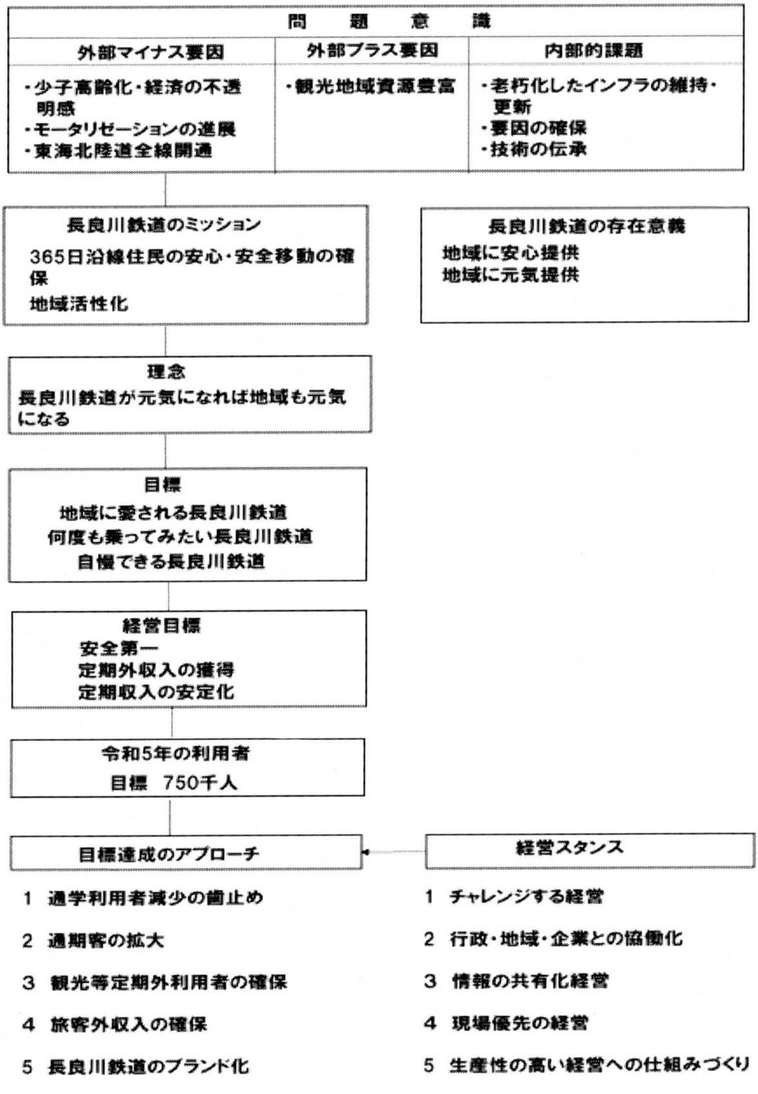

| 問　題　意　識 | | |
|---|---|---|
| 外部マイナス要因 | 外部プラス要因 | 内部的課題 |
| ・少子高齢化・経済の不透明感<br>・モータリゼーションの進展<br>・東海北陸道全線開通 | ・観光地域資源豊富 | ・老朽化したインフラの維持・更新<br>・要因の確保<br>・技術の伝承 |

**長良川鉄道のミッション**
365日沿線住民の安心・安全移動の確保
地域活性化

**長良川鉄道の存在意義**
地域に安心提供
地域に元気提供

**理念**
長良川鉄道が元気になれば地域も元気になる

**目標**
地域に愛される長良川鉄道
何度も乗ってみたい長良川鉄道
自慢できる長良川鉄道

**経営目標**
安全第一
定期外収入の獲得
定期収入の安定化

**令和5年の利用者**
目標　750千人

| 目標達成のアプローチ | 経営スタンス |
|---|---|
| 1　通学利用者減少の歯止め | 1　チャレンジする経営 |
| 2　通期客の拡大 | 2　行政・地域・企業との協働化 |
| 3　観光等定期外利用者の確保 | 3　情報の共有化経営 |
| 4　旅客外収入の確保 | 4　現場優先の経営 |
| 5　長良川鉄道のブランド化 | 5　生産性の高い経営への仕組みづくり |

筆者作成

## 注

1 嶋口他（2016），150-152 頁。
2 経営戦略論の学説的な展開については，大野（2014），第 1 章が詳しい。
3 Chandler（1962），邦訳，29 頁。
4 嶋口他（2016），43-44 頁。
5 嶋口他（2016），43-44 頁。
6 「3C 分析とは」
　https://www.missiondrivenbrand.jp/entry/kaitai_3C（最終アクセス 2020 年 1 月 6 日）
7 「3C 分析とは」
　https://www.missiondrivenbrand.jp/entry/kaitai_3C（最終アクセス 2020 年 1 月 6 日）
8 嶋口他（2016），43-44 頁。
9 嶋口他（2016），43-44 頁。
10 嶋口他（2016），43-44 頁。
11 嶋口他（2016），43-44 頁。
12 嶋口他（2016），43-44 頁。
13 嶋口他（2016），41-42 頁。
14 嶋口他（2016），41-42 頁。
15 嶋口他（2016），41-42 頁。
16 嶋口他（2016），41-42 頁。
17 嶋口他（2016），41-42 頁。
18 嶋口他（2016），41-42 頁。
19 嶋口他（2016），41-42 頁。
20 嶋口他（2016），44-45 頁。
21 嶋口他（2016），44-45 頁。
22 嶋口他（2016），44-45 頁。
23 嶋口他（2016），44-45 頁。
24 嶋口他（2016），44-45 頁。
25 嶋口他（2016），44-45 頁。
26 オンライン東洋経済（2016 年 10 月 22 日），鳥取「弱小鉄道」を救った IT 出
　身社長の手腕」
　https://toyokeizai.net/articles/-/141130（最終アクセス 2020 年 1 月 6 日）
27 オンライン東洋経済（2016 年 10 月 22 日），鳥取「弱小鉄道」を救った IT 出
　身社長の手腕」
　https://toyokeizai.net/articles/-/141130（最終アクセス 2020 年 1 月 6 日）
28 嶋口他（2016），116-117 頁。

# 第5章　長良川鉄道の持続ある発展に向けて

　高度成長時代においては，人を点から点へ如何に早く移動させるかが鉄道の課題であった。しかし，成熟社会においては「スロー」が脚光を浴びるようになってきた。今の時代は「ゆっくり」「のんびり」が生活のキーワードであり，多くの人々はそれを求めている。長良川鉄道はそんな時代を演出する鉄道である。このポテンシャルを最大限に生かしていくことが求められる。このことが地域を元気に（長良川鉄道が元気になれば地域も元気になる）する原動力となる。

　また，長良川鉄道が持続ある発展をしていくためには，鉄道の使命である「安全」への対応が不可欠である。鉄道の安全対策は最重要課題である。

## 第1節　長良川鉄道の経営改善に向けて

　第三セクター鉄道の経営のあり方について，井熊（2002）は，資産収益率（経常利益/資産）は多くがマイナスであり通常民間企業としては失格であるとしながらも，公共目的の観点から鉄道の赤字補填をしているが，赤字補填額が公共目的に照らして妥当（費用対効果）か否かを検証する必要があると論じている。また，第三セクターは市場の論理からはかけ離れており，財務データ分析により収益構造，キャッシュフロー，バランスシート構造をみながら，事業環境（市場等外部環境，組織や人材等の内部環境，業務プロセス上の問題，組織構造，意志決定プロセス，モチベーション等組織上の問題）を直視し，第三セクターは今でも必要か否かを問いかけることが重要であるとしている。さらには，自力更生は可能かを問い，目標の明確化，社員のモチベーション向上，コスト構造を変え，戦略分野に人，物，金を集中させていくことが必要としている。綿密なコミュニケーションをベースにした痛みを伴う苦しいプロセス，トップのコミットメント（責任をもって関与することを明言）は改革推進のバネになる。また，なれ合い体質（事業者の公共依存体質）を排除し，負担スキームの明確化（利用者の一方的要望によるのでなく，利用者の負担とのバランス）することが重要である。さらには，事業運営上のコスト削減，資産売却等の事業をスリム化，マーケティン

グに力点を置き，副次的収入の確保等による収入の向上，公共負担等を軽減することも必要としている[1]。

　香川（2005）は，公共交通が赤字なのは鉄道整備の財源は原則受益者負担とし，その財源を鉄道利用者負担から徴収することによるとしている。それに対して道路整備は道路特定財源を持っている。基本的に鉄道整備に税金を投入しないのは鉄道事業に民間事業者が多いためとされている。社会資本整備重点計画の範疇に鉄道は入っていないが，第三セクター鉄道は国，県，市町村からの財政的支援なくしては立ち行かない現状があるとしている[2]。

　また，清水（2005）の「地方鉄道の抱える経済的障壁」によると，地方鉄道の「赤字」原因は，日本の交通政策として鉄道に独立採算性を課していることに対して，欧米では鉄道施設の整備・維持は国や州政府が資金を投入し，運営財源も運輸収入以外に，電気・ガスなど収益事業との兼営による内部補助や，一般会計から補助しており，鉄道が赤字か黒字かは地域に必要か，不要か，社会的役割を果たしているか否かとは関係がないとする。赤字の鉄道をバスに転換した場合，鉄道で輸送していた乗客の3割から5割まで減少することが各地で報告されており，バス事業者は経営の観点からその路線を廃止する場合もあるとしている[3]。

　以上をまとめると，第三セクター鉄道の経営は収支のみで議論するのではなく，公共目的，地域的役割を果たしているかの観点での議論が重要であるが，常に経営状況を直視し，経営改善を進め，公共的使命に照らして費用対効果を検証していくことが必要である。

　第三セクター鉄道の大部分は赤字で，鉄道インフラ整備費を賄うことが出来る鉄道はほんの一握りであり，鉄道のインフラ整備の方法，運営の抜本的な見直しの議論が交通政策基本法との関係の中で進んできたが，期待外れである。第三セクター鉄道としては，沿線住民，沿線市町，職員が共有できる明確な目標づくり，運賃収入の確保のみならず他面的な収入の確保，経営改革等を進める必要がある。

　お客さまと地域の皆さまに「満足」と「感動」のサービスを提供することにより，長良川鉄道及び沿線地域の持続ある発展を目指し，「究極の安全」と「サービス品質の改革」に向けて，挑戦を続けていく必要がある。

そのための行動指針として，「安全で安定した輸送」「サービス向上によりお客さまと地域の皆さまの期待の実現」「絶え間のないイノベーションを推進し，無限の可能性の追求」を掲げている。これからの長良川鉄道は，従来の「輸送業」から「サービス業」へシフトしていく。そのために，デスラプション（創造的イノベーション）をキーワードに以下の課題に取り組んでいく。

　今後，日本の少子高齢化は益々進んでいくと予想される。特に地方においてそのスピードは速い。このことがローカル鉄道の経営基盤を不安定化させている。

　従来，JR，大手私鉄は，小売・レジャー・ホテル事業等の関連事業に力を入れ沿線価値を高め，住民ニーズに対応するために輸送力を増強し，運輸事業と関連事業の相乗効果を図るというビジネスモデルを展開してきた。しかし，このビジネスモデルも限界にきた。少子高齢化の進展という社会構造の変化に対応し，より沿線価値を高めるために，各鉄道事業者はこれまでにない新たな関連事業（ソーシャルビジネス等）に取り組むことが必要になってきている。従来の施策の延長線上にはローカル鉄道の未来はない。高齢化が進展している地域では，シニア層向けの福祉サービスのニーズが高く，比較的若い層が流入している地域では子育て支援サービスのニーズが高い。それへの対応はビジネスが成立する。既に，東急電鉄，京王電鉄，小田急電鉄，JR東等は，従来の発想を超えた子育て支援事業，介護事業，家庭向け生活関連サービス等を展開している。この施策により大きな利益を上げることはできないが，これらの施策により地域全体が最適化すれば沿線市町村住民からの協力，支援が期待できる。

　長良川鉄道が持続ある発展をするためには，イノベーションが不可欠である。

　長良川鉄道は，めまぐるしく変化する時代を先取りして，先手先手で対応していくことが求められる。過去の延長線上には長良川鉄道の未来はない。

　安住が滅亡を招き，組織を滅ぼすことになる。安住による衰退を回避していくことが必要である。過去の長良川鉄道の現状安住意識等の企業風土，体質を破壊し，非連続的な改革，市場重視志向，イノベーション志向の文化を起こしていく必要がある。これからは，新しい視点でのチャレンジ，投資が必要であり，それなくして長良川鉄道の持続ある発展はありえない。そこには常にスピードある行

動が求められる。その一つが，サービスイノベーションである。モノからコトへの時代に即応した顧客経験価値の高い企画（限定感，非再現性，希少性が必要）や，物語性と意外性のある土産品の開発や，駅の賑わい空間の創造である。さらには，単なる体験から自分という存在が受け入れられる場を求める需要にも対応していく必要がある。

今後は，「協働」をキーワードに，沿線市町と一体となってイノベーションを推進していくと同時に，「顧客との協働」を推進していく必要がある。また，長良川鉄道がイノベーション文化を起こしていくためには，常に行政のコントロール下での経営ではなく，会社が自立して主体的にチャレンジしていくことが可能な仕組み，体制に変革していく必要がある。そのことが職員の「知」の探索，感情労働の付加価値化（ホスピタリティ向上）に繋がっていく。

長良川鉄道は，沿線住民，特に交通弱者の移動手段として欠かせない鉄道であり，地域の共通善（皆の幸福）を目指していく必要がある。長良川鉄道の在り方の方向は，鉄道経営のみの視点（部分最適化）ではなく，全体最適化の視点（まちづくり政策，環境政策，商業政策，社会政策等）で議論を進めていくことが求められる。長良川鉄道の展開が地域全体にシャワー効果をもたらすように地域単位のマーケティングに心がけていく必要がある。また，鉄道の機能として見逃されてきたソーシャル・キャピタル（社会関係資本）充実にも意を注いでいく必要がある。このことが地域の安定と交流人口，関係人口拡大に繋がっていく。

長良川鉄道にとっての顧客は，「お客様」であり「地域」である。長良川鉄道は，お客様との対話を通じ，期待を超える感動のサービスを提供するように努力し続ける必要がある。また，顧客とのインターラクション情報を蓄積・分析して顧客視点のサービスデザインや迅速な開発・検証を可能にするアジャイル型開発手法（アジャイルとは「すばやい」「俊敏な」という意味で，反復（イテレーション）と呼ばれる短い開発期間単位を採用することで，リスクを最小化しようとする開発手法）の導入が求められると同時に，データ駆動型経営にもシフトしていく必要がある。

さらには，長良川鉄道は，地域に愛され，信頼される存在となるために，「よ

き企業市民」として法令を遵守し，社会に貢献していく必要がある。

　長良川鉄道は，輸送業からサービス業への脱皮を進めている。その象徴が観光列車「ながら」の運行である。その成否を決めるのがお客様の満足，感動であり，その重要な要素が一座建立，一期一会の精神での「おもてなし」である。そのレベルを上げていくためには，職員満足度を上げることが不可欠である。そのためには，職員への還元も重要であるが，現場の声に耳を傾け，職員と会社経営方針を共有していくことが重要であり，一層の対応を進めていく必要がある。また，職員に驚きと面白さを与える仕掛けにも工夫し，職員満足度を高めていく必要がある。職員一人ひとりの個性を尊重し，多様な価値観を積極的に取り入れ，いきいきと働ける活気ある職場をつくり，独自の見方，考え方，方法を学び，独自の価値を創造できる能力を磨き，発揮していく必要がある。

　現在，長良川鉄道には沿線住民，職員等が共有できるビジョンがない。事業のあるべき姿を明確にし，成長の道筋（赤字の縮小）をつけることが重要である。先ず，長良川鉄道の経営理念，経営目標を明確にしていくことである。そのためには，鉄道沿線住民の長良川鉄道に対する評価，期待，ニーズ等のアンケート調査，聞き取り調査等を実施することである。それをベースに沿線住民等がイメージしやすい経営理念，明確な目標をたてていくことである。経営理念は，例えば「沿線住民の幸せ確保」，「乗客に満足を超えた感動を」，経営目標は，例えば「沿線住民の足の確保」「乗客の安全確保」「オンリーワン鉄道」「経営体質の強化」等である。これが数値化できれば，より目標が明確化でき，具体的になる。

　さらには，経営理念，目標に基づいた「中長期的経営方針」を提示していくことが求められる。例えば，「長良川鉄道のドアー・ツー・ドアーの実現（デマンドバス，コミバス，タクシー等と連携して）」，「MaaS の推進」，長良川鉄道の観光化でいえば「長良川鉄道の観光ブランド化」，「まるごとテーマパーク化」等が考えられる。長良川鉄道のビジョンづくりは，沿線市町のまちづくりの一つであることを沿線市町，住民，企業等が認識していく必要がある。

　また，沿線住民等の通勤・通学，一般利用の拡大も重要である。現在，沿線市町通学者の約3分1が長良川鉄道を利用している水準を，例えば，2分1程度（新

たな通学者 200 人程度確保が必要）に引き上げることはできないであろうか。

　高校生へのアンケート調査結果の内容をみると，運賃が高いことが長良川鉄道の通学利用の大きな障害となっている。しかし，長良川鉄道としては運賃を下げれば鉄道の通学利用が拡大する訳ではない。そこには行政とタイアップした仕組みづくりが必要となる。例えば，通学定期利用者への行政からの支援（平成 30 年度から郡上市においては通学定期利用者に補助金を直接交付。割安感から平成 30 年度は通学定期利用者が増加）によるお得感を与えることである。これが出来れば，通学定期利用者は増加すると予想される。一企業のために行政が何故支援するのかの問題（長良川鉄道は地域の重要な社会インフラであることの共通認識が必要），他交通事業者とのバランス等の問題をクリアする必要があるが，長良川鉄道の場合，赤字は沿線市町が支援している現状からその財源を長良川鉄道利用拡大（それにより赤字補填額が削減できる可能性は大きい）に使うのか，赤字補填に使うのかの差であるとも考えられる。また，沿線市町，学校，長良川鉄道が一体となって父兄に鉄道利用を直接要請することが重要となる。

　さらには，学生に愛される鉄道にして，その利用拡大を図る必要がある。そのためには，長良川鉄道の運営等への参加を求めることである。例えば，通学利用者の拡大提案，大学生，高校生に学生向けの商品企画開発，グッズ開発，イベント企画等の依頼，鉄道運営のボランティア参加（各種調査，清掃，イベント等）をお願いしていくことである。

　また，園児，小学生が小さい時から鉄道を知り，親しみをもってもらうことが将来の利用拡大に繋がると推察され，その機会（郡上市は園児等の長良川鉄道乗車体験を実施中）を設けることである。そのためには，児童等が期待する魅力的な体験学習コースの開発を経験のある教員 OB に依頼することも考えられる。子供時代に鉄道に親しみを持たせることは，将来の長良川鉄道通学利用拡大，鉄道離れ防止に繋がる。平成 31 年 3 月から子供に人気のあるチャギントンをモチーフとした「ながらチャギントン」列車の運行を始め好評を得ている。将来の長良川鉄道利用者の確保という面での効果を期待している。その運行は営業収益面でも大きく貢献している。

通勤客確保も重要である。最近，企業においてもローカル鉄道の重要性を認識しつつある。現在，沿線市町移動通勤者の約 1%が長良川鉄道を利用している現状を，例えば 2%程度（新たな通勤者 100 人程度確保）に拡大していく方策はないのであろうか。

　その方策の一つとして，長良川鉄道は沿線市町の首長に次の協力を要請している。

　沿線市町の首長の指導の下に長良川鉄道駅に近い市町職員をマイカー通勤から長良川鉄道利用通勤への変更（現在，郡上市職員で実現）をしていくこと，首長自ら沿線企業にマイカー通勤から長良川鉄道利用通勤への変更（現在，八幡信用金庫職員で実現）を依頼すること，要請に応えていただける企業には，環境貢献企業として市町による表彰，市町の広報誌に協力企業として掲載すること等である。また，岐阜県，国の関係機関にも同様の要請をしていくことが必要である。

　長良川鉄道としても駅，鉄道車内等で協力企業の PR 等を行い，その実施のインセンティブを高めることである。もちろん，そのための通勤定期，切符の開発（エコ割引定期券，回数券の開発，深夜列車運行切符等）も必要となる。『日本経済新聞（2010 年 10 月 19 日朝刊）』の「新時代の公共交通」においてもモーダルシフトには個別的な働きかけより組織的な対応が必要としている。

　長期的には，公共施設，病院，学校等を駅周辺に配置転換，ショッピングセンター，ホームセター等の駅周辺への立地促進である。時代の流れは，駅を中心としたコンパクトシティの推進を求めており，その可能性は高い。

　今まで高齢者，女性，子供の長良川鉄道に対する評価，期待，ニーズ把握が十分であったかは疑問が残る。高齢者は鉄道のトイレに問題があること，女性はグループで行動して食に関心が高いこと，子供が行きたいところには祖父母，親等が同伴する現状等に対応したきめ細かな商品開発が必要となる。例えば，休日に親子が乗車しやすい乗車券（子供無料）は需要がある。商品開発には長良川鉄道だけでなく，利用者である高齢者団体，女性グループ，子供会等の参加が不可欠である。

　さらには，観光誘客が重要である。長良川鉄道沿線は観光資源が豊富で，訪れ

る人を楽しませ，心を和ませてくれる。「心のふるさと」の原風景の中をトコトコ走る長良川鉄道の旅は脚光を浴びつつある。長良川鉄道は，心と心が触れ合う「心のふるさと」を体感できるリフレッシュ空間である。沿線市町の観光ポテンシャルは高く，観光資源は豊富である。

　現在，長良川鉄道は観光誘客に向けて，沿線市町の観光担当課，観光協会等とタイアップした商品開発，名古屋，大阪，東京のエージェントへのプロモーション，名古屋での合同プレゼンテーション，東南アジアからの観光誘客等を進める他，JR 東海とタイアップしたさわやかウォーキング，長良川鉄道企画商品である納涼お座敷ビール列車，郡上おどり号，薪能くるす桜列車，食品サンプル作り列車，鍾乳洞散策列車，鮎ヤナ料理列車，奥美濃めぐみ雉料理列車，ふるさと味覚列車，食の祭典グルメ列車，古今伝授の里フランス料理列車，日本真ん中子宝の湯クーポンの推進，郡上市八幡の旅館とタイアップした商品販売等を積極的に進めている。しかし，岐阜県，沿線市町の観光部門との連携がまだ弱いこと，長良川鉄道の PR パワーが不足していること，沿線の埋もれた観光資源の発掘システムが出来ていないこと，沿線市町の観光をイメージできる駅づくりができていないこと，心を和ます話題性のある物語づくり（例えば，和歌山電鉄の猫の駅長）に欠けること，1 駅 1 テーマづくりによる活性化策が必要なこと等が課題となっており，その対応を沿線市町と一体となって進めていく必要がある。

　今後は「心のふるさと」を体感できる鉄道として，観る，買う，体験をキーワードに岐阜県，沿線市町と連携し観光振興を進めることが重要である。先ず，「観る」では隠れた沿線観光資源の発掘・展開，既存の沿線観光資源の PR，例えば，沿線，駅に桜を植樹し「桜でお出迎え」，電動機付自転車を活用した周遊観光，小瀬の鵜匠との語らいツアー，棚田等農村風景ツアー企画や，沿線の花飾り等を推進する。

　「買う」では，新鮮，無農薬の産品市，そこでしか食べられない料理，心にのこる土産品，健康山菜料理，創作鮎料理等（若者，よそ者，女性による商品開発，沿線実業高校生徒による商品開発を依頼）の開発を推進する。

　「体験」ではメモリアル列車（結婚式，法要，誕生会，歓送迎会等），カブト

虫列車，子供の列車運転体験，レール&サイクリング，電車の綱引き等のイベント開催，定番のウオーキングコース開発，沿線組織と連携した自然体験，クラフトづくり体験，参加型の祭り，温泉巡り，収穫体験，スキー・スノーボード教室等の対応を推進する。

　観光客は，郡上市内のラフティング等の自然体験，郡上おどり等のイベント体験等を目的とした比較的長時間滞在観光と，美濃市以南の祭り体験等の比較的短時間滞在観光に大きく2つに分れ，2面的な鉄道利用観光誘客戦略が必要となる。

　平成28年4月から運行を開始した観光列車「ながら」は，点から点への移動手段の列車ではなく，乗ることが楽しみな列車であり，人気化している。これはシニアの女性の観光ニーズにマッチした列車である。これからは観光客をセグメントして，ターゲットごとのニーズにあった企画を提案していくことが求められる。平成30年4月から運行開始した観光列車「ながら」（川風号）はファミリー層をターゲットに，平成31年3月から運行開始した「ながらチャギントン」列車は子供をターゲットにしている。今のところターゲティング戦略は成功しているといえる。

　利用サービスの向上も重要である。沿線の通勤・通学者の流入・流出動向（平成12年国勢調査結果）をみると，「郡上市内移動」「美濃加茂市，関市，美濃市，富加町移動」に大きく2つに分けられる。移動状況は，美濃加茂市からは関市が圧倒的に多く，関市からは美濃市・美濃加茂市が圧倒的に多い。富加町，美濃市からは関市が圧倒的に多い。富加町からは美濃加茂市・関市が圧倒的多い。郡上市内移動は，旧八幡町，大和町，白鳥町の移動が圧倒的に多い状況である。

　以上の移動状況を踏まえた列車時刻編成をしていく必要がある。地域の実情に合わせた朝夕の列車編成，通勤客に併せた深夜時間列車編成（深夜料金の検討も含めて）にしていくことが求められる。基本的には，郡上市内は「長良川鉄道利用通学者確保」と「鉄道利用観光客確保」に，美濃市以南は「通勤・通学者確保」を重点とした列車編成である。しかし，利用者に利便性の高い列車編成には，線路の複線化，すれ違い駅の拡大，新たな車両の確保，運手士の確保等が必要であり物理的な面，費用対効果の面等からの検討が必要となる。

また，岐阜バスの郡上八幡から美濃市間の路線廃止に伴い，駅の新設要望もありその対応も求められる。基本的には，列車運行本数を増やし，30 分程度間隔のパターン運行ができれば乗客は増える。樽見鉄道は，令和元年から夕方の運行便を増やし，30 分程度間隔のパターン運行を開始し乗客は増えたとしている。

　運賃以外の収入確保も課題である。第三セクター鉄道の多くが，運輸収入の減少への補完の一つとして，物販等を行っている。銚子電鉄では名物「ぬれ煎餅」（10 枚入りで 820 円〜860 円）が全国区のヒット商品になっているという，年間 1 億 4,000 万円程度の運賃収入（その内の約 8 割が観光客等の乗車する定期外収入）に対して，その売り上げ収入が 3 億 4,000 万円（最近は売り上げ減少傾向）と，経営の屋台骨となっているという。また，2018 年 8 月から自虐的ネーミングで「まずい棒」（経営が厳しいことからネーミング）を売り出し大ヒットしている。発売から約 10 か月で販売本数が 100 万本を突破したと聞いている。2019 年 7 月現在も人気が続いている。自虐的ネーミングについては社内でも不味い菓子なんて売れないのではと反対意見があったが，社長の決断でリスクを冒して販売した。そのネーミングの意外性からマスコミの取材が殺到して，大ヒットとなった[4]。

　商品販売企画についてはリスクとの関係で十分検討をする必要があるが，地域特産的な商品開発（そこでしか買えない，そこでしか味わえない，自慢できる等）を進める必要がある。長良川鉄道も「長鉄煎餅」の販売を開始し，令和元年からは「ながらチャギントン」煎餅を売り出し，今のところ販売は順調である。次の商品開発の検討が必要となる。第三セクター鉄道の中には，人材派遣業，レンタカー事業，観光タクシー事業，産廃事業にも参入しているところもある。これらの事業を進めるに当たっては経営才覚が求められ，どの鉄道でも出来るとは限らないが検討の余地はある。長良川鉄道も一時期，損害保険代理店業，宅配取次事業を行っていたが費用対効果の面から，現在は撤退をしている。また，駅という特性（地方駅でも比較的人が集まる）を活かした副業展開も検討していく必要がある。市町村行政の窓口業務の一部を引き受けるのも一手法である。公共施設の指定管理者になるとか，住民票の発行業務の受託，選挙の時の不在者投票の受託

等が考えられる。

　人が集まる駅づくりも求められる。大都市の駅は，各地からそこに人が集まり，そこから街中に拡散している。しかし，地方の鉄道駅の多くは経営効率の観点から駅員も廃止され寂しい駅となり，人が集まる駅のイメージからはほど遠いのが現状である。まちづくりの拠点は駅であり，駅に賑わいを取り戻すことは地域の活性化に繋がる。駅に賑わいを取り戻す施策を沿線市町，住民，企業と連携して進めることが，長良川鉄道の利用拡大に繋がると思われる。例えば，駅のオープンスペースに小規模な保育機能施設，高齢者福祉機能施設，学習機能施設等の設置や，クリーニング店，宅配等の取次業務店，コンビニエンスストアの参入を促すことも一つである。

　また，今まで，ともすると公共施設は駅から離れたところに立地されてきたが，これからは駅周辺に立地させる政策転換を求めたい。さらには住民の日常の買い物の拠点であるスーパーや病院等の人が集まる施設を，行政の施策として駅周辺に誘導することを求めたい。駅に人が集まる仕組みができれば，長良川鉄道利用者も増えると思われる。関市ではコンパクトシティづくりを進めようとしており，それに期待したい。

　当然として，コスト縮減も必要である。長良川鉄道の人の削減，コスト縮減は安全確保の面から限界にある。しかし，1人当りの人件費は全国の他の第三セクター鉄道より比較的高く，若年者への新陳代謝の促進，外注制度の活用，昇給制度の見直し，一人二役制度の推進，少人数経営組織の整備（組織構造改革は，短期的には仕事の遂行を阻害するが，長期的には育成される人材の質を左右するといわれる。組織全体の長期的運命と自分の運命を密接に関連づけることができる人を育成）が必要となる。

　鉄道の整備・運営における抜本的な見直しの一つとして，近年，鉄道施設を保有する主体と運行主体とを分離した「上下分離方式」の導入をする第三セクター鉄道も現われている。国はこの手法の導入を後押ししている。長良川鉄道の費用構造を見直す観点から，この方式導入への検討を進める価値はある。

　自前主義からの脱却も必要である。現在，長良川鉄道応援団として，行政主導

の長良川鉄道連絡協議会，市民鉄道連絡協議会，各市町の協力会等はあるがメンバーはお付き合い的な気持ちが強い。長良川鉄道をこよなく愛するファンクラブ，サポーター等の設置が求められている。例えば，中部学院大学，岐阜女子大学等大学生のサポーター（音楽演奏，絵画展示，写真展示，調査分析等），オーナー制度（レール，枕木，吊革，列車，駅舎，ベンチ等），沿線観光の語り部，岐阜県職員，市町村職員の隠れた才能者の応援（パンフの写真，イラスト等）等である。

　また，岐阜県，沿線市町，企業の互助会の助成メニューに長良川鉄道利用を加える要請，市町村のシルバー助成メニューに長良川鉄道利用を加える要請，地域の JC，商工会，観光協会等のバックアップ，長良川鉄道利用者に割引クーポン（マーゴ，ピアゴ，アピタ，タクシー等）の発行要請等を通じて幅広い応援団づくりを進める必要がある。また，事業を行う時の財源確保にもなるクラウドファンディングも応援団確保の一つの手法である。

## 第2節　安全確保対策

　安全を第一とする長良川鉄道は，鉄道インフラの老朽化への対応を限られた財源の中で対処しているが，安全確保は十分とはいえない。平成28年4月15日の脱線事故のような鉄道事故を二度と起こさないように，その整備を進めていく必要がある。

　国鉄時代の越美南線運行から80年以上を経過，長良川鉄道になってから30年以上の年月がたち鉄道インフラの老朽化が進み，安全確保を平年ベースの予算（老朽化対策等3億円弱，維持修繕費1億3千万円程度）では対応ができない状況である。このような状況が続けば，日々劣化している鉄道インフラの安全確保は困難であり，脱線事故等が頻発する恐れがある。

　また，工務区の職員は，長良川鉄道開業時は12人で対応していたが，コスト縮減のなかで職員が削減され，現在は5人である。この要因では，全線の鉄道インフラの点検，整備は不可能に近い。特に，平成28年4月15日の脱線事故対応としての点検業務等が拡大（事故現場での通過監視，3日ごとの線路点検，打

音検査の実施等），運転士からの異常感知報告の増加等から現有職員では対応困難である。このような状況を受け，現場長から退職の申し入れがある。今，現場長が退職すれば現場の対応が混乱して安全確保が不可能となる。平成28年4月のトンネル内列車脱線事故を受けて，他の11か所のトンネル区間とトンネル区間以外のR300程度の曲線区間において，締結装置，レールの緊急点検をし，安全を確認した。今後，全線の安全総点検を進めると同時に，緊急的な安全確保対策事業を進めている。軌間整正，枕木更換等安全確保のための緊急的対応事業は，従来の予算額内では対応ができない状況から，岐阜県，沿線市町にその予算の増額を要求している。要求に当たっては，安全確保に必要な全体費用額を把握する必要から，その調査を進めた。今後は，それに基づき計画的な鉄道インフラ整備を進める必要があるが財源確保が大きな課題となっている。

鉄道事故を防いでいくにはそのインフラ整備が必要であるが，その財源の確保[5]が大きな課題である。上下分離方式の鉄道運営も含めて長良川鉄道の経営，運行の在り方，仕組み等を沿線市町と一体となって検討していく必要がある。

現有の運行距離を維持することを前提にすれば，現有工務要因で安全確保ができない状況から，その要員の確保を図る必要がある。中部運輸局からも工務要員数を増やすべきとの指摘を受けている。工務要員の確保が困難ならば，インフラの維持修繕，点検作業の外注を進めていく必要がある。

現在，鉄道の安全度を上げるため。ハインリッヒの法則（1:29:300）に則った対応を図っている。これは，労働災害における経験則の1つであるが，1つの重大事故の背景には，29の軽微な事故があり，その背景には300の異常が存在するという法則である。この法則が鉄道事故に即適用はできるか否かは不明であるが，重大な事故というものは，軽微な事故を防いでいれば大部分が防げるものとされている。また，全線の早急の安全対策ができない状況（予算確保が困難な状況）を考えると，通学者・通勤者に配慮しながら大幅なスピードダウンで対処していく必要がある。

安全確保のための整備予算を確保していくためには，再構築事業（上下分離方式）に移行する必要がある[6]。

今後 30 年間で必要と見込まれる維持・更新・修繕費用は，443〜481 億円（1年平均 14.8 億〜16.0 億円）と大きい。平成 23 年度に行われた市民及び利用者アンケート調査では，長良川鉄道維持のための沿線市町の費用負担について「長良川鉄道を維持するためには，ある程度の財政支援はやむをえない」の回答割合が多い。しかし，長良川鉄道維持のために費用負担しても良いと思う 1 人当たりの年間支払金額は沿線市町平均で 1,549 円と試算されている。

　1 人当たりの年間支払金額は，平成 27 年度の長良川鉄道の経常損失約 1.6 億円に対する市民 1 人当たり負担額の計算値は 758 円である。今後 30 年間の維持・更新・修繕費用の年平均額を基礎に市民 1 人負担額を計算すると約 6,941〜7,523 円となり，市民許容負担額を大きく超える。

　従来，鉄道の経営は独立採算性を基本として考えられてきた。しかし，人口減少や少子高齢化，モータリゼーションの進展による利用者及び収益の減少と，施設保有に伴う維持管理経費が経営を圧迫し，地方鉄道では厳しい鉄道経営を強いられている。平成 27 年度末の実績では，地方鉄道の約 74％の事業者の経常収支が赤字となっており，長良川鉄道もこれに含まれている。そのような経営環境にある地方鉄道を維持するために，沿線市町等による様々な財政支援が行われてきたが，鉄道事業の赤字体質の根本的な解決には至っていない。

　そこで，鉄道経営の圧迫要因のひとつである鉄道施設の保有を鉄道事業から分離することによって負担軽減を図る方法として，「上下分離方式」があり，その方式の導入について検討していく必要がある。

　上下分離方式の特徴は，鉄軌道事業者を施設の整備・保有・保守の過重な負担を軽減することで，安定した経営と利用者へのサービスの維持・向上が期待できることにある。メリットとしては，鉄道事業者から，インフラ施設の維持費や固定資産の税金や減価償却の負担が軽減されるので，運行サービスの提供に対する投資に専念でき，健全で持続的な運営が可能となる。

　課題としては，施設保有主体となる自治体にとっては，公的な負担が増加することである。

　上下分離方式の全体の構成は，運行主体は施設保有主体から施設を借りて，利

用者にサービスを提供して運賃収入を得て，施設保有主体に線路使用料を支払うのが標準的な構成である。

　現行の鉄道事業法では第二種・第三種鉄道事業のそれぞれにおいて事業採算性の確保が必要となるが，2008 年 10 月の「地域公共交通の活性化及び再生に関する法律」の改正の施行により，事業の継続が困難となるおそれがある鉄道事業に対して，「鉄道事業再構築事業」を適用した場合の特例措置として，自治体が鉄道施設を保有し，鉄道事業者に無償で使用させる「公有民営」型の上下分離方式の実施が可能となっている。

　事業性の成立には経費より収益が上回る必要があるが，平成 29 年度の長良川鉄道の営業損益は約 2 億円の赤字となっている。

　現状の上下一体方式で事業性の確保が厳しい状況にある中，事業性確保の可能性を見出すには，事業構造の変更による上下分離方式の適用が考えられる。上下分離方式の適用の場合においても，約 2 億円の営業赤字は，「上」の運行主体か「下」の施設保有主体のいずれかにおいて負担が必要となる。この場合，利用者から直接運賃収入を得て事業を実施する「上」の運行主体の持続可能性が確保されることが望まれる。

　上下分離方式（鉄道事業再構築事業）の事例では，「上」の運行主体と「下」の施設保有主体の分離形式は様々であることを踏まえ，「上」の運行主体と「下」の施設保有主体の分離ケースの設定は，「上」の運行主体の収益が経費を上回る分離形式を探る形で検討を行う必要がある。

## 第 3 節　長良川鉄道の一部廃線問題

　郡上市議会の行財政特別委員会で，美濃白鳥駅から北濃駅区間の廃線が一時期，議論された。この区間の廃線議論は，郡上市の長良川鉄道への赤字補填額縮減の視点から議論がされているが，このような形で議論が進んでいくことに危惧を抱く。長良川鉄道の一部路線が廃止されれば，地域の足としての沿線住民の安心感が消滅し，就学の機会喪失等により過疎化に拍車がかかる。また，交通事故の増加も予想される。さらには，廃止路線沿線地域だけでなくその周辺の観光へのダ

メージにもなると予想される。鉄道は定時性，安全性等に特長があり，バスとは違う社会資本であり，安易にバス転換すれば足りるものではない。転換路線のバス運営が連続赤字になれば，その運営会社はその路線を廃止することにもなる。

　仮に，美濃白鳥駅から北濃駅間の路線を廃止した場合，確かに経費面（固定費，修繕費等変動費，人件費等）の削減効果はあるが，廃線に伴い区間内外の乗客者減による減収が想定され，そのプラス効果は年間 3 百万円弱と予想されている。この区間の廃止に伴う線路撤去費，橋梁撤去費，踏切構造物撤去費，駅撤去費等を他の鉄道調査例等を参考に試算すると約 4 億 9 千万円（30 年間で割り戻すと 1 年間約 16 百万円弱）余発生すると予想され，廃線による経費縮減効果以上のコストが発生する恐れもある。また，この区間をバス代替した場合の間接便益（存在効果の便益，時間便益，環境改善便益，観光消費便益，道路交通事故削減便益）の減少を他の鉄道の調査例等を参考に試算すると，年間 24 百万円程度になる。美濃白鳥駅から北濃駅区間の路線の議論はこれらの状況も勘案して進める必要がある。

## 第 4 節　新たな挑戦に向けて

　長良川鉄道は，開業以来 30 年以上にわたり守ってきた「安全・安心」の基盤をさらに強固にすると同時に，人口減少など厳しい経営環境に直面するなかで，社会の変化に機敏に対応して長良川鉄道経営の質的向上を図り，過去の延長上にない新たな第一歩を踏み出す挑戦を進めていく必要がある。そのことが地域住民に，「長鉄があって良かった」と感じてもらえることになる。

　変化を続けるお客様のニーズや市場動向を先取りして，新規事業・新規市場へチャレンジしていく。地域に密着して貢献する「サービス産業」としての姿に，完成形はないが，お客様，地域住民の声に耳を傾け，時代が求めているサービスを提供できるような事業体へと，先回りして変化し続けることが必要である。

　第 1 に，観光創造で衰退トレンドからの脱却を進めることである。長良川鉄道沿線は，名古屋都市圏住民約 600 万人の憩いの地であると同時に，中国，台湾，韓国を中心とした東南アジアの観光客の魅力的な訪問地になっている。沿線に存

在する観光コンテンツ創造に注力し，長良川鉄道沿線への来訪・再訪を促進して沿線の活性化を図っていく。

　それが，観光列車「ながら」（鮎号・森号・川風号），ながてつチャギントン列車の導入である。また，急伸する訪日外国人旅行者をターゲットとしたコトの充実（経験価値，自分の存在を受け入れる場づくり）を図り，インバウンド市場の成長を沿線市町，住民，企業等と協働して取り込む。これらが顧客の長良川鉄道のブランドロイヤリティを高めていくことになる。このことは，パレートの法則（全顧客の上位 20%の顧客の売り上げが 80%を占める）の「20%の優良な長良川鉄道利用者」に対する生涯経験価値向上施策の一つである。

　第 2 に，長良川鉄道沿線を新しくデザインすることを進めることである。鉄道も移動サービスから地域生活の利便性サービスへ広がっている。その象徴が乗車券の IC カード化である。しかし，長良川鉄道の財務内容から考えて乗車券の IC カード化は困難な状況であるが，QR コードを活用したキャッシュレス運賃支払いシステムを導入して乗客サービスに努めているが，このシステムは日常生活に急速に普及していくと予想され，地域の共通支払システムになっていくと考えられる。

　また，くらしへの貢献サービスも進めていく。駅を中心に沿線の「くらしの価値」を高めることに主眼を置いて新しく沿線をデザインしていくことを進めている。その一つが，人と人の絆を強くする駅の賑わい空間の創造であり，情報発信の基地づくりである。例えば，駅に購買スペースを確保するとか，駅に図書館機能を置くとかである。また，駅をコト消費の舞台にしていくことを進めていく。

　お客さまのライフスタイルや求められる価値が変化する今日，理念を共有できる異業種企業等との積極的な連携により「くらしの価値」を高める新たなコンテンツを創造し，コア事業である鉄道事業との相乗効果を高めていく。特に，「健康的で美しくクオリティの高い生活」の実現と循環型社会に寄与するライフスタイルをテーマとした新たなコンテンツの創造に取り組んでいく。ハード・ソフトの統合戦略として「沿線再耕」を沿線市町，住民，企業等と協働して展開していく。

第3に，経営手法の改革を進めることである。完成された経営手法はない。商品・サービスにおいても始めから完成されたものにするのは困難であり，従来の始めから完成形のサービス商品を提供するという手法を変えていく必要がある。その手法は，ゼネラル・エレクトリック（GE）のように最初に最小限の機能（サービスでいえば顧客の経験価値）を持った商品をつくり，顧客の意見を取り入れて修正するというサイクルを素早く繰り返して開発していくことが重要である。そこには常にスピードある行動が求められている。

　第4に，イノベーションを進めることである。イノベーション実現に有効な手段として，最近，インタラクションデザイン（フィールドワークで顧客を観察して記述し，そこから生まれる顧客との共感のもとにプロットタイプのサービス等を顧客と共同で生み出していくこと）が注目されている。長良川鉄道は，顧客をはじめ，多様な持ち味，能力を持つ人材の交わる場づくりを進め，物語として人の心を多面的に魅了できるコトづくりを進め，サービスの付加価値生産性、心のGDP を高めていくことが求められている。

　新たに導入した観光列車「ながら」も永続的に人気が続くわけではない。お客様に飽きさせない経験価値を常に付加したコトづくりが必要となってくる。その一つとして，夏から秋にかけて長良川で採れた天然アユを素材とした料理列車を運行して新たな顧客開拓に努めるまた，長良川鉄道の冬の風物詩として「こたつ列車」の再度の導入を進める。この導入は冬場の観光誘客拡大に大きく貢献するものと確信する。

　長良川鉄道の経営環境が年々悪化（沿線の高校生の減少，高速道路網の進展等）している他，年々劣化していく鉄道のインフラ整備への対応が必要となっている。今の整備投資水準では安全の確保が非常に困難である。このような状況において，経営基盤を強化していくためには，長良川鉄道の在り方，経営形態，営業範囲等の見直しも含め，中長期的視点にたった抜本的な見直しが必要となっている。

　第5に，マーケティング力を強化することである。他鉄道会社においても豪華観光列車を走らせる計画が多々あり，それらとの差別化が課題である。マーケティング力を強化（セグメント，ターゲティング，ポジショニング）して新規顧客，

リピーター客の確保を図っていくことが求められる。観光列車「ながら」は走らせたら終わりではなく、これからの運用に知恵を絞る必要がある。

　第6に、ソーシャル・キャピタル充実の視点で進めることである。長良川鉄道は、沿線住民、特に交通弱者の移動手段として欠かせない鉄道であり、ある意味、行政の地域交通政策、福祉政策、地域活性化政策等の一翼を担っているともいえる。その観点でいえば、長良川鉄道の在り方の方向性は、鉄道経営のみの視点（部分最適化）ではなく、全体最適化の視点（地域の活性化、まちづくり等）で議論を進めていくことが必要である。特に、鉄道の機能として見逃されてきたソーシャル・キャピタル（社会関係資本）充実の視点が重要となる。地域の絆づくりは、これからの地域の発展の重要な社会共通インフラである。

　第7に、経営基盤強化を進めることである。長良川鉄道の持続ある発展のためには、経営基盤の安定が不可欠である。経営の仕組みも含めて破壊的イノベーションにより経営安定化を進めていく必要がある。開業の原点である交通弱者の移動手段を確保することを第一に、経営基盤の安定のために、観光列車「ながら」の魅力ある運行、新たな企画商品開発等沿線外からの観光誘客を進めていく。さらには、$CO_2$削減の流れの中で、モーダルシフトへの対応として、宅配業者と連携して貨客混載輸送事業の拡大を進めていく。これは、最近脚光を浴びているシェアリングエコノミーの一形態である。

　また、観光客の沿線市町内の回遊だけでなく、隣接市町村と連携した広範囲の回遊展開（現在、郡上市主体で下呂市の観光客の誘客を進めている）が必要となっており、沿線市町と一体となってその仕組みづくりを進めていく必要がある。さらには、沿線市町と長良川鉄道の責任を明確にした経営スタイルを目指していく。その一つとして、国が推進する上下分離方式の鉄道運営（鉄道事業再構築事業）進めていく必要がある。この運営改革は、職員の意識改革にも繋がる。長良川鉄道が黒字化すれば、誰も文句はない。黒字化するには経費を下げて、乗客を増やすことであるが、それは簡単ではない。経費を下げるにしても、一般経費を減してもそれは僅かである。逆に、安全のためのインフラ整備費は増加の一途を辿っており、安全確保の観点からその縮減は不可能である。乗客を増やすとして

も，沿線人口減少の中で，行政の力なくては不可能である。

　乗客増の見込みが立たないなら，鉄道以外の営業収入を検討していくことが重要となる。例えば，銚子電鉄のぬれ煎餅のような大ヒット商品（最近は競合会社の出現で苦戦）を開発することであるが，それも簡単ではない。

　長良川鉄道持続ある発展の選択肢は地域貢献である。長良川鉄道単体では赤字であるが，観光誘客等により地域経済の活性化に貢献し，トータル収支をプラスにすることである。その成功例は全国に多くある。JR西日本が山口県で「SLやまぐち号」を走らせている。そこには，SLやまぐち号に乗るために，近畿などの大都市圏から山陽新幹線で観光客が訪れ，地域消費の拡大等地域経済は潤っているという。千葉県のいすみ鉄道は，関東の旅好きにとって，いすみ鉄道のレストラン列車やムーミン列車は魅力的である。国鉄木原線時代には獲得できなかったお客さまを集めている。しかし，鉄道の観光化によって地域への効用を具体的数字で表わすことは難しい。産業連関表により算出される経済波及効果分析，地域観光客消費額程度である。観光鉄道の経済波及効果からどれだけ税収が増えて，その税収と鉄道への支援金のバランスが取れているかを検討していく必要がある。

---

**注**

1 井熊（2002），149-196頁。
2 香川（2005），30-32頁。
3 清水（2005），39-42頁。
4 JCAST会社ウォッチ「ヒットしないと運行できない!? 銚子電鉄の「崖っぷち商法」今度は映画「電車を止めるな！」（気になるビジネス本）」
　https://www.j-cast.com/kaisha/2019/07/15362423.html?p=all（最終アクセス2020年1月6日），銚子電気鉄道株式会社ホームページ https://www.choshi-dentetsu.jp/（最終アクセス2020年1月6日）
5 現在，再構築事業を進めたところ以外の鉄道会社の国の予算確保（重要部検査等事業は平成31年度不採択，国庫補助率の引き下げ，平成31年度は安全対策事業が要望額の50%の鉄道会社もある）は難しくなっている。予算確保のためには，再構築事業（財政力の弱い市町村は補助率も1/3から1/2に嵩上げ）を早急に進める必要がある。しかし，再構築事業の承認を受けるには，2〜3年の期間が必要である。
6 長良川鉄道が2017年に実施した長良川鉄道施設維持・更新及び経営改善計画等検討調査。

第 2 部　キーワードからアプローチする

長良川鉄道のマーケティング

一昔前のローカル鉄道職員には，乗せてやるという意識があり，常に受け身の姿勢で，赤字は当たり前というスタンスで経営が行われてきた。そこにはマーケティング意識は低かった。

　これからは，ローカル鉄道沿線地域の特性とともにターゲットとすべき顧客像を描き，その顧客に満足と感動を与えるべく，ローカル鉄道の沿線地域と一体となって，沿線地域の活性化戦略を進める必要がある。生活者の視点に立ったニーズの把握と顧客ニーズに対応した付加価値の高いサービスの提供や，利用者との接点拡大（交通手段から生活全般へ）を進め，鉄道の収益性向上と経営基盤の安定化に努める必要がある。今後とも居住人口の減少が予想されるなか，沿線価値を向上させるには，明確な沿線地域像を描くことが未来戦略のカギとなる。効果的・実践的な地域戦略には，人の動き，沿線住民のライフスタイル，意識を把握することから始まる。

　また，通勤・通学定期利用客に重きを置いた経営から，列車に「乗る」こと自体を目的とした観光誘客や，沿線地域の広告塔としての役割を担うことにより，沿線地域に人が訪れ，その地域の魅力が広まり，さらなる鉄道利用に繋がっていく。これは，一つのマーケティング戦略である。沿線地域が元気（活性化）になることは鉄道会社の収益にも繋がっていく。

　今後さらに少子高齢化が進めば通勤・通学による収入は減少するが，鉄道の固定費は変わらず，それを補うためにはインバウンドをはじめとした観光誘客等を進めることが重要となると同時に，鉄道と関連した新たなビジネスを起こしていくことが求められる。このことを進めるためには，現場の「やる気」が極めて重要である。職員，地域が一体となってマーケティング発想で売れる企画商品をプロダクトすることである。

　利用していただけるから，一期一会の気持ちでおもてなしをして，リピートに繋げ，さらにそのことが SNS，口コミ等で広がっていくことが期待できる。ローカル鉄道は，沿線の住民，公共団体，企業と連携しながら，沿線地域の良いものを発掘して，それを発信し，共に成長していくことが求められる。
地域ファン・鉄道ファンを楽しませる情緒価値づくり，ファンとの関係価値づく

り，歴史・文化を楽しむことができる経験価値づくり，地域ファン・鉄道ファンに行ってみたいと思わせる仕掛けをマーケティング発想で進める必要がある。

そのキーワードは，「観光」「ブランド」「シェアリング」「協働」「イールドマネジメント」である。以下，このキーワードに則った長良川鉄道の実践事例を紹介する。

# 第6章　長良川鉄道の観光化

## 第1節　はじめに

　全国の第三セクター鉄道の多くは，日本国有鉄道経営再建促進特別措置法（昭和55年12月27日交付）により廃止路線（経営持続が困難）となった旧国鉄路線を引き継ぎ，そのほとんどが中山間地域を走っている。最近のモータリゼーションの進展，高速道路を始めとした道路網の整備等の進展，少子高齢化の進展等に加え，鉄道施設の老朽化による維持修繕費，車輌の更新等により第三セクター鉄道の運営費は増嵩し，赤字額は拡大の一途をたどっている。少子高齢化のトレンドは今後とも続くものと想定され，大方の第三セクター鉄道の定期利用者は減少を余儀なくされ，厳しい経営状態が続く。しかし，第三セクター鉄道は，地域住民の欠くことが出来ない重要な移動手段であり，守り，育てていくことが求められている。

　第三セクター鉄道の生きる道はないのか。かつて，阪急電鉄は，鉄道利用促進の手立てとして観光が有効に機能すると認識し，宝塚本線，箕面支線の箕面公園には動物園，宝塚には少女歌劇，遊園地を設ける等沿線での観光を積極的に推進し，鉄道利用客の拡大を図った。

　従来，第三セクター鉄道は通勤，通学，通院，買い物等日常生活の移動手段に重きを置いて運営がされてきたが，第三セクター鉄道の生き残りのためには，人々の日常生活の移動のみに重点を置いた経営には限界がある。これからは，非日常輸送（端的にいえば観光）と日常生活輸送の両輪で経営を進める必要がある。非日常輸送を強化していくためには，第三セクター鉄道自体の観光化と沿線地域の観光資源のブラッシュアップ化が必要となる。

　第三セクター鉄道のほとんどは，心和む，ノスタルジックな風光明媚な地域を走っており，しかも，鉄道の駅舎のほとんどは木造で大正，昭和の風景を醸し出し，列車の中は牧歌的で，気取らない人間そのものの会話が交わされている。第三セクター鉄道自体及びその沿線地域はスローライフ時代に相応しい，非日常空間となっている。

ついては，長良川鉄道及びその沿線を観光目線で点検し，長良川鉄道自体の観光化と，その沿線の観光資源のブラシュアップ化，さらには，その有機的連携について考察する。

## 第2節　観光のメカニズムを考える

　観光庁は2018年1〜3月期の旅行・観光消費動向調査で，旅行に対する意識調査を行った。それによると国内宿泊旅行（観光・レクリエーション目的）を行わなかった人の，旅行しなかった（できなかった）理由を調べると，旅行しなかった理由として，「仕事などで休暇がとれない」が29.3％で最多く，2番目に「家計の制約があるから」が26.4％，3番目に「家族や友人らと休日が重ならない」が21.0％となっている[1]。

　このデータは，観光に行きたい観光地があるからアクションを起こすのではなく，時間的，経済的余裕がある時に，幾つかの選択目的地（そこに行かないと経験できない観光地）からコスト（満足度との関係），時間等を比較して観光先を最終判断することが多いことを示している。基本的には観光は余暇活動の一環であり，観光先を絶対に観光したい理由で観光先に行くことは少数派であるといえる。多くの人に観光行動を起こさせるためにはコストを上回るベネフィットを提供することである。言い換えると，コスト以上の満足（ニーズを満たす，感動を得る）を観光客に提供できるか否かが勝負である。観光客はこのような状況を認識した時に観光先への観光行動を起こすことになる。

　観光先への観光行動は，その観光先が観光客に認知されていることが前提であり，観光客は複数の観光先リストから情報収集を進め，比較検討し，コスト以上のベネフィット（満足）が得られると判断すれば，そこへの観光行動計画をつくることになる。観光客から鉄道（周辺地域と一体となって）が観光目的になるように観光客のニーズを満たす物語，もてなし，演出等が求められる。

　「旅行好きが選ぶ，おすすめローカル線ランキング」（楽天トラベル）のベスト10の鉄道をみると，観光列車でゆっくりと地域の美しい自然，レトロな田舎の風景を楽しむことができる鉄道が10社中7社を占めている[2]。しかし，車窓の

景観のみでは観光誘客インパクトは低い。鉄道自身が観光の対象として選択されるには，時代とともに変化する観光客のニーズ（スピードからゆっくり・のんびり，そこでしか体験できない歴史文化を楽しむ経験価値，地域住民との交流・交歓等）をタイムリーに満たしていくことが求められる。長良川鉄道がベスト10の最下位にあるのは列車自身に魅力がなく「楽しい」をイメージが出来ないためではないだろうか。沿線の観光資源は豊富であり，それと長良川鉄道の融合化戦略が必要となる。もちろん，長良川鉄道が全国のベスト10に入っていることは胸を張って良いことである。

　以上のことを踏まえて，平成28年4月から観光列車「ながら」の運行を開始し，今人気上昇中である（詳細は次章）。

### 第3節　世界を代表する観光鉄道の状況

　世界を代表する観光鉄道はスイス鉄道である。スイスは国土の3分の2がアルプス山脈等で囲まれ，世界有数の観光地となっている。スイスには，山岳観光振興の視点からケーブルカーやラックレールを用いた登山鉄道が多く敷設されている。その中に，テレビ等でお馴染みのヨーロッパ最高所を走るユングフラウ鉄道や，1,000m進むと480m標高が上がるとされるピラトウス鉄道等がある。スイスの鉄道会社は，観光立国スイスとしての意識が高く，毎日客車の窓ガラス拭きや清掃も丹念に行われ，車内は非常に清潔で快適である。また，国外からの観光誘客のため，2006年から，スイスパス・スイスユースパス，スイスフレキシーパスの使用においても，これまでの半額カードと同様に山岳部のほとんどの乗り物の乗車運賃が25%割引から50%割引に引き上げられ好評であるという[3]。

　「世界鉄道の旅」で紹介されているスイス観光列車の第1位が，2005年にサンモリッツとツエルマットを結ぶ「氷河急行」である。この列車は全車両パノラマ展望車で，そのデザインはイタリアのピニン・ファリナ（フェラーリのデザイナー）が行い，その人気は高く，乗車人員は年間20万人以上で，その内，日本人が8万人乗車しているという。また，全車両が，需要に応じてアンティークなダイニングカーに変身できるという。氷河急行の終着駅からは，「ゴルナーグ

ラート鉄道」が出ており，この列車はマッターホルンを車窓から堪能でき，終着駅は標高 3,089m のゴルナーグラート駅である[4]。

　氷河を観るならスイスのクール（又はダボス）からイタリアのティラノ間を走る「ベルニナ急行」が良いとされる。この列車からは，モルテラッチュ，カンブレナ，パリューの 3 氷河が観え，窓を開けて写真撮影も可能である。この列車の通過地点にはブルジオの石づくりアーチ橋がある[5]。

　1892 年の開通以来，蒸気機関車で運行しているのが「ブリエンツ・ロートホルン鉄道」（大井川鉄道と姉妹提携）である。この列車は勾配が 250‰の急坂（アプト式鉄道）を時速 8km で走っている。さらに，急坂を走るのが「ピラトウス鉄道」（車体は平行四辺形）で，その勾配は 480‰（日本で最大勾配は大井川鉄道の 90‰）であり，急勾配世界一である[6]。

　トップ・オブ・ヨーロッパといわれる駅（標高 3,454 m）があるのが「ユングフラウ鉄道」である。健脚な人でないと標高 3,454 m を体験することはできないが，この鉄道はそれを可能にする。起点はインターラーケン・オスト駅，終着駅はユングフラウヨッホであるが，4 分の 3 がトンネルであるという。また，オーストラリアには，わずか 33km を 1886 年から 5 年の歳月を建設に費やした（難工事）キュランダ観光鉄道（1891 年に完成）があり，1891 年 6 月からケアンズとキュランダ（世界遺産レインフォレストの玄関口）間を結び，毎朝 8 時 30 分にケアンズ駅を出発する。この列車は蛇がトレードマークである。キュランダ観光鉄道は，世界遺産の熱帯雨林やバロンゴージ国立公園の中を走る鉄道として有名であり，バロン・フォールズ駅ではフォトストップのために 10 分間停車する。車窓から見える雄大なパノラマは思わず息をのむという。その他，オーストラリアには，炎天の砂漠の中を南北に縦断する全長 2,973 ｋ ｍの「大陸縦断鉄道」が週 2 往復している。キャサリン駅では 4 時間 40 分の停車を利用してニトミルク国立公園のキャサリン渓谷ツアーが行われている[7]。

　また，カナダには，マニトバ州の州都ウイニペグから北へ 1,700km の極北の町チャーチル（北極熊とオーロラで知られる町）間を 36 時間（2 泊 3 日）で結ぶハドソン・ベイ号がある。この列車のキャッチフレーズは，「車窓からオーロラ

が見えるかも知れない」ということであり，ファンタジックでロマンを感じる鉄道である[8]。

　また，アメリカには，サンフランシスコ（エメリービル駅）とシカゴを結ぶ「カルフォルニア・ゼファー号」（コロラド渓谷の絶景を観ることができる），ロスアンゼルス・ユニオン駅からシカゴ・ユニオン駅（映画アンタッチャブルの舞台）を結ぶ「サウスウエスト・チーフ号」（西部劇映画の世界をいく），シルバートン（銀山で栄えた鉱山町）とデュランゴ，全長175kmを蒸気機関車が牽引する「デュランゴ＆シルバートン狭軌道鉄道」（線路幅914mmのトロッコ列車），ウイリアムズ（駅前ではカウボーイショー）からグランドキャニオンを結ぶ「グランドキャニオン鉄道」（グランドキャニオンは絶景，列車の中にカウボーイが乗り込んでくるパフォーマンスも）等がある[9]。

　この他，ペルーの世界遺産クスコとマチュピチュ（インカの空中都市）を結ぶ「ハイラム・ビンガム号」（地勢が厳しく道路はない），世界三大登山鉄道の一つに数えられる台湾の「阿里山森林鉄道」（標高差2,186mを駆け上がる鉄道で，車窓からは熱帯林から暖帯林，温帯林へと変化する姿を観ることができる），「世界の屋根」チベットを走る全長2,000kmの天空列車・青蔵鉄道（世界鉄道最高地点・標高5,072mを通過）等がある[10]。

　世界の観光鉄道は，他では味わえない，そこにしかないビューポイントへのアプローチに工夫がされている。観光地とマッチしたデザインの列車運行，食堂車での楽しい食事，フォト場所（駅）では短時間の停車，車窓からの景色が楽しめる場所では超ゆっくりとした運転，駅・列車内での地域の歴史文化パフォーマンス等である。また，観光資源を守る観点等からビューポイントへのアクセスは鉄道が独占状態（車の乗り入れ禁止，鉄道しか交通手段がない等）にあることである[11]。

　世界の観光鉄道は，鉄道と沿線観光資源が融合しているといえる。ローカル鉄道経営のヒントはそこにある。

## 第4節　日本を代表する観光鉄道の状況

### （1）　日本の観光鉄道

　日本の観光鉄道で人気度が高いのが，北海道の美深町仁宇布を走る「トロッコ王国」である。トロッコ王国（NPO 法人トロッコ王国美深が運営）は昭和 60 年に廃止になった旧国鉄美幸線（廃線の延長 5km を使用）を使い，エンジン付のトロッコを運転（トロッコ定員は 4 人から 60 人）できる施設である。運行料金は大人 1 人 1, 500 円（2 名以上）。この施設は「トロッコのテーマパーク」であり，純粋な観光鉄道ではないが，トロッコの人気は高い。一部路線の廃線がされた場合の鉄道敷利用の参考となる。北海道の廃線地域では，廃線を地域再興につなげようとする動きが活発化している[12]。

　「くしろ湿原ノロッコ号」は，JR 釧網本線の一部を季節限定で 1989 年 6 月から運行している。ゴールデンウイーク時期に釧路駅～塘路駅間 1 日 1 往復，夏には同区間を 1 日 2 往復運行する。また，秋には「くしろ湿原紅葉ノロッコ号」として，釧路駅～川湯温泉駅間を 1 日 1 往復運行する。開業以来順調に乗客数を伸ばし，平成 8 年には 10 万人（累計乗客数，以下同じ）を突破，平成 12 年には 30 万人を突破し，以降毎年約 10 万人の乗客があり，平成 20 年には 100 万人を突破している。平成 29 年は 77,285 人，平成 30 年は 67,698 人が乗車をしている。釧網本線は釧路湿原を縦断しているため，岩保木水門を見ることができ，また，野生動物に出会うことがある。その際には列車を減速または停車させることもある。この列車は，車では味わえない魅力的な車窓風景を堪能できるという。列車でしか味わえない感動を提供するところに，この列車の人気の秘密があり，車との差別化で成功した観光鉄道といえる[13]。

　大井川鉄道の SL は，鉄道を観光化しようという試みのなかで，1976 年 7 月 9 日，「川根路号」として SL 営業運転（日本唯一のアプト式鉄道，1,000m 走って 90m 登高する）が復活され，1988 年 8 月からは日本ナショナルトラストの動態保存列車「トラストトレイン」の運転を開始，1996 年 6 月からは元日を除き毎日 SL 運転を実施している。この鉄道は車窓から桜の花見ができる全国でも数少ない鉄道である。SL 列車利用客は毎年増加し，SL 弁当，グッズ等の関連商品を

含め，収益に貢献しているが，SL列車収入は旅客収入の1割から1割5分程度であるという話もある。確かにSL列車自体の運賃収入（金谷から千頭・片道大人1,720円プラスSL料金800円，トーマス号は大人乗車運賃1,720円＋トーマス号料金1,280円＝3,000円）はまだ少ないが，SL列車運行の地域への社会経済的波及効果，心理的効果等は計り知れないもがあり，観光鉄道列車の運行は，社会経済的波及効果等も含めトータルで議論する必要がある。また，井川線は大井川電力専用鉄道に始まり，現在では，奥大井県立自然公園や南アルプス国立公園，寸又峡，赤石温泉，井川湖等への交通路線となっている。この鉄道は，多くの人の憧れ，特に子供に人気のSL列車運行が成功のポイントであり，鉄道の観光化戦略の参考となる例であるが，どこの鉄道会社でも出来るものではない。最近は，きかんしゃトーマスが特に人気を博している[14]。

「嵯峨野観光鉄道」鉄道は平成3年4月27日に社員8名で発足し，その年に乗客75万人を達成，その後乗客は増え，平成16年には累計で1,000万人突破，平成21年には1,500万人を突破している。2013年以降も年間乗客数は100万人を超える人気である。営業運転区間はトロッコ嵯峨野駅からトロッコ亀岡駅までの7.3kmで，発足当時は遠からず廃線になることを予想し，廃線されても何かを残そうと職員は桜，紅葉の植樹を続け現在その本数は3千本を超え，桜，紅葉の名勝地を走る鉄道として有名になっている。毎年トロッコ列車に乗ろうと多くの観光客（予約がないと乗れないという好評さ）が訪れる。ビューポイント（保津川鉄橋）では一時停車もある。この列車は窓ガラスがない5両編成のトロッコ列車である。冬はストーブ付トロッコ列車の運行をしている。この鉄道の成功ポイントは，京都という立地条件を生かし，職員が将来への不安の中でも鉄道沿線の景観形成を続けたことである。観光鉄道というコンセプトの下に，職員が自主的・主体的に桜，紅葉等を植樹する取り組みは鉄道の観光化に大きく貢献している[15]。

「黒部渓谷鉄道」は与謝野晶子が「囲い無き，山の車の席買いて，四里上りゆく黒部の紅葉」と詠まれた鉄道で，1953年に地方鉄道の認可を受け，現在に至る。この鉄道は予約がないと直ぐには乗れない人気の高い鉄道（特に，トロッコ

列車）で，黒部渓谷の狭谷の断崖絶壁にへばりつくように，41 か所のトンネルと，28 か所の橋を渡り狭谷の中へと進んでいく。沿線の紅葉，水面（黒部川）から高さ 40m の新山彦橋は乗客から歓喜の声があがる。この鉄道の人気の秘密は，人がなかなか踏み入れない絶景の渓谷の中を鉄道が走ることにある[16]。

　以上の人気順位は調査の方法により違ってくる。鉄道の専門家の評価を点数化して観光鉄道を順位化した結果が，日本経済新聞プラス 1（2019 年 4 月 27 日付け）に掲載されている。それによると，第 1 位が黒部渓谷トロッコ電車，第 2 位が南アルプスあぷとライン（静岡県），第 3 位がくしろ湿原ノロッコ号，第 4 位が嵯峨野トロッコ列車，第 5 位が瀬戸大橋アンパンマントロッコ，第 6 位が奥出雲おろち号，第 7 位が富良野・美瑛ノロッコ号，第 8 位が赤沢森林鉄道（長野県），第 9 位が里山トロッコ（千葉県），第 10 位がしまんトロッコとなっている[17]。

　以上，日本の観光鉄道成功のポイントは，日頃乗れない郷愁を誘う列車で，そこだけのビューポイントを車窓から楽しみ，アテンダントのホスピタリティに満足し，沿線の「こと，物，食」を体感できる仕掛けがされていることである。

## (2) JR 九州の観光列車化戦略

　JR 九州は長年中古特急のたまり場と揶揄され，客に薄汚いイメージの列車を提供してきたが，昭和 62 年 4 月 1 日の国鉄民営化後は「民営になってよかった」と客に言ってもらえるように，JR 九州のイメージチェンジが進められ，その手始めとして斬新的な「ハイパーサルーン」と名付けられた 783 系が導入された。783 系は最後部にパノラミックウインドーを導入し沿線風景を客が楽しめるようにした。本格的に観光列車を走らせ出したのは，「ゆふいんの森」キハ 71・72 系（グリーン塗色のハイデッカー，先頭車形状は楕円形 2 段窓の独特のイメージ，車内も温かみのある木目調，ゆふもりレディを乗せるなど観光列車らしいムードを随所に演出）で，この列車は好評を博し，導入翌年にはミニギャラリーのある中間車も増結し，運転当初から人気が続いている。JR 九州の戦略は「感性的価値」を高めて，若者，女性が鉄道の存在を思い起こし，鉄道に乗ってみようという気にさせることである。かっこいいデザイン，話題性のある車両イメージづく

りを基本としたデザイン戦略（当初は抵抗勢力があったが）を経営に取り込んでいる。列車を従来の鉄道屋のデザインから普通のデザインにしようと，水戸岡鋭治氏にデザインを依頼している[18]。

　水戸岡鋭治氏の鉄道デザインは，地域の風景，風情にマッチし，かつ斬新的かつ大胆で観光客に強烈な印象を与え，鉄道自体が観光の対象となった。また，鉄道のデザインだけでなく，そこで働く従業員の制服，車内ワゴン車，販売グッズまでがデザインの対象になり，多くの人に「一度乗ってみようか」との気を起こさせる。さらには，列車のネーミングにも配慮がされている。駅舎も塔のある木造黒塗りの外観で展覧会開催も可能で改札口がない斬新なデザインとなっている[19]。

　今までの鉄道の「利用者」という発想から「お客様」という発想に転換し，駅においても降りた利用者は「できるだけ早くそこから立ち去って欲しいという」発想から「できるだけ長く駅に留まって欲しいという」発想に転換する等 JR 九州においては徹底した「お客様本意」の事業展開が進められている。この戦略は和歌山電鉄等にも例をみる。長良川鉄道と JR 九州ではそのおかれた状況は大きく違うが，鉄道の観光列車化へのアプローチ，鉄道経営の思想は学ぶことが多い。

## 第5節　長良川鉄道と沿線の観光ポテンシャル

　長良川鉄道は長良川沿いをノンビリと走る列車であり，車窓から眺める長良川の清流，釣り人の姿，黄金の稲穂が垂れる田園風景，さらには列車内にそそぎ込む長良川のそよ風は訪れる人を楽しませ，心を和ませてくれる。また，長良川鉄道の駅舎は木づくりで，駅舎によっては待合室に薪ストーブがあり，そこでのおばあさん達の談笑の姿は昭和の風景であり，タイムスピリットした感がある。そんな「心のふるさと」の原風景の中をトコトコ走る長良川鉄道の旅は脚光を浴びつつある。長良川鉄道は，心と心が触れ合う「心のふるさと」を体感でき列車である。

　長良川鉄道は平成3年度にトロッコ列車を導入して平成4年度の夏から秋にかけて運転を開始し，運転初期は営業収入の1%前後の運賃収入を確保していたが，

**図表 6-1 トロッコ列車の運転実績**

|  | 平成4年度 | 平成5年度 | 平成6年度 | 平成7年度 |
|---|---|---|---|---|
| 運転日数（日） | 62 | 64 | 49 | 38 |
| 乗車総人員（人） | 5,966 | 5,445 | 4,314 | 3,006 |
| 1日片道平均乗車人員（人） | 48 | 42 | 44 | 40 |
| 運賃収入（千円） | 4,477 | 3,969 | 2,878 | 2,183 |
| 指定料金（千円） | 2,983 | 2,723 | 2,157 | 1,503 |
| 計（千円） | 7,460 | 6,692 | 5,035 | 3,686 |

出典：長良川鉄道10年史，153頁

※ 平成4年度，平成5年度は4月下旬から11月上旬の日祝日・7月下旬から8月下旬の毎日運転，平成6年度は4月下旬から9月上旬の日祝日・7月下旬から8月下旬の毎日運転，平成7年度は4月下旬から5月上旬までの日祝日・7月22日から8月26日の毎日運転（平成8年度から平成15年度までのデータ不明）。

平成15年7月21日に脱線事故を起こし，廃止した。トロッコ列車は長良川鉄道の風情とマッチしている。

　交通手段別滞在時間を長浜観光経済波及効果調査結果からみると，鉄道利用者の滞在時間はバス，車より長く，鉄道利用の観光への波及効果は高い[20]。北村（2004）は，観光目的地までの距離が長い場合，鉄道が利便性の高いアクセスを提供するのが一般的で，鉄道には飛行機で味わえない旅情があり，非日常空間での本当の自分探しを可能にするという特性があるとしている[21]。その特性を十分熟知して，長良川鉄道の観光化を進める必要がある。また，長良川鉄道沿線地域は関西方面等遠距離地域の人気も高く，遠距離からの観光客が満足（コスト以上のベネフィット）する非日常空間づくりが求められている。その対応は，沿線市町，鉄道，観光関連企業が連携していくことが重要となる。

　沿線市町（郡上市，美濃市，関市，美濃加茂市，富加町）の平成29年の観光客数は10,035,393人で岐阜県全体の14.1%を占めている。その中で，郡上市の観

83

**図表 6-2　交通手段別滞在時間**　　　　　　　　　　　　　単位：分

| | バス | 車 | 鉄道 | 平均 |
|---|---|---|---|---|
| 春 | 163 | 222 | 286 | 224 |
| 夏 | 159 | 229 | 282 | 223 |
| 秋 | 193 | 203 | 276 | 224 |
| 冬 | 151 | 231 | 279 | 220 |

出典：『長浜市中心市街地活性化基本計画書（平成 19 年度）』，18 頁

光客数は 5,174,241 人と岐阜県の市町村別の第 3 位（岐阜県全体の構成比 7.3%）に位置し，沿線市町の 5 割以上を占めている[22]。

　郡上市は約 9 割が森林に覆われ，森林が生み出す清らかな水は「水のまち」として有名であり，そこで水の文化が育まれてきた。そのシンボルが室町時代の連歌の宗匠・飯尾宗祇が泉（湧水）の隣に草庵を構え，清水を愛用したとされる「宗祇水」である。郡上八幡地内には分散化された用水路に豊富な清流が流れ，人々はそこで野菜を洗ったり，洗濯の濯ぎをしたりするなど，水と直結した生活をしている。その風景はまさに「心のふるさと」である。郡上市内にはいたるところに心和ませる水の風景（カマス谷の源流，変化する神秘の池・村間ケ池，白山山麓に眠る大瀑布・八反り滝，巨壁を裂く秘境の大滝・石徹白大滝，阿弥陀ケ滝等）を観ることができる。また，長良川，吉田川の清流で育った「郡上鮎」の友釣り，ヤナ魚（流れを遮り竹の簀の子を敷き，産卵のため川を下る鮎を捕る伝統漁法）には毎年多くの人が訪れ新鮮な天然鮎を食べ満喫している他，その清流から生まれた郡上酒，郡上みそは絶品である。さらには，郡上本染家の渡辺家（故渡辺庄吉氏は特に有名）による吉田川における藍染寒ざらしは冬の風物詩でもある。また，郡上市民は太古より森と共存し，そこに林立する白山中居神社巨木群，石徹白大杉（周囲約 13m，樹齢 1800 年），粥川の百年杉（地元林業家の美林），前谷スラブの紅葉等は一見の価値がある。

　また，郡上は「踊りのまち」としても有名である。郡上おどりは，朝鮮戦役（1595 年）の勝利を祝って領民が踊った（飛州志に記載）ことを起源とし，時代の変遷

の中で 10 種類の踊りが受け継がれている。郡上おどりはゆったりした調子のものから早いテンポの早い曲，三味線等のお囃子のある曲，舞い曲等様々であり，7 月から 9 月にかけて 30 余晩踊られ，お盆には 4 日間徹夜でおどられる。これは夏の風物詩となっている。この他，長滝神社，時期遅れの北濃地域の桜，桂昌寺の牡丹園，国田家の芝桜，正が洞の棚田，オオサンショウウオの生息地，北濃駅の列車の向きを変える手動式の転車台 (国の登録有形文化財)，古今伝授の里，食品サンプル生産工場，多数のスキー場，温泉等非日常空間を演出する舞台が整っている。

　美濃市は，長良川の清流と良質な和紙の原料の恩恵により根付いた和紙産業で栄え，現在もその風情が残っている。その代表が「うだつ」(和紙の扱いで財をなした商人たちが築いた町家で，本来は防火壁，後に豪商たちが富の象徴として粋を競った) である。うだつの町並み (19 棟が残る) は，威風堂々と，独特の雰囲気を醸しだし，そこを通ると江戸時代にタイムスリップした感がある。その代表が旧今井住宅であり，その住宅は母屋と離れ，土蔵群をもつ大きな家，帳箪笥，帳机，火鉢が置かれ，江戸時代の商家の様子を再現している。美濃和紙の歴史は正倉院所蔵の戸籍に始まり約 1300 年の歴史があり，手漉き和紙は美しく，強く，やさしさを醸し出している。その和紙を展示する和紙会館 (かって和紙づくりが盛んな牧谷地区に立地) は紙漉き体験も可能である。また，毎年開催される和紙を素材とした「あかりアート展」は，ほのかなあかりの異次元空間に人々を誘い，そこはまさに幽玄の世界であり，全国，世界から多くの人が訪れる。さらには，美濃和紙の花を付けた「しない」約 300 本を飾った花みこしは 4 月の第 2土曜日の美濃まつりに街を練り歩く。その時には，街角を舞台に「美濃流し仁輪加」(世相を表す美濃弁の風刺劇) が繰り広げられ，また，大矢田地区の山の中腹を舞台に，五穀豊穣を祈って「ひんここ」(かかし風の人形が，笛・太鼓の節でおどる人形劇，11 月にも開催) が繰り広げられる。この他，小倉公園の桜，川湊灯台，大矢田・片知渓谷の紅葉等自然豊かな風景は訪れる人の心の憩いの場となる。

　関市は，東西文化の要衝の地として，また，鎌倉時代から幾多の刀匠が育った

刃物のまちとして有名である。刃物の歴史は，刀祖「元重」が刀鍛冶を始めたことを起源とする。関の刀は「折れず，曲がらず，よく切れる」で名を全国に広げ，「関伝」を有名にしたのが「関の孫六」で知られる「二代目兼元」であり，その伝統技能が現代の刀匠や刃物産業に受け継がれている。関鍛冶伝承館では日本刀鍛錬の実演（特定日）を観ることができる。また，長良川河畔の小瀬で繰り広げられる「小瀬鵜飼」は千有余年の歴史を持つ伝統漁法で，鵜舟から鵜が鮎を捕る姿を間近で見ることができ，その情景は感動を受け，長良の鵜飼（岐阜市）とは一味違う。また，関市には奈良時代に創建された高賀神社（さるとらへび伝説），春日大社の分霊を祭った春日神社（国の重要文化財の能装束等がある），鎌倉時代に創建された新長谷寺（国の重要文化財の十一面観音等がある），宗休寺（日本唯一の戒壇巡り），弥勒寺（大和法隆寺の伽藍配置），永昌寺（名僧仙崖の両親の墓がある）等神社仏閣が多く癒しの空間にもなっている。この他，寺尾の千本桜，百年公園の花しょうぶ，板取のモネの池，あじさいの森，株杉，善光寺のサザンカ等四季の風景を楽しむことができる。

美濃加茂市は東西交通の要衝として栄え，中山道69次の51番目に当たる太田宿には脇本陣，本本陣，太田の渡しが残り江戸時代の名残をとどめている。そこにある林家は本屋，隠居家，質蔵，漬け物蔵等が残り，国の重要文化財に指定されている。また，その時代の資料等を陳列した中山道会館，ぎふ清流里山公園，化石林公園，梨・ぶどう等の果樹園等があり，夏には毎年おんさい祭が市内で開催されている。

富加町は，奈良の正倉院に残る最古の戸籍「半布里戸籍」（54戸，1,119人）の地で有名である。富加町にはそば道場，朝市（毎週日曜日に長良川鉄道の富加駅前で），いちご園等があり，多くの人を楽しませる。

しかし，沿線市町の観光インフラは脆弱で，観光で稼ぐ構造になっていない。特に，宿泊機能は貧弱である。国内外の観光業者からは何処に泊まれば良いのかの質問が多々ある。ハード・ソフト両面の整備が必要である。

長良川鉄道沿線地域の観光ポテンシャルは高く長良川鉄道と一体となった観光戦略の推進が求められる。

## 第6節　長良川鉄道利用者（土日祝日）アンケート調査結果

　郡上市観光連盟と郡上八幡観光協会が，平成22年11月の土日祝日に長良川鉄道の郡上八幡駅で，その乗降者を対象にしたアンケート調査結果（データは古いが基本的傾向は変わらない）から，その者（有効回答130人）の動向等を以下でみる。

　利用目的（有効回答119）は観光が97%と，土日祝日の長良川鉄道郡上八幡駅乗降者はほぼ観光者で，郡上市は観光のまちであるといえる。その者の性別は，女性が62%，男性が38%と，郡上市観光は圧倒的に女性が多い。年齢別（有効回答128）でみると，50歳以上が73%と，シニア層が観光を楽しんでいる姿が窺える。今後，郡上市，長良川鉄道の観光誘客は熟年者，女性を中心ターゲットに企画・運営をする必要がある。

　出発先別でみると，岐阜県内が15%あるものの，大部分は県外（85%）で，愛知県が30%と多くを占めるが，関東から13%，関西から14%，九州四国から9%，北海道東北から2%と遠方からの観光者が多い。郡上市はオールジャパンの観光地であるといえる。鉄道利用観光者は遠方が多い傾向を示す。このことは，「ETC休日割引」の鉄道への影響調査結果において，「ある程度の長距離移動に当たっては，車利用より鉄道利用を選択する方が多い」としていることからも分かる。また，「高速道路の利用料金が下がっても鉄道を利用した理由」の第1位が値下げにより高速道路は混むと思ったから20.8%，運転するのが疲れるから14.7%，高速道路が混む分，混雑がなく移動できると思ったから11.3%と，渋滞に対する嫌悪感が根強く，自動車運転面での体力的な負担を考慮して，移動時間が計算できて混雑回避が可能な鉄道利用が高いとしている。

　郡上市，長良川鉄道観光を知った情報媒体を問うと，インターネットが21%，テレビ，旅行雑誌がそれぞれ20%，友人が17%を占め，これらで8割近くを占める。情報化時代においてはインターネットを使った情報発信が効果を発揮する。ホームページのブラシュアップ（ヤフー，グーグル等からヒットし易く），新しいインターネットツールの活用（インスタグラム，ブログ，チャット等），インスタ映えする場づくり（ひときわ見栄え良くステキに見える場）等効果的な観光

情報発信に心掛ける必要がある。インターネットは距離に関係なく，安く観光情報を発信できる。また，従来の情報媒体であるテレビ，旅行雑誌も情報発信力は高い。テレビの旅番組が飛びつくような情報を提供し，安価（番組スポンサーになろうとすれば膨大な経費が必要となる）に長良川鉄道の観光的魅力，沿線市町の観光情報の発信ができるようにする必要がある。旅行雑誌も同様である。さらには，口コミで長良川鉄道，沿線市町の観光情報が流布する仕掛けも必要である。インスタグラムの活用も有効なPR手段となる。

　長良川鉄道の利用頻度を問うと，始めてという人が81%とほとんどを占めるが，2回目が5%，3回以上が3%となっている他，年4回程度が2%と郡上市の魅力に引かれ数度の訪問者もある。はじめての観光者に何回も訪れたいと思わせる郡上観光の魅力アピール，演出，おもてなし等が課題となる。

　誰と乗車したかを問うと，友人とが45%と一番多く，次いで，「ひとり」が28%，家族とが21%，会社の同僚が3%となっている。友人，家族と一緒になって楽しむことができる観光，さらには一人でも楽しむことができる観光の両面の企画が必要となる。

　郡上八幡駅から郡上市内への交通手段を問うと，徒歩が圧倒的に多く39%，タクシー16%，まめバス15%，レンタサイクル10%等となっている。徒歩，レンタサイクルでゆっくり市内散策をする者，タクシー，バスで観光する者等観光者の市内交通手段ニーズは多面的であり，それに対応していく必要がある。なお，電動アシスト自転車の需要は必要なしとする者が67%と大半を占めるが，観光者の選択の幅を広げていくことは有効である。


## 第7節　長良川鉄道利用の観光客状況

　観光企画切符の販売は，社会経済環境に大きく左右されるが，長良川鉄道沿線の人口が右肩下がりで減少する時代においては貴重な収入源（今後，通勤・通学収入には大きな期待が持てない）である。長良川鉄道は地域住民の移動手段としての役割は大きいが，沿線住民の利用は先細り状況であり，長良川鉄道経営のためには地域外からの観光誘客が不可欠である。このことは地域振興に大きく寄与

する。今後とも観光客のニーズにあった観光切符を企画していく必要がある。例えば，沿線周遊企画切符，3日間乗り放題切符等である。

　長良川鉄道は観光誘客に向けて，沿線市町の観光担当課，観光協会とタイアップした商品開発，名古屋，大阪，東京のエージェントへのプロモーション，名古屋での合同プレゼンテーション，外国人の観光誘客等を進める他，JR東海とタイアップしたさわやかウォーキング，長良川鉄道独自の企画商品（数年周期でローテーション必要）である鮎パーク列車，納涼お座敷ビール列車，郡上おどり号，薪能くるす桜列車，食品サンプル作り列車，鍾乳洞散策列車，鮎ヤナ料理列車，奥美濃めぐみ雉料理列車，ふるさと味覚列車，食の祭典グルメ列車，古今伝授の里フランス料理列車，日本真ん中子宝の湯クーポン（温泉に200円の入湯税のみで入浴）の推進，郡上市八幡の旅館とタイアップした商品販売等を積極的に進めている。

　しかし，岐阜県，沿線市町の観光部門との実質的な連携が弱いこと，長良川鉄道のプロモーションパワーが弱いこと，沿線の埋もれた観光資源の発掘システムが出来ていないこと，沿線市町の観光をイメージできる駅づくりができていないこと，心を和ます話題性のある物語づくり（例えば，和歌山電鉄の猫の駅長）に欠けること，1駅1テーマづくりによる観光施策が必要なこと等が課題となっており，その対応を沿線市町と一体となって進めていく必要がある。

　今後は「心のふるさと」を体感できる観光列車「ながら」の充実を，観る，買う，体験をキーワードに岐阜県，沿線市町と連携して進める。先ず，「観る」では隠れた沿線観光資源の発掘・展開，既存の沿線観光資源のPR，例えば，駅に桜を植樹し「桜でお出迎え」，電動機付自転車を活用した周遊観光，小瀬の鵜匠との語らいツアー，棚田等農村風景ツアー，沿線の花飾り推進等を，「買う」では，新鮮，無農薬の産品市，そこでしか食べられない料理，心にのこる土産品開発，健康山菜料理，創作鮎料理等（若者，よそ者，女性による商品開発，沿線実業高校生徒による商品開発依頼も必要）を，「体験」ではメモリアル列車（結婚式，誕生会，歓送迎会等），カブト虫列車，子供の列車運転体験，レール＆サイクリング，電車の綱引き等のイベント開発，定番となる魅力的なウオーキングコ

ース開発，沿線組織と連携した自然体験，クラフトづくり体験，参加型の祭り，温泉巡り，収穫体験，スキー・スノーボード教室等の対応が求められる。

　観光乗客は，郡上市内のラフティング等の自然体験，郡上おどり等のイベント体験，市内散策等を目的とした比較的長時間滞在観光と，美濃市以南の祭り体験等の比較的短時間滞在観光に大きく2つに分れ，それぞれの特性を踏まえた観光誘客戦略が必要となる。

## 第8節　長良川鉄道の観光化への課題と対応

　会津鉄道会津線と野岩鉄道会津鬼怒川線の観光誘客調査効果（平成18年度）をみると，両鉄道を利用した会津地域と首都圏間総利用者数は233,887人で，その内会津地域への観光目的としている誘客数は205,119人（観光客割合87.7%）で，それに誘客一人当りの平均福島県内消費支出額の21,966円を乗じた旅行消費総額は26億1,956万円となり，直接効果，1次，2次波及効果を合わせると38億9,043万円（波及効果倍率1.55倍），雇用誘発効果は383人と，観光の経済波及効果は高い。首都圏が背後にあるという福島県の有利さはあるが，高齢化とともに（余暇時間の増大）その需要は高まっていくと想定され，鉄道各社は団塊世代をつなぎ止めるため各種旅行商品を開発している[23]。

　これからは通学・通勤利用客の減少は避けることができず，鉄道経営のためには旅行客の需要を掘り起こしていく必要がある。旅行客を如何にして鉄道に，言い換えれば長良川鉄道に取り込むかが大きな課題となる。

　長良川鉄道は，「岐阜の宝ものプロジェクト」（「飛騨・美濃じまん運動」の推進による「観光王国飛騨・美濃」の実現を図るために，飛騨・美濃じまんの原石を認定し，それを磨き，地域の魅力を高め「岐阜の宝もの」にする事業）で「明日の宝もの」（県内を走る4つのローカル鉄道「養老鉄道」「長良川鉄道」「明知鉄道」「樽見鉄道」の連携による魅力アップを期待している）に認定されたところである。長良川鉄道は，岐阜県（各種のブラシュアップ事業について支援がある），地域の力を借りながら鉄道自身の観光ブランド化をすることが求められる。

　従来，第三セクター鉄道は日常生活における地域住民の移動手段として捉えら

れ，列車自体を観光化する発想は弱かった。観光化（鉄道が観光の目的化）された列車としては，SL列車，トロッコ列車にその例をみるが，どこの鉄道も費用対効果の面から導入には躊躇している。

　JR九州のように「乗ってみたい」と思わせる列車のデザイン化とか，列車内の演出（例えば，動物の駅長列車，鈴虫列車，風鈴列車，蛍列車，ストーブ列車，郷土料理列車，クリスマス列車，七夕列車，子供の絵画展示等）とか，列車内，駅周辺でしか食べられない郷土料理提供とか，列車内や駅でしか買えない郷土産品の開発（銚子電鉄へ銚子名物のぬれ煎餅を買いに訪れるという），地域ボランティアによるホームでのバーベキューの提供等が考えられる。

　さらには，駅自身を観光化することも必要となる。駅の観光化の第一は地域にマッチしたデザイン化であるが，現在の長良川鉄道の経営状態では新たにデザインした駅舎を新築することは不可能であるが，現在も残る，昔懐かしい木造の駅舎をブラシュアップしていくことは可能である。木造の建物は観光客の心を和ませ，心のふるさとに帰ってきた感を持たせる。新しいだけが駅舎の観光化ではない。田舎を走る第三セクター鉄道ならではの駅舎のデザイン化（例えば，地元デザイナー，子供等による地域の風情に合った駅舎のペインティング，地元建築家による間伐材のログハウスの提供等）は可能である。この他，沿線市町，篤志家の地域企業にお願いしていくことも一手法である。

　郡上市は，郡上八幡駅を開業当初の風情に再現し，多くの観光客に評価を得ている。その経費は約2億円である。また，関市では関駅のトイレを約25百万円かけて再築している。観光客の鉄道，地域への印象を大きく左右するのはトイレである。

　また，駅で降りてみたいと思せる演出が必要となる。そのためには，駅構内でのイベントの開催（フリーマーケット，地元音楽家によるミニコンサート），絵画，花等の展示，新鮮な地域特産品の朝市の開催等を地域主体で展開を進める必要がある。関駅では2019年4月から，ながてつ鉄道ジオラマ館を開設し，鉄道マニアから好評を得ている。

　地域の観光ブランド化としては，既存観光資源のブラシュアップ化と，新たな

観光資源の発掘である。素晴らしい観光資源でも観光客のニーズに合わなければ観光資源としての価値は半減し，観光客からは見向きもされなくなる。社会経済変化，観光客のニーズ変化に沿って常に既存観光資源をブラシュアップすると同時に，新たな観光資源を発掘し，話題性（物語をつくる）のあるものにしていく必要がある。観光客のニーズ把握のためには，観光客のモニタリング，体験ツアー，観光エージェントへのヒアリング，IT を活用した観光アンケート調査等幅広い情報把握が必要である。また，既存観光資源をブラシュアップするには，岐阜県が行う「岐阜の宝ものプロジェクト」制度の枠組みの中で，支援を受けながら対応していくことが早道である。

　話題性を高めるためには，映像メディアの活用が一番である。その代表的な例は，北海道である。北海道では，観光地としてのブランディングの過程で大きな役割を担ったのが，映像メディアである。北海道を舞台にした黒澤明監督の「白痴」，原田康子の小説を映画化した「挽歌」，夕張市で撮影された「幸福の黄色いハンカチ」，高倉健主演の「網走番外地」，フジテレビで連続放映された「北の国から」等である。映像メディアの舞台を観てみたいという観光客が鉄道を使って北海道を訪れている。

　また，山形鉄道は，2004 年に公開された映画「スウィングガールズ」のヒットで多くの観光客が訪れ，臨時列車で対応するほど盛況であったという。一時的ではあるが，山形鉄道は観光客の大幅増加により潤った。

　今においても，毎年，NHK の日曜大河ドラマ，朝ドラの舞台には多くの観光客が訪れ，その地域は一時的には賑わいの空間になる。東海地域でいえば，2017年大河ドラマ「おんな城主 直虎」では天竜浜名湖鉄道の乗客は飛躍的に伸びた。また，2018 年 4 月からの NHK 連続テレビ小説「半分，青い」では明知鉄道の乗客は大きく伸びた。明知鉄道では，2020 年から放映される大河ドラマ「麒麟がくる」に大きな期待を寄せている。

　そこに訪れる遠方者は，そのほとんどが鉄道を使い，JR も含めて地域交通機関は乗客増となり，経営にも好影響を与えている。

　しかし，ブームが去れば観光客は元に戻るのが常であり，常にブランディング

の努力が必要である。ブランディングをしていくためには，常に旅行者マーケットに認知させるプロモーションが必要であり，その手段は，広告，広報，人的セールス，SNS 等である。この手段を有機的に組み合わせて対応する必要がある。また，地域のホスピタリティ（温かく親切にもてなす心，歓待の精神）が重要であり，それを発揮するためには，第一には様々な来訪者の気持ちを汲み取り，どのように対応すると感動を与えられるかを観察し察知する能力が必要となる。

　第二には，来訪者の気持ちに応じて，伝えたい適切な言葉，表情，しぐさを選択する能力が必要となる。最初の 15 秒が鉄道も含めた地域の印象を決める。ホスピタリティ向上への対応が課題である[24]。

　また，観光客の地域での利便性確保も課題である。北村（2004）によれば，都市内の有料駐車場利用運転者が最終目的地まで歩く距離は 200m 程度，鉄道駅からは 15 分程度とされ，観光目的地間の最長連続徒歩時間は 30 分程度，観光地の最大総遊歩時間は 2 時間程度とされている[25]。この範囲内で観光客が行動できる環境整備が求められる。観光地では季節的（春の桜，秋の紅葉，夏の海辺，冬のスキー，初詣等）に集中し，季節の移り変わりにより観光客が訪れる地域も変わっており，四季を通じた観光誘客ができる舞台づくり，演出が必要となる。

## 第 9 節　小括

　従来，鉄道そのものの観光化の発想は希薄であった。JR 東海の相談役の須田寛氏（岐阜の宝もの認定委員会元会長）は，長良川鉄道が観光化（地域の観光資源と有機的に連携して）ができれば長良川鉄道利用観光客の増加は期待できるという。

　長良川鉄道利用観光客が増えれば，長良川鉄道の経営に好影響を及ぼすばかりでなく，地域の活性化にも大きく寄与する。長良川鉄道がおかれた社会経済情勢，旧国鉄からの転換経緯等から考えて黒字化は不可能といえ，赤字はやむを得ない（赤字容認額には限界はあるが）という前提で，観光振興等地域的役割を如何に果たしていくかが重要である。また，長良川鉄道は，その役割，公共性等からみて，運営費用以上（特に，市町の赤字補填以上）の効果が発揮されているか否か

（費用対効果）を常に検証していくことが必要となる。さらには，長良川鉄道は沿線市町のまちづくり，観光振興と不可分の関係にあることを十分認識して，常に対応していくことが求められる。

---

## 注

1 2018年1～3月期の旅行・観光消費動向調査（観光庁
  https://www.mlit.go.jp/kankocho/news02_000351.html（最終アクセス 2020年1月6日）
2 旅行好きが選ぶ，おすすめのローカル線ランキング TOP10（2016.9.2更新）
  https://travel.rakuten.co.jp/mytrip/ranking/localtrain（最終アクセス 2020年1月6日）
3 櫻井（2008），26-52頁。
4 櫻井（2008），26-52頁。
5 櫻井（2008），26-52頁。
6 櫻井（2008），218-227頁。
7 櫻井（2008），242-243頁。
8 櫻井（2008），244-259頁。
9 櫻井（2008），178-180頁，264-265頁。
10 櫻井（2008），178-180頁，264-265頁。
11 「廃線が復活？　北海道美深町『トロッコ王国美深』線路の上をトロッコで GO!」
  https://www.travel.co.jp/guide/article/19250/（最終アクセス 2020年1月6日）
12 櫻井（2007）「絶景列車の旅 」222-225頁。
  大井川鐵道 oigawa-railway.co.jp/（最終アクセス 2020年1月6日）
13 櫻井（2007）「絶景列車の旅 」240-242頁。
  嵯峨野観光鉄道 https://www.sagano-kanko.co.jp/（最終アクセス 2020年1月6日）
14 櫻井（2007）「絶景列車の旅 」250-253頁。
  黒部渓谷鉄道 https://www.kurotetu.co.jp/?utm（最終アクセス 2020年1月6日）
15 石井（2007），98頁。
16 石井（2007），98頁。
17 『日本経済新聞プラス1』（2019年4月27日付）
18 藤田・榊原（2017），239-253頁。
19 石井（2007），98頁。
20 長浜市中心市街地活性化基本計画書,
  https://www.city.nagahama.lg.jp/cmsfiles/contents（最終アクセス 2020年1月6日）
21 北村（2005），119-121頁。
22 平成29年岐阜県観光入込客統計調査
  https://www.pref.gifu.lg.jp/sangyo/kanko/kanko-tokei/s11334/29kekka.html（最終アクセス 2020年1月6日）
23 アナリーゼふくしま NO17 https://www.pref.fukushima.lg.jp/sec/11045b/17044（最終アクセス 2020年1月6日）

24 十代田（2007，2010），76-77 頁，108-110 頁，177 頁，180 頁。
25 北村（2005），121 頁。

# 第7章　観光列車「ながら」の導入

## 第1節　はじめに

　少子高齢化の中，中山間地域を走るローカル鉄道沿線人口は減少の一途をたどっている。この傾向は今後とも続くことが想定され，それと並行してローカル鉄道利用者は減少し，その経営は厳しさが増していく。しかし，ローカル鉄道は，地域住民の欠くことが出来ない貴重な移動手段であり，守り，育てていくことが求められている。

　従来，ローカル鉄道は通勤，通学，通院，買い物等日常生活の移動手段確保に重きを置いて経営がされてきたが，これではローカル鉄道は生き残っていけない。これからは，非日常輸送（端的にいえば観光）に着目した経営が求められる。非日常輸送を強化していくためには，ローカル鉄道自体の観光化と沿線地域の観光資源のブラッシュアップ，新たな観光資源の発掘が必要となる。

　近年，鉄道の観光列車がテレビ，新聞，雑誌等で取り上げられ脚光を浴びている。その筆頭は JR 九州である。この人気に着目して JR 西日本，JR 東日本，近畿鉄道，肥薩オレンジ鉄道，京都丹後鉄道等の民鉄，ローカル鉄道が列車の観光化を進めている。競争は厳しいが，これが，ローカル鉄道の生きる道の一つである。

　ローカル鉄道のほとんどは，心和む，ノスタルジックな風光明媚な地域を走っており，しかも，鉄道の駅舎のほとんどが木造で大正，昭和の風情を醸し出し，列車の中では牧歌的で，気取らない人間そのものの会話が交わされている。ローカル鉄道自体及びその沿線地域がスローライフ時代の非日常空間である。この非日常空間をブラッシュアップして顧客の満足度を上げることが重要である。長良川鉄道は，遅まきながら既存列車を改造して観光列車「ながら」の運行を開始した。これを進めるには大きなハードルがあった。その最大の課題は，財源確保であった。ついては，財源確保の過程や，投資リターンのシミュレーション，地域活性化を意識した列車コンセプトづくり，列車デザイン等長良川鉄道の観光列車整備のプロセスを以下に記述する。

## 第2節　観光列車の演出

　鉄道として，観光客のニーズを満たすための舞台づくりや演出をどうしたら良いのだろうか。先ずは，鉄道を居住地と観光地を結ぶ手段という従来発想から，列車自身を観光資源化するという発想に転換していくことである。次いで，乗ってみたいと思わせる夢のある楽しい列車にすると同時に，そのネーミングである。もちろんネーミングに負けるような内容の伴わない鉄道ではダメなことはいうまでもない。さらには魅力発信，PR，プロモーションである。

## （1）　観光列車に共通するキーワード

　肥薩おれんじ鉄道食堂車は，平成25年3月24日から土日祝日やゴールデンウイーク，夏休み等を中心にして1日4便が運行（2019年3月現在）され，全国から多くの客を集めているという[1]。

　食堂車の1号車「ダイニングカー」（23席）は，ホテルのダイニングスペースを思わせる，ゆったりとした造りで，家族や友人と談笑しながら食事を楽しめるテーブル席のほか，海側にはカウンター席も設けてあり，東シナ海や不知火海の海岸線を車窓から眺めながら，地酒を味わうことができる。2号車「リビングカー」（20席）は，1車両にわずか20席しか配置せず，ゆったりと自分の時間を過ごすのに最適であり，熊本県，鹿児島県の民芸品を展示したショーケースもあり，沿線の歴史や伝統に触れることができる。この食堂車は，九州西海岸を往く動くレストランをキャッチフレーズに運行されている。運賃は，モーニングの基本プラン（令和元年5月現在）は，大人：4,000円，小人：2,500円，団体プランは大人：8,000円，小人：5,500円，2便のスペシャルランチ大人：21,000円，小人：14,000円，3便のアフタヌーンは，大人：8,000円，小人：6,500円（体験プラン付き，駅マルシェで使える1,000円クーポン付き），4便のイブニングは，大人：11,000円，小人：7,000円（お酒とのセットプラン）となっている[2]。

　肥薩おれんじ鉄道の人気の秘密は食堂車の存在である。一昔前の鉄道は「食堂車」の存在が当然視されていたが，その利用者の減少とともに廃止されてきた。しかし，旅の楽しみとして「食」が見直され，そこに着目したことである。当然，

食堂車での料理は地域の新鮮な，そこでしかない食材を利用していることが好評のポイントである。また，食堂車は通常の列車に付加価値を高めたデザインになっており，そこで楽しく，ゆっくりとくつろぎ，食事ができるように演出されていることが人気を博している要因である[3]。

　また，くま川鉄道は，観光列車オンリーの列車ではなく，日常を楽しむ豪華車両であり，生活や観光に利用される列車である。その列車は沿線の田園風景にちなみベートーベンの田園をモチーフにしており，田園シンフォニーと命名されている。その外観は，人吉球磨盆地特有の四季をイメージした冬・秋・春（KT-501「冬・茶」40 席，KT-502「秋・赤」44 席，KT-503「春・ベージュ」42 席）で編成され平成 26 年 3 月 8 日から運行されている。列車内部は，人吉球磨盆産のヒノキが使用され，温もりを感じることができるやわらかな雰囲気となっている。座席は，窓側向きのものと，対面式のものが配され，窓は広く，車窓の風景はまさに動く絵画展であり，車内にはかすかな BGM が流れ観光客等の心を癒してくれる。また，小さなバーカウンターや，人吉球磨の特産品を配置したショーケースが設置されている。くま川鉄道の人気の秘密は，そこならではの地域を演出した列車デザインと同時に地域の特産品，歴史文化を列車の中で知ることができる仕掛けあると思われる。また，孔子の言葉である「近き者よろこべば，遠き者来たらん」の心が列車に込められ，地域で愛される列車が遠くの旅行者を呼び込んでいる[4]。

　さらには，京都丹後鉄道（旧名：北近畿タンゴ鉄道）が既存車両を改造して平成 26 年 4 月 14 日から「あかまつ」「あおまつ（普通列車）」を，同年 5 月 25 日「くろまつ」を運行している。これらの列車は，天橋立に代表される日本海の白砂青松を象徴する「松」をモチーフにデザインされている。これらの列車の内部は，木が多用され，落ち着いた憩・癒しの空間が演出され，そこから丹後地域の明美な海，山の自然景観を楽しめるように設計がされている。ソファ席，カウンター席等の様々な座席，ショーケース，サービスカウンターが配置されている。特に，「くろまつ」は京都の海沿いを走るダイニングルームをコンセプトに，車内にキッチンを備え，地域の食材を使った料理が提供されている。京都丹後鉄道

の観光列車の人気の秘密は，前にも述べたが，旅の楽しみとしての「食」に着目したことであり，料理は地域の新鮮な，そこでしかない食材を利用していることが好評のポイントである。また，そこならではの地域を演出した列車デザインと同時に地域の特産品，歴史文化を列車の中で知ることができる演出にある[5]。

以上の列車のデザイン設計は，JR 九州が運行する豪華観光列車「ななつ星 in 九州」を設計した水戸岡鋭治氏のデザイン設計であり，そのデザイン設計は，地域の歴史・文化をテーマに内外装が整備されると同時に，地域の特性を反映したネーミングがされていることが人気の秘密であり，その列車は全国ブランドになっている。また，アテンダントの制服も列車の基本コンセプトのもとにデザインされているなど細部に目配りがされていることが好評を得ている要因である。さらには，食事においても水戸岡鋭治氏が地元の新鮮な食材を使った料理提供をアドバイスしている[6]。

以上に記述したような観光列車は，世界に負けない有力なコンテンツであり，観光客からの関心は高く，クールジャパン戦略の一つとなりうる。これらの列車の利用拡大，維持のためにはポジショニング，ターゲッティングといったマーケッティング戦略が必要であると同時に，ブランド化を進める必要がある。

商品・サービスにとってネーミングは売れ行きを決める大きな要素である。ネーミングによって消費者に良い印象が持たれた商品・サービスは売れるが，逆に悪いイメージの印象を持たれた商品・サービスは売れない可能性が大きい。今まで売れなかった商品・サービスのネーミングを変えただけで爆発的に売れた例もある。良いイメージの強いインパクトがあるネーミングの商品・サービスは記憶され，購買行動を起こそうとする時にその記憶が喚起される。商品・サービスのネーミングは極めて重要である。

旧国鉄（戦後）における列車等のネーミング（愛称）について，須田（2012）は，戦後始めて列車に命名されたのが特急「へいわ（昭和 24 年 9 月」（食堂車も復活）であり，これは戦後の明るい話題づくりとして仮称として命名され，平成 25 年に「つばめ」に改称された。その後，列車の命名は，急行は旧国名または山・川の名，特急は鳥の名，夜行は天体名を基本とされた。昭和 39 年には新幹

線が運行され，こだま，ひかり，のぞみが登場してきた。さらには，山陽新幹線が岡山開業した昭和47年には「エル特急」が誕生した。これは，従来の列車の愛称と違い，等時間間隔のネットダイヤで結ぶ高速列車網を一つの商品イメージとして売り出している。旧国鉄時代から列車等のネーミング戦略が進められ，成果を上げている[7]。

　鉄道会社でネーミングが上手いのはJR九州である。その代表が，ななつ星in九州であろう。その他に，鹿児島中央〜指宿間を走る特急「指宿のたまて箱」，博多〜久大本線経由〜由布院・別府間を走る特急「ゆふいんの森」，熊本〜三角間を走る特急「A列車で行こう」，博多〜ハウステンボス間を走る「ハウステンボス」，別府〜豊肥本線経由〜熊本・人吉間を走る「九州横断特急」等がある。

　現在，長良川鉄道の時刻表は列車番号で表示しているが，長良川鉄道の旅を楽しんでいただきたい時間帯の列車については「ゆら〜りながめて清流列車」と愛称を表示している。単なる点から点への移動手段の列車については列車番号でも構わないが，観光目的の列車については，その特性を表した好印象のネーミングにすることが求められる。

　「おもてなし」も重要なキーワードである。「おもてなし」という言葉が大きくクローズアップされたのは，東京オリンピック誘致のプレゼンテーションの場で滝川クリステルが発した時からである。日本人の「おもてなし」の心が国際オリンピック委員会のメンバーの共感を得たことが東京オリンピック誘致に繋がったといわれている。「おもてなし」の心が観光客には極めて大事である。地域からの心のこもった「おもてなし」を受けた観光客は心に深く残り，再度訪れたいと思うことになる。このことが口コミ，SNSで伝われば，地域を訪れる観光客は乗数的に増えていくと考えられる。この「おもてなし」で特に重要なのが言葉である。相手の心に伝わる親切な言葉，やさしい言葉，やすらぎを感じるしぐさ（笑顔等無言で語りかける言葉）は観光客の満足度を高める。これらの対応を地域全体で対応していくことが重要である。地域のホスピタリティ（温かく親切にもてなす心，歓待の精神）を発揮するためには，第一には様々な来訪者の気持ちを汲み取り，どのように対応すると喜ぶかを察知する能力が必要となる。

第二には，来訪者の気持ちに応じて，伝えたい適切な言葉，表情，しぐさを伝える能力が必要となり，初対面の場合，最初の 15 秒が勝負である。ホスピタリティ向上のためには長良川鉄道，地域が一体となって対応すべき課題である[8]。

「座持ち」という言葉があるが，正にこれである。場の空気を読み，お客の気持ちを組み込んで心に響くサービスを提供し，顧客満足度を高めることが重要である。

千利休は「おもてなし」の教えを「利休七則」（茶は服のよきように点て，炭は湯の沸くように置き，花は野にあるように，夏は涼しく冬暖かに，刻限は早めに，降らずとも傘の用意，相客に心せよ）にまとめているが，それは，客人のために最善の準備をし，心地よい体験を演出することである。これに通じるのが「一期一会」「一座建立」という言葉である。その思想は，「その瞬間を人生一度の出会いと思い，心を込めて客人を迎える」ことである。茶の湯で重要なのは「しつらい，ふるまい，よそおい」としているが「おもてなしは」茶の湯に通じる[9]。

「おもてなし」はマニュアルに基づいたサービスではない。現場の空気を読み，創発的なサービス，接客が求められる。全従業員，地域住民全員が真心を持って，もてなすことである。

## 第3節 観光列車と沿線風景が織りなす長良川鉄道の未来

今まで，長良川鉄道は沿線住民の足の確保を主眼にして経営がされてきた。しかし，沿線人口は減少の一途をたどり，その経営は従来の発想では成り立たなくなっている。

心のふるさとの原風景の中を長良川のそよ風を受けながら走る観光列車「ながら」が注目されている。観光列車「ながら」は長良川鉄道の新たな夜明けとなる。

長良川鉄道は少子化（沿線高校入学定員の減少，定員割れ等），地域産業の伸び悩み，実質賃金の低迷等，外部環境の悪化により，非常に厳しい経営が続いている。今後においてもこの環境が一気に好転するとは想定されず，厳しい経営が続くものと予想さる。また，長良川鉄道のインフラ整備，経営安定等の支援をしている沿線市町の財政状況は依然として厳しい状況が続き支援には限界がある。

観光列車「ながら」の導入へのプロセスは，このような現状から脱出する方法を沿線4市1町の首長が自由に意見交換する懇談会が出発点となった。

　そこで示された方向性は，毎年，赤字が拡大していかないように収益構造を改善していくことである。そのために必要な支援は沿線市町が行う（現実となると厳しいものがある）ということであった。収益構造の改善の視点は，長良川鉄道沿線地域の観光ポテンシャルを生かして岐阜県内外，海外から誘客を図ることができる長良川鉄道に変身していくことである。具体的には，景観を楽しみながら，列車内でくつろぎ，そこならではの美味しい食事を提供できる列車の整備（本物志向，眺望確保等），沿線市町が地域の顔となる駅舎環境整備，地域観光インフラの整備などにより観光誘客を図ることである。また，昇竜道プロジェクト等と連携した観光誘客も進める。

　首長会議で示された方針を具体化するために，各市町から長良川鉄道再生プロジェクトメンバーを部署，男女，年齢を問わずに3人選任（長良川鉄道職員は日ごろの職務に忙殺のため資料提供のみとする）し，外からの目で長良川鉄道再生の研究を進めることにした。また，その研究会に鉄道の観光化を進めるための観光鉄道分科会を設置し，そこのアドバイザーとして岐阜県都市建築部公共交通課職員を充てた。

　その分科会で毎月議論がなされ，研究会からは観光専用列車（乗ることが目的の列車）を導入すべきとの提案がされた。これを受け，沿線市町の副市長をメンバーとした「長良川鉄道経営安定委員会」においては，観光列車の導入により増収が見込め，またその相乗効果による沿線地域への経済波及効果も期待されることから，観光列車の導入に向けての列車コンセプト，その導入計画，収支計画等を作成し，平成27年度中の実現（実際の運行開始は平成28年4月）を目指すべきとされた。

　そこで提起された観光列車導入の課題を整理すると，「乗ってみたい」と思わせる列車は見栄え（外観デザイン）のみでは成り立たない。そこには，それを運営するノウハウが必要となる。例えば，地元食材を使った新鮮で美味しい料理の提供，列車内・駅でしか買えない土産品の開発等が考えられる。さらには，駅舎

のデザイン化である。駅舎のデザイン化の第一は，地域にマッチしたデザインであるが，現在の長良川鉄道の経営状態では新たにデザインされた駅舎を新築することは不可能であるが，現在も残る，昔懐かしい木造の駅舎をブラシュアップすることは可能である。木造の駅舎は温かみを感じ，観光客の心を和ませ，ふるさとに帰ってきた感を持たせる。新しいだけが駅舎のデザイン化ではない。田舎を走るローカル鉄道ならではの駅舎の整備（例えば，昔の駅の復元等）は可能である。そのためには，沿線市町，地域企業，地域住民等の全面的なバックアップが必要となる。

社会経済変化，観光客のニーズの変化に沿って常に既存観光資源をブラシュアップすると同時に，新たな観光資源を発掘し，話題性（物語をつくる）のあるものにしていく必要がある。観光客のニーズ把握のためには，観光客のモニタリング，体験ツアー，旅行会社へのヒアリング，IT を活用した観光アンケート調査等幅広い情報把握が必要である。話題性を高めるためには，映像メディアの活用が一番である。その代表的な例は，前章でも述べたがそれは北海道である。また，旅行者に認知させるプロモーションとして，新聞，テレビ，SNS，広告，広報等がある。この手段を有機的に組み合わせて対応する必要がある。最近では，インスタ映えスポット（インスタグラマーが発信）の整備も重要とされている。

以上の課題等を踏まえて，観光列車導入の計画づくりを進めた。長良川鉄道は，定期利用客が減少の一途にある厳しい現実がある。この厳しい状況を乗り越えていくためには，岐阜県内外の観光客（特に，元気なシニア層）の取り込みの強化，旅行スタイルなど観光ニーズの多様化への対応が必要となる。

岐阜県の中濃地域（沿線市町，可児市等 13 市町村）を訪れる旅行者数 8,364,805 人（平成 29 年岐阜県観光動態調査）のうち，約 55%（4,611,326 人）が 50 歳以上のシニア世代であることから，メインの顧客ターゲットはシニア世代となる。特に，買い物や食事に対する購買意欲が旺盛なシニア女性向けの商品開発が必要となる。平成 29 年には岐阜県内に 975 千人の外国人旅行者が宿泊し，その内長良川鉄道に乗車する外国人旅行者も少なくない[10]。

2020 年開催の東京オリンピックに向けて，外国人旅行者の訪日も増えること

が期待されることから，中部運輸局が中心で進めている昇竜道プロジェクト（中華圏及び東南アジアからインバウンドを推進）に参加し，アジア圏からの観光誘客を積極的に行っていく必要がある。

　観光列車導入の基本方針は，内外の環境変化に対応し，新たな旅客需要を創造するとともに，長良川鉄道の利用促進と沿線地域の活性化を図ることを目的とし，それを地域の元気の起爆剤とすることである。

　観光列車の基本コンセプトは『長良川鉄道沿線地域の魅力を満載したこころのふる里列車』とし，列車内は岐阜県産材を使った快適でぬくもりのある「昭和」を感じる空間，ほのぼのとしたやすらぎの空間（唱歌「ふるさと」の舞台をイメージ）を演出し，乗ることが目的となる列車として整備する。その列車に乗り，長良川鉄道沿線地域の四季折々の美しい風景を眺め，そこの歴史・文化・人情を味わい，そこならではの美味しい料理を食すことができる等満足度・経験価値度の高い旅を提供できるようにする。また，沿線地域の「動く物産館」としての機能を有する車両にすると同時に，車両の床，調度品等に岐阜県産木材を使用し「清流の国岐阜の走る広告塔」とする。

　この考え方のもとに，列車デザインを世界的に有名な水戸岡鋭治先生に依頼することにした。　観光列車の名前は，長良川は全国に誇る河川であり，長良川鉄道の名前の由来でもある。知名度の高い長良川にあやかり観光列車の名前を「ながら」とする。「清流長良川の鮎」は平成27年11月にFAO国際会議から世界農業遺産として認定され，長良川の鮎は世界に知られることになった。観光列車の外装色は，沿線の自然（緑色），長良川（水色），冬の景色（白色）等とコントラストをなすロイヤルレッドを基調とした。赤色は，赤は火や太陽のような強いエネルギーを表す色であり，力強い生命力を感じ，躍動感があり，重厚なイメージがある。

　観光列車の整備は，総事業費約6,000万円（財源は，総務省の地域経済循環創造事業交付金4,200万円と金融機関からの無担保・無保証融資1,800万円）で既存の2車両を観光列車として改造した。1両は定員25人の食堂観光列車（鮎号）に，もう一両は定員38人の一般観光列車（森号）とし，平成28年4月27日に

運行を開始した。運行形態は，定期観光列車と団体等の貸切列車とし，「鮎号」
の運行区間は美濃太田〜郡上八幡，「森号」は終点の北濃駅まで運行する。定期
運行は原則週3日（金・土・日曜・祝日運行とし，ゴールデンウイーク，夏休み
等の運行日は別途検討，年間150日程度）とする。列車には客室乗務員が乗車し，
食事の提供，旅客案内及び地域特産品・長良川鉄道グッズ等を販売する。

　「鮎号」の乗車料金（食堂観光列車）は12千円（四季折々の沿線地域の素材
を活用した，そこならではの料理を提供し，客の満足感を高める。高めの威光価
格を設定）とし，運行時間（食事時間）は1.5時間程度とする。食事提供料理店
は2店（上り・下りそれぞれ1店）とし，公募により選定することとし，その選
定基準は，料理店のヤル気，パワー（組織力，経営力等）に重きを置く。料理店
としてのメリットは，観光列車プロジェクトに参加するという店のPR効果を期
待していただくということで，公募をしたが，残念ながら応募はなかったため，
個別に依頼した。「森号」の料金は，通常運賃に500円プラスとした。

　観光列車「ながら」の人気のキーワードは，「水戸岡鋭治ワールドを体感」「ラ
グジュアリーな列車空間で非日常を体感」「本物指向の列車空間演出（藍染等）」
「地域の生活文化を演出した空間（動く物産館）」「木のぬくもりを体感（東濃ひ
のき，あべまき等）」「地域の四季折々の旬の食材を使った料理提供」「一流のシ
ェフが食の満足を提供」「地域市民，アテンダントの一流のおもてなし」「五感で
楽しめる沿線の風景（長良川等）」「地域が楽しい思い出づくりを演出（歓交）」
の10に整理される。

　観光列車「ながら」運行に当たって寄せられた水戸岡鋭治氏のメッセージ（2015
年11月26日）は以下のとおりである。

　「観光列車「ながら」が自然豊かな長良川の旅を新たに彩ります。岐阜の人々
が守ってきた，山と清流に囲まれた風景の中を，どの季節でも視認性の高いロウ
ヤルレッドの車体がゆったり走ります。車内には岐阜県産の木をふんだんに使用
し，人に優しく，沿線の文化を取り入れた明るい空間づくりを目指します。居心
地の良い車内で，沿線の山の幸，川の幸を詰め込んだ車内食には，食の気が込め
られます。また，沿線のお土産に，心の込もった観光案内を楽しんでください。

来て，見て，乗って，食べながら，飲みながら，自然の恵みを感じながら，豊な会話が生まれ笑顔あふれる「ながら」の旅を堪能してください。」


**画像 7-1　観光列車「ながら」のデザイン画**

長良川鉄道から水戸岡鋭治デザイン画提供


### 第 4 節　観光列車「ながら」（川風号）の導入

　平成 28 年 4 月から運行開始した観光列車「ながら」（鮎号・森号）は一時の爆発的人気はなくなったが，順調に推移してきている。この観光列車はシニアの女性層をメインターゲットに「豪華な旅」をキーワードに運行してきた。この間，お客様からファミリー層向けの気軽に旅ができる観光列車を造って欲しいとの要望が多々寄せられ，それに如何に応えていくかが課題であった。

　内部の検討結果を踏まえて，平成 28 年 12 月の取締役会においてファミリー層向けの列車改造を進める方針を決定した。この方針に基づき水戸岡鋭治氏に，ファミリー層が気軽に食事をしながら旅を楽しめると同時に，列車内では音楽演奏，講演等イベントが開催でき，また，通勤・通学にも利用できる多目的な列車のデザインを依頼した。また，全体のコーディネートもしていただくことをお願いした。それにより水戸岡鋭治氏の方で既存の列車改造を進め，平成 30 年 3 月 20 日に完成した。

観光列車「ながら」（川風号）導入の経緯は，観光列車「ながら」（鮎号）が女性のシニア層をメインターゲットに高級感を提供しているために，料金も1人12,000円（威光価格）と高くファミリーでの利用が困難であった。ファミリーが楽しめる列車の要望があり，それに応えていくことになった。

　その整備方針は，長良川鉄道沿線の四季折々の自然，原風景，伝統文化，食文化等を列車の中で楽しみ，そこでしか味わえない感動を共有できるファミリー層向けの列車とし，客の満足度，経験価値を最大限に高めていく。その運行形態は，地域の里の幸，山の幸，川の幸を弁当形式で届ける列車とすると同時に，列車内で結婚式，ダンス，講演等のイベントの開催もできるようにする。

　この列車は，リーズナブルな料金で，多面的に楽しみたいというニーズへの対応を図るものであり，観光列車「ながら」のマーケティング戦略の一環である。また，既存の観光列車「ながら」（鮎号・森号）が故障した場合のバックアップ機能も果たす。従来のシニア層（特に女性）に加え，ファミリー層の取り込みが長良川鉄道の経営を安定させる。

　観光列車「ながら」のバージョン2とし，愛称を「川風号」（四季折々の長良川のそよ風を五感で楽しみながらの旅をイメージしてネーミング）とする。

　観光列車「ながら」（川風号）の車両整備は，既存のベンチ式の車両を観光中心の多目的車両として整備（車両運用の関係により通勤通学等の一般車両としても運行）する。その座席数は26席とする。観光列車「ながら」（川風）の外装色は，従来の観光列車「ながら」と同じく，沿線の自然（緑色），長良川（水色），冬の景色（白色）等とコントラストをなすロイヤルレッドとする。

　観光列車「ながら」（川風号）の内装は，外装とコントラストをなす白を基調とし，清涼感を演出する。列車内には取り外し可能な対面式のテーブルを設置（テーブルを取り外した場合は列車内でのイベント開催が可能）する。観光列車「ながら」（川風号）は，下りが地域の旬の食材を調理した弁当を提供，上りは沿線のお酒を提供する「ほろ酔い列車」とする。提供金額はいずれも運賃込みで6千円とする。食事，お酒の提供がない場合は，通常運賃で運行する。

　観光列車「ながら」（川風号）の年間運行予定回数は，原則週1回（土曜日），

ゴールデンウイーク，夏休み，春休み等は弾力的に対応する。また，月2回程度の貸切運行も予定している。年間の通常運行日は50日程度とする。観光列車「ながら」川風号の発着駅・時刻（2019年4月現在）は，下り列車は，関駅（12:21発）〜郡上八幡駅（13:20着），途中美濃市駅，大矢駅一時停車。上り列車は，郡上八幡駅（16:10発）〜美濃太田駅（17:39着），定期列車に連結（各駅停車）して運行する。最少催行人員は15人とする。

観光列車「ながら」（川風号）導入整備費は約1,500万円で，その財源は岐阜県地方鉄道利用促進対策事業補助金1,000万円とクラウドファンディング2,241千円と自己財源で賄った。

クラウドファンディング出資者には出資額に応じた返礼を実施した。1万円未満の出資者は礼状，1万円から3万円未満の出資者は礼状プラス長良川鉄道フリー切符，3万円から5万円未満の出資者は礼状プラス長良川鉄道フリー切符プラス料理列車招待（1人分），5万円から10万円未満の出資者は礼状プラス長良川鉄道フリー切符プラス料理列車招待（2人分）プラス列車内に出資者の記名，10万円から30万円未満の出資者は礼状プラス長良川鉄道フリー切符プラス観光列車「ながら」ランチプラン招待（1人分）プラス列車内に出資者の記名，30万円以上の出資者は礼状プラス長良川鉄道フリー切符プラス料理列車招待（2人分）プラス観光列車「ながら」ランチプラン招待（2人分）プラス列車内に出資者の記名とした。

下りの観光列車「ながら」（川風号）で提供する料理は，清流長良川が育んだ山の幸，川の幸，里の幸を濃縮して，まるごと弁当にパッケージした。「ここだけ，いまだけ」しか味わえない新鮮な料理は大人も子供も満喫できる。長良川の薫風を受けながら「長良の川風」弁当を食する非日常の旅は，忘れることができない思い出深い旅となる。その特徴は，沿線で採れた新鮮な「里の幸，山の幸，川の幸」を堪能できる料理（目で楽しむことができる料理でもある）で，清流しか生息しないアジメドジョウの生姜煮，清流美濃なまず昆布は珍味である。料理は瓢麓苑，めぐみの農協（地域食材提供），岐阜県産業経済振興センター（農商工連携による地域活性化事業）と協働で開発した。

上り列車はほろ酔い列車とし，地酒を中心にしてお酒を提供することにした。そこで提供するおつまみ「奥美濃の幸」は，自然豊かな奥美濃の恵み（素材）を伝統の技で，地域のおかあさん達が味わい深い酒のおつまみに仕上げた。懐かしいおふくろの味は昭和の風情を感じる旅になる。その料理の特徴は，奥美濃の幸をおつまみ用に仕上げた素朴料理，味は昭和を感じるふるさとの味で，料理は奥美濃のおかあさん達が新鮮な食材を使って「ここだけ，いまだけ」をキーワードに開発した。

　提供する地酒は，美濃加茂市の御代桜酒造「あさひの夢・300ml」（やや淡麗辛口），美濃市の小坂酒造「百春大吟醸生貯蔵酒・300ml」（やや甘口）から1本選択（松コース）及び富加町の松井屋酒造「半布里戸籍・300ml」（普通），郡上市の布屋原酒造「郡上の涼風冷酒元文・300ml」（やや辛口），平野醸造「母情・300ml」（やや甘口）から1本選択（竹コース），地酒以外の希望者はビール3本を提供（地酒とビールの組み合わせも可能）する。

　お得なセットプランを設定として，「長良の川風」弁当＋ほろ酔いプランは通常12,000円を大人9,500円，小児7,500円（酒の代わりにソフトドリンク提供），1号ランチ＋ほろ酔いプランは通常18,000円を大人15,000円，小児13,000円（酒の代わりにソフトドリンク提供），「長良の川風」弁当＋2号ランチプランは通常18,000円を大人15,000円，小児13,000円，1号ランチ＋2号スイーツプランは通常17,000円を大人15,000円，小児13,000円，1号ランチ＋2号ランチプランは通常24,000円を大人20,000円，小児17,000円とした。


## 第5節　ながらチャギントン列車の導入

　今，「子鉄」人口が増えている。鉄道を通した親子のコミュニケーションが親子の絆を深めている。これは鉄道が社会関係資本形成機能を担っていることを示している。大井川鉄道はトーマス機関車の運行が人気化し，今では子供の鉄道テーマパークとして認知され，多くの親子連れが大井川鉄道を訪れ，収支も黒字化している。

　長良川鉄道も子供ファン（子鉄）を確保するためには，子供が乗ってみたい，

楽しいと思わせる列車導入が重要である。岡山電気軌道（株）は2019年3月16日から「おかでんチャギントン」が運行している。長良川鉄道もトーマスに匹敵する子供（主として3才から5才）に人気のあるチャギントン列車の運行を進める。この運行は，長良川鉄道，沿線地域の認知度を高め，長良川鉄道の乗客数の増加に寄与する。チャギントン列車に魅せられて，多くの人が沿線地域を訪れれば地域の活性化に寄与する。また，将来の長良川鉄道利用者確保にもつながる。長良川鉄道，沿線地域の全国的認知度はまだ低く，AIDMA（attention・interest・desire・memory・action），AISAS（attention・interest・search・action・share）の法則に則った知名度アップ戦略にも寄与する。

長良川鉄道に人を呼び込むためには顧客，マスコミ等の注目度を継続的に高めていく必要がある。そのことが長良川鉄道に観光客を呼び，会社の経営改善，沿線地域の活性化につなげていく。子供に人気のあるチャギントンをモチーフとした列車の導入を図り，大井川鉄道のように子供が楽しめる鉄道としていく。この列車は，観光列車「ながら」の派生列車である。

チャギントン列車の基本コンセプトは「親子の絆が深まる楽しい感動の時空間づくり」とする。その整備内容は，列車の外部にチャギントンキャラクターのラッピング（窓にもラッピング）を施し，内部はチャギントンキャラクターを描いた座席を設置，車内の側面にチャギントンキャラクターをラッピングした。有人駅にはチャギントンのキャラクター看板を設置する他，チャギントン記念切符の販売，チャギントングッズの販売，チャギントン土産品販売等を行う。導入費用は約800万円，その内訳はフジテレビからチャギントン使用許諾料，チャギントンのラッピング費用，列車内装等費用等である。財源は，岐阜県地方鉄道利用促進対策事業補助金（補助率8割）を活用した。

チャギントン列車の運行は，土日祝日・春夏冬の学校休み日は原則一定時刻に往復する。また，春夏冬の学校休み日を中心にして企画列車を運行する。その企画内容はチャギントンじゃんけんトレインダンス，からくりチャガ（GPSを活用して特定の地点でチャギントンキャラクターがダンス）のパフォーマンス，チャギントンパネルシアター，チャギントンぬり絵，チャギントン絵本，チャギント

ンおもちゃ，チャギントンのガチャガチャ等である。その企画は盛況である。また，チャギントン列車の一般利用も順調に伸びている。今後，リアルチャギントンを運行している岡山電気軌道（株），フジテレビと連携し，その利用拡大に努めることとしている。

**画像 7-2　ながらチャギントンデザイン画　　©チャギントン**

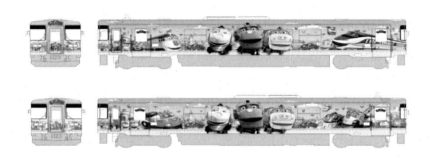

長良川鉄道からデザイン画提供

## 第6節　観光列車「ながら」で進める地域活性化のホップ・ステップ・ジャンプ

　観光列者「ながら」の運行を通じて，沿線の地域資源のみならず，岐阜県の地域資源を活用してホップ・ステップ・ジャンプで地域活性化を進める。

　ホップ（地域活性化の舞台をつくる）としては，地域が発展していくためには，地域の情報を発信していく舞台が必要である。その舞台の一つとして長良川鉄道は観光列車「ながら」を運行している。その観光列車は，地域資源を最大限活用したものである。岐阜は木の国，山の国とうたわれ，森林率 81％と高知県に次いで第2位と高く，東濃ヒノキ，アベマキ等の優良木材を活用して内装整備（テーブル，窓枠等）を進めた。この列車は岐阜県産木材の動く広告塔である。さらには，地場産品展示ケースを整備（動く地域特産品ショーケース）した。

　ステップ（舞台で地域を演じる）としては，列車内で提供する料理は，鉄道沿

線有名料理店に委託（地元食材を活用することを条件）し，四季折々の地域食材を多用し，地域農畜水産業の振興を図る。例えば，和食でいえば，飛騨牛，美濃古地鶏，美濃けんとん，アユ，アマゴ，アジメどじょう，うなぎ，なまず，ごり，山菜，円空いも，郡上みそ，つるむらさき，えごま，うでまめ，米は岐阜はつしも，アルコール飲料は，ゆずワイン・キウイワイン，沿線酒造メーカーの大吟醸，にごり酒，どぶろく等を，お茶は津保茶（関），郡上茶，白川茶，デザート（洋食も同じ）は蜂屋かき（宮内庁贈呈品・美濃加茂市），なし，ぶどう，富有柿等を活用する。水は，高賀の森水，郡上水を活用することを基本とする。

　ジャンプ（サスティナブルな新たな舞台・地域を創出）としては，奥美濃クルーズ列車を走らせ，観光客を回遊させ地域消費を高めるような着地型観光を推進し，地域産業の活性化，地域二次交通業者の活性化，コミュニティ産業等のニュービジネスの創出，若者の雇用の場等とする。

## 第7節　観光列車「ながら」のリピーター確保

　観光列車「ながら」に対する魅力，期待を中長期的にどのように維持していくかが大きな課題である。現段階においては，テレビ，新聞，旅行関係雑誌等が大題的に取り上げた結果，観光列車「ながら」に乗れば，楽しい思い出，経験ができるのではないかとの期待（信頼性，保証性，意味性）の中で，多くのお客さんに乗車していただいている。ある意味，現段階の観光列車「ながら」のプロモーション戦略（次のプロモーション戦略は検討していく必要がある）は成功したといえる。しかし，その需要も一巡（一般的には3年程度で飽きられる）すると，観光列車「ながら」の乗車客は徐々に減少すると予想され，それが現実となっている。

　観光列車「ながら」の持続ある発展のキーワードは「リピーター」である。リピーター確保戦略（経験価値の提供，顧客満足）は極めて重要である。フランカー製品提供は，観光列車「ながら」が下降期に入ったら検討する。

　リピーター確保について，大方（2009）の調査結果によると，旅行先の再訪行動は以下の6つのパターンに類型化できるとしている[11]。

ファン型は，旅行者がその旅行先に特別に強い思い入れや愛着があり，そのため，その地域へ定期的に何度も訪れるというパターンである。このパターンにおける旅行者はその地域のファンのような存在である。習慣型は，旅行者はその旅行先に特に強い思い入れや愛着があるわけではないが，利便性や経済性などにおいて強い訪問促進要因が存在し，さらに当該地域に対する強い不満も存在しないという理由で，その地域へ習慣的に訪れるというパターンである。パズル完成型は，前回訪れることができなかった場所を訪れたり，出来なかった活動をしたりするために，その地域を再訪するというパターンである。再チャレンジ型は，前回の訪問の際に，個人的，あるいは状況的な要因により目的が達成されず，それによって生じた不満や物足りなさを解消するために再度その旅行先を訪れるパターン。この場合，旅行者がその地域訪問になんらかの達成感を抱いた場合は，そこへの訪問が終了する。変化型は，再訪問において，旅行者の行動範囲や活動は前回と同じだが，それ以外の旅行条件などの点で何らかの変化が伴うと考えられる場合に，再訪行動が生起するパターン。行為リピート型は，その旅行先というより，そこで行う特定の活動を目的に，結果的にその旅行先に再度訪れるというパターンである[12]。

　以上のパターンがあるが，重要視すべきは，ファン型顧客の醸成である。人が初めて観光地を訪問した時の感情は，①「満足した」，②「満足していない」（単に満足していない状態），③「不満」の3つに分類できる[13]。

　「満足した」場合には，その後の行動は2通り考えられ，訪問した地域に対する達成感を抱いた場合には，訪問は終了し，次の観光の機会には他の地域を訪問することになる。しかしながら，訪問地に強い愛着を持った場合は，その地域を何度も訪れるファンとなる[14]。

　「満足していない」場合には，単に満足していないということで「怒り」の感情はない。逆に，何らかの心残りが生じており，心残りを解消するために再訪問を行う[15]。

　「不満」の場合には，その地域への訪問は終了する[16]。

　以上のことから，初回訪問者がリピーターになるパターンとしては，満足して

ファンになる場合（満足型）と，満足はしておらず，何らかの心残りがある場合（心残り型）の2つに類型化されるが，ターゲットは満足型客醸成の追求である[17]。

自然が美しい（＝景観を積極アピール），地元料理が美味しい（＝食材や料理の積極アピール），施設が素晴らしい（＝列車，宿泊施設のアピール）を武器として客を増やすための手法では，その商品，サービスに圧倒的な差がなければ直ぐに競争力を失う。その対応のキーワードは，「人間関係の構築」であり，人間関係の構築でリピートしてもらうことが重要である。それと同時に，水戸岡デザインの列車，言い換えれば空間との関係づくりを強化していく必要がある。

長良川鉄道のリピーター確保の方向性は，経験価値（る・る・ぶの観光からの転換），顧客満足，感動の物語の提供，沿線地域全体で「ながら」のブランドの確立（顧客のロイヤルティの確保），水戸岡デザインブランドとの相乗効果発揮，地域のホスピタリティの向上，アテンダントを中心とした職員の「おもてなしの心」の醸成，マネジメント，観光列車「ながら」を通じた地域内外の人との関係づくり（歓交の地域づくり），マーケティング戦略の確立（セグメント，ターゲッティング，ポジショニング），リレーション・マーケティング（見込み客 ⇒ 顧客・トライアル客 ⇒ クライアント・常連客 ⇒ サポーター ⇒ 信奉者・ファン）の推進，ロイヤリティ・マーケティング（囲い込み戦略）の推進，AIDMA，AISASの法則の最適化である。

## 第8節　観光列車「ながら」の今後の課題

観光列車「ながら」の鮮度を中長期的にどのように維持していくかが課題である。製品・サービスは，市場に投入してから消えるまでには，導入期，成長期，成熟期，衰退期の過程がある。プロダクトライフサイクル（PLC）を意識した中長期的なマーケティング戦略の策定が必要となる。

重要なのは成熟期からの対応戦略である。成熟期になると「新規顧客」より「リピーター」がメインとなるため売上の伸びは鈍化する。生活者の価値観やニーズが多様化し個性があるものを重視するようになってくる。「経験価値を追求した

ブランド」「格安ブランド」など，商品やサービスの個性化への対応が必要となってくる。

　リピート層は，導入期や成長期に一度，観光列車に乗車している人たちだ。そのため，観光列車の基本サービスは当たり前感覚となっており，その人たちは「ブランド」「価格」などに移りやすくなる。これらを踏まえれば，いかに多様化したニーズに応え，観光列車「ながら」のリピート顧客層を囲い込むかが重要である。この時期は，選択と集中を行い，収益性を高めながら生き残りを目指していくことが重要となる。

　観光列車「ながら」を含めた地域ブランドの確立も課題となる。顧客への経験価値の提供，顧客満足の提供，感動の提供を通じて，観光列車「ながら」ブランドを沿線地域と一体となって地域ブランドにしていくことが求められる。

　沿線市町，産業界，各種団体，住民等との協働，協創の推進，例えば，プロモーション戦略の策定，観光列車「ながら」を基本としたきめ細かな観光コースの設定，食マップの作成，各観光関連組織のホームページとのリンク，沿線市町の広報誌への掲載，旅行会社へのアプローチが必要となる。また，マーケットをセグメントし，ターゲットのニーズへの適合化，観光の経験価値化への対応（る・る・ぶの観光からの脱皮），職員，住民等の「おもてなしの心」の醸成，沿線地域ならではの食，おみやげ品等の開発，新たな地域の魅力発掘・発信などが必要となる。

　また，観光列車「ながら」沿線地域外を含めた広域連携も課題となる。隣接地域の高山，白川，下呂を始めとした飛騨地域には観光客が殺到している。これらの観光者の回遊化を進めていく必要がある。また，北陸，信州方面との観光連携，JR東海，JR東日本，JR西日本との観光連携が必要となる。外国人観光客へのおもてなし環境の整備（多言語案内表示，Wi-Fi環境整備，多言語パンフレット，多言語歴史文化施設案内等）も広域な対応が求められる。


## 第9節　小括

　従来，鉄道を観光対象にする発想は希薄であった。JR東海の相談役の須田寛

氏は，長良川鉄道が観光の対象（地域の観光資源と有機的に連携して）になれば長良川鉄道利用観光客の増加が期待できるという。

　長良川鉄道利用観光客が増えれば，長良川鉄道の経営に好影響を及ぼすばかりでなく，地域の活性化にも大きく寄与することになる。長良川鉄道は，今後，観光振興等地域的役割を如何に果たしていくかが重要である。また，長良川鉄道は，その役割，公共性等からみて，運営費用以上（特に，市町の赤字補填以上）の効果が発揮されているか否か（費用対効果）を常に検証していくことも求められる。さらには，長良川鉄道は沿線市町のまちづくり，観光振興と不可分の関係にあることから，まちづくりプランナーの役割をはたしていくことが求められる。

---

## 注

1 肥薩オレンジ鉄道ホームページ　https://www.hs-orange.com/kankou/（最終アクセス 2020 年 1 月 6 日）
2 肥薩オレンジ鉄道ホームページ　https://www.hs-orange.com/kankou/（最終アクセス 2020 年 1 月 6 日）
3 肥薩オレンジ鉄道ホームページ　https://www.hs-orange.com/kankou/（最終アクセス 2020 年 1 月 6 日）
4 くま川鉄道ホームページ https://www.kumagawa-rail.com/（最終アクセス 2020 年 1 月 6 日）
5 京都丹後鉄道ホームページ　https://trains.willer.co.jp/corporate/（最終アクセス 2020 年 1 月 6 日）
6 石井（2007），98 頁。
7 須田（2012）26 頁，114 頁。
8 十代田（2007，2010）177 頁，180 頁。
9 裏千家ホームページ　http://www.urasenke.or.jp/textb/kids/kokoro/kokoro.html（最終アクセス 2020 年 1 月 6 日）
10 平成 29 年岐阜県観光入込客統計調査 https://www.pref.gifu.lg.jp/sangyo/kanko/kanko-tokei/s11334/29kekka.html（最終アクセス 2020 年 1 月 6 日）
11 大方（2009），241-244 頁。
12 大方（2009），241-244 頁。
13 大方（2009），241-244 頁。
14 大方（2009），241-244 頁。
15 大方（2009），241-244 頁。
16 大方（2009），241-244 頁。
17 大方（2009），241-244 頁。

# 第8章　長良川鉄道とアウトドア・スポーツツーリズム

## 第1節　はじめに

　近年，人々の健康意識の高まりの中で，スポーツへの関心が高くなっている。人々のスポーツへの関わり合いは，住居周辺でのウォーキングからアスリートを目指したスポーツ活動まで多様であるが，高齢化，自由時間の増大等の中でスポーツだけ，観光だけということに飽き足りない人々は，スポーツと観光，さらには健康要素が加味されたスポーツツーリズムへの関心が高まっている。これは，人々がクオリティ・オブ・ライフを求めていることに由来する。スポーツの有意義性（健康，教育，地域活性化等）と観光と結び付いたのがスポーツツーリズムである。

　スポーツツーリズム推進連絡会議が平成23年6月に策定したスポーツツーリズム推進基本方針の中で「スポーツとツーリズムの融合で目指すべき姿」について次のように述べている。

　我が国には，プロ野球，Jリーグ，ラグビー，プロゴルフ，大相撲，柔道，体操，公営競技などの国際的に高い評価を受け，既に日本独自の文化となった「観る（観戦）」スポーツが存在する。そして，豊かな自然環境や美しい四季を利用したスキー，ゴルフ，登山，サイクリング，海水浴，さらに今日では，全国各地の魅力的な都市・地域で開催されている市民マラソンなど，多くの国民が親しむ「する」スポーツが存在する。特に，地域の自然環境を活用したラフティングやトレッキングなどのアウトドアレジャー，海洋国ならではのマリンスポーツやダイビングなどのオーシャンスポーツ，また山岳国の強みを活かしたスキー，登山，ヒルクライム，パラグライダーなどのアウトドアスポーツは，我が国の観光振興において極めて高い潜在力を持っている。さらに，これらの「みる」スポーツや「する」スポーツを「支える」地域，団体・組織やスポーツボランティアが存在する。我が国はアジア有数のスポーツ先進国であり，スポーツを取り巻く環境は他のアジア諸国と比較して優位である。スポーツツーリズムとは，こうした日本の優位なスポーツ資源とツーリズムの融合である。スポーツツーリズムは，スポ

ーツを「観る」「する」ための旅行そのものや周辺地域観光に加え，スポーツを「支える」人々との交流，あるいは生涯スポーツの観点からビジネスなどの多目的での旅行者に対し，旅行先の地域でも主体的にスポーツに親しむことのできる環境の整備，そして MICE（Meeting（会議・研修・セミナー），Incentive tour（報奨・招待旅行），Convention または Conference（大会・学会・国際会議），Exhibition（展示会）の頭文字を取った造語）推進の要となる国際競技大会の招致・開催，合宿の招致も包含した，複合的でこれまでにない「豊かな旅行スタイルの創造」を目指すものである，としている[1]。

　今，子供の体力低下が社会問題化されている。子供の体力低下の大きな要因は，遊びを忘れた家庭，親，子供，地域にある。少子化の中で遊ぶ友達がいない子供，子供の遊び相手ができない親，遊ぶ場所がない地域等「遊び」環境は悪化の一途をたどっている。都市部に「遊び」復活を全面的に求めることは非常に難しい。その復活には都市部と農山村部の連携が不可欠である。農山村部は遊びのポテンシャルは豊かで，新鮮な空気の中で，地域の新鮮な特産品を食しながらの遊びは，子供の健康，体力の増強・維持，心のリフレッシュ等に有効であり，子供教育の観点からもアウトドアスポーツは有意義である。日本は面積の 7 割近く（68.5%）が森林で覆われており，野外をベースとした多様なアウトドアスポーツを楽しむことができる。 日本の森林率は，フィンランドの 72.9%，スウェーデンの 68.7%に続いて世界で 3 番目であり， 世界の森林率平均の約 3 割から考えると 日本はアウトドアスポーツ資源に恵まれているといえる[2]。

　長良川鉄道沿線のアウトドア・スポーツツーリズムポテンシャルは高く，これを生かしていくことは，長良川鉄道の持続ある発展に繋がる。鉄道沿線地域のアウトドア・スポーツツーリズム推進の大きな役割を担うのが交通機関であり，その中で長良川鉄道の役割は大きい。

## 第2節　スポーツツーリズムとは

　スポーツツーリズムはグリーンツーリズム，エコツーリズム，ヘルスツーリズムのように広くは認知されていないが，遊び感覚の「するスポーツ」はみんなの

願いである「健康」とリンクし，その需要は高まっていくと予想される。欧米ではスペシャル・インタレスト・ツーリズムの一分野として成長しているという。

　スポーツツーリズムの定義について，国土交通省観光庁におけるスポーツツーリズム（スポーツ観光）の考え方をみると，インバウンド促進と地域活性化の観点から「観るスポーツ」，「するスポーツ」，「支えるスポーツ」の3つの視点でスポーツツーリズムの方向性を示している。スポーツ目的の旅行に限定せず，スポーツ観戦，スポーツ参加の際に周辺地域を訪れることの促進，観光産業やスポーツ・健康産業を含めた需要喚起により地域活性化を図ることとし，そこにツーリズム・スポーツも含めている[3]。

　ここでは，アウトドア・スポーツツーリズムを主として「するスポーツと観光」の視点で鉄道との関係をまとめていく。

## 第3節　スポーツの機能

　アウトドア・スポーツツーリズムは，スポーツの機能を非日常空間で，楽しく，遊び感覚で享受できることに人気があり，スポーツの機能を認識しながらアウトドア・スポーツツーリズムの基本戦略を構築していく必要がある。

　第1は，健康機能（身体的・精神的効果）である。最近，健康を目的にスポーツツーリズムに参加する人が多い。スポーツ庁による「運動・スポーツの実施状況などに関する世論調査（2018）」をみると，第1位が健康のため（77.4%），第2位が体力増進・維持のため（53.0%），第3位が楽しみ・気晴らしのため（45.1%），第4位が運動不足を感じるから（43.3%），第5位が筋力増進・維持のため（35.9%）と健康関係項目が多い[4]。

　スポーツの一つとしてウォーキングが盛んであるが，その大きな目的は健康である。現実にその効果は高い。

　"international journal of epidemiology 2003" で発表された「歩行時間と医療費との関連について」をみると，1人当たりの1ヶ月の平均医療費と1日の歩行時間には関連性がみられ，歩行時間が長いほど医療費が低く抑えられている。さらに，歩行時間が1時間より短いグループと長いグループに分けると，短い時

間のグループは1人当たりの1ヶ月の医療費は19,800円で，長い時間のグループより13%と高くなり，1人当たりの4年間の医療費総額は，歩行時間が長いグループ（633,900円）に比べ，短い時間のグループ（821,300円）は高くなっている。入院日数も歩行時間が短いほど多くなる傾向がみられる。また，スポーツがもたらす心身への医学的影響についても実証され，そこに多くの人が期待をしている。特に，マイナスイオン，オゾン，フィトンチッド一杯の大自然の中でのスポーツは，日々疲れた体，心をリフレッシュさせ，明日の英気を養う[5]。

ローカル鉄道はそのロケーションづくりの手助けができる。

第2は，教育機能である。最近の子供達は，集団の中で，遊び，ルール，マナー，礼儀，相手への思いやりなど人間関係を築くことが希薄になっている。大自然の過酷な条件の中で仲間が互いに助け合い，スポーツ目標を追求していく過程は，自然の厳しさの中で自分を守る大変さ，助け合いの大切さ，自然を守る心，ルールを守る大切さ等を学ぶことになる。その場を提供するのがアウトドアスポーツである。そこには机上の知ではなく，現状即応の「知」が求められ，知育にも有効に機能する。ローカル鉄道は，子供達へのアウトドアスポーツを通したリアルな「知」の育成の手助けはできる。

第3は，地域活性化機能（社会的効果・経済的効果）である。その内の1つが，社会的効果（まちづくり効果）である。

木田は，スポーツイベントによる社会的効果を，①地域情報の発信，②地域のスポーツ振興，③国際交流の促進，④青少年の健全育成，⑤ボランティア・NPO組織の育成，⑥地域アイデンティティの醸成，⑦地域活動の促進（地域コミュニティの形成），⑧地域間・地域内 交流の促進の8項目に分けてとらえている。スポーツは，まちづくりの大きな要素であることを示している[6]。

また，経済的効果であるが，最近，健康志向の高まりの中で，マラソン，ウォーキングに人気が集まっており，身近なスポーツの市場が拡大している現実がある。

2009年4月25日の毎日新聞の朝刊「市民マラソン熱」（百留康隆著）の記事によれば，身近な市民のマラソン熱による波及効果で市場は潤っているという。

こうしたスポーツイベントで訪れる人は地域で平均5千円程度の消費をし，地域産業への直接的経済効果をもたらしている。また，その波及効果はその1.5倍から2倍程度と推計され，その効果は大きいものがある[7]。

地域のアウトドアスポーツ資源を生かした行政，住民等の取り組みは，沿線市町に経済的効果をもたらしている。スポーツの経済的価値を認識し，アウトドアスポーツと地域産業の関係を深め，おみやげ等の地域産品の付加価値を高めていくことが求められている。そのつなぎをするのがローカル鉄道の役割でもある

### 第4節 「する」スポーツツーリズムの発展の可能性

「スポーツライフ・データ2018」から全国のスポーツ行動者率をみると，年1日以上の運動・スポーツ実施者の割合は74.0%で2000年以降大きな上昇はない。それを種目別にみると，高い順に，散歩（ぶらぶら歩き）30.9%，ウォーキング25.4%，体操（軽い体操，ラジオ体操など）19.6%，筋力トレーニング15.2%，ボウリング9.9%と身近なスポーツがベスト5となるが，アウトドア系のスポーツがそれに続き，ジョギング・ランニング9.6%，ゴルフ8.1%，釣り7.2%，水泳6.9%，ゴルフ（練習場），6.6%ベスト10に入っている（サイクリングは5.9%で12位）[8]。

「スポーツライフ・データ2016」によると，近年シニア層（50歳代以上）からアウトドアスポーツが注目されている。全国シニアスポーツの状況をスポーツ種目ごとに，その実施率の変化（データは古いが2008年と2018年の比較）をみると，ウォーキングは21.5%から43.3%へと大きく上昇し，筋力トレーニングは2.6%から4.5%に，ゴルフ（コース）は9.0%から9.5%に，ゴルフ（練習）は7.2%から7.4%と上昇しているが，登山は6.7%から4.6%に，ジョギング・マラソンは5.6%から3.6%に，ソフトボールは4.8%から2.8%に，卓球は3.8%から2.6%と低下している。総括的にいえば，軽めのスポーツ種目は増加し，強めの競技的スポーツ種目は減少しているといえる[9]。

また，同じく「スポーツライフ・データ2016」を踏まえると，種目別シニア参加比率は登山を除くアウトドア系スポーツは上昇し，全体的にスポーツ種目の

シニア化が進んでいるといえる。2006年のその比率は，ゲートボール100.0%，ハイキング67.8%，ゴルフ（コース）63.6%，ウォーキング・散歩58.0%，登山56.8%，体操（軽い体操等）56.7%，ゴルフ（練習場）55.2%と，半数以上が50歳以上参加者となっている。また，シニア化予備軍（50歳代以上が45%以上を占める）として，サイクリング（45.0%）がある。アウトドアスポーツの人気，需用は高まりつつあり，気軽に，何時でも，どこでも，楽しむことができる環境整備が求められる[10]。

　以上が示すように，スポーツを楽しむ世代は若者というイメージが高いが，現実はシニア層がスポーツを楽しんでいる現実があり，今後においてもシニア層のスポーツ需要は高まると予想され，それをターゲットにしたスポーツツーリズムの進展は期待できる。

　また，日本人のレジャー行動を2018年版「レジャー白書」でみると，余暇市場は69兆9,310千円（0.2%増）と横ばいで推移している中，スポーツ部門の占める割合は年々増加している。ランニング，アウトドアスポーツ，卓球，自転車関連，ウエア，シューズは堅調である。スポーツサービスはフィットネスが過去最高を更新し，スキー場も好転している[11]。

## 第5節　アウトドア・スポーツツーリズムの選好構造

　アウトドア・スポーツツーリズムは，そのための素晴らしいインフラが整っているだけでは成立しない。その参加者のニーズ，ウォンツなくしては成立しない。しかも，そのニーズ，ウォンツは多様である。参加者がアウトドアスポーツに参加する時には「スポーツと旅行」への潜在的なニーズがあり，それをウォンツにまで高め，その実現のための情報（スポーツツーリズム開催内容，場所，時期，日時，料金，旅行時間等）を集め，それをベースにして行動を決定すると推測される[12]。

　このことについて，登山者の行動を想定（往復の所要時間，コースの難易度，季節，登山道の混雑度等の諸条件について検討して決定）して，登山における参加者選好のコンジョイント分析を試みている。その結果によれば，定期的な登山者

122

図表 8-1 ウォーキング，ジョギング・ランニング行動者の推移　　　　単位：万人

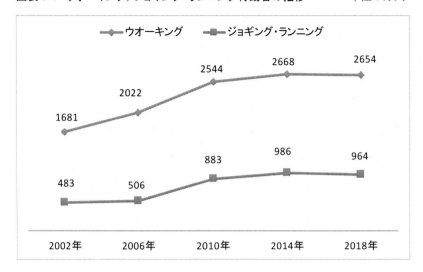

出典：公益財団法人笹川スポーツ財団編・発行『スポーツライフ・データ 2002
〜2018』を参考に作成。

は春・秋の季節で混雑していない時に，一定レベル以上の登山を楽しみたいとし
ている。アウトドア・スポーツツーリズム振興のためには，参加者（観光者）の
選好構造を分析し，ターゲットマーケティングを進める必要がある。また，参
加者（観光者）の行動を理解する AIDMA モデル（観光地を注意し，観光地に興
味を持ち，観光地に行くことを欲し，観光地を記憶し，条件が整った時に観光地
に実際に行く）や AISAS モデル（観光地に注意し，観光地に興味を持ち，観光
地を検索し，観光地に行って，その後情報を共有する）の参加者（観光者）行動
プロセスを踏まえたプロモーション等も必要となる。特に，インターネットから
の情報を基に参加（観光）行動を起す人が多くなっており，情報化時代にはスポ
ーツツーリズムデスティネーション情報（スポーツ施設としての自然資源，アウ
トドアスポーツの拠点となる自然資源等）の発信に工夫が地方公共団体，鉄道を
含むスポーツ観光組織等に求められる。野外におけるアドベンチャーの領域に対
する需要は高まっている[13]。

### 第6節 アウトドア・スポーツツーリズムとマーケティング

#### (1) アウトドア・スポーツツーリズムの特性

　マーケティングの基本は，顧客に満足というベネフィットを与え，その代価として利益をあげることである。さらにいえば，公的貢献も求められる。アウトドア・スポーツツーリズムが拡大していくためには，そこに参加して得た顧客満足度（経験価値）が参加する以前の顧客期待値を上回ることである。顧客の満足を上げるにはアウトドア・スポーツツーリズムの特性を理解していく必要がある。アウトドア・スポーツツーリズム特性と観光事業はほぼ同一視される。高橋他（2012）によれば観光事業の特性は，サービス事業が持つ「無形性」「不可分性」「変質性」「消滅性」と，観光事業の特徴である「複合性」「季節性」「立地性」という特性があるという[14]。

#### ① 無形性

　アウトドア・スポーツツーリズムは，物の製造や，物を売る事業ではなく，スポーツツーリズムを体験する権利のみで，顧客に残るのは経験価値のみである。アウトドア・スポーツツーリズムの体験は購入前にはできなく，不安を抱く顧客に具体的な証拠，体験から得られるメリットを提供していくことが必要となる，例えば，スポーツフィールド，スポーツ器具等の情報（映像，フィールド等の特性，メリット等）を事前に提供していくことが必要となる。このことにより，顧客の期待と現実のミスマッチを少なくすることが顧客満足度を高めることになる。このことはアウトドアスポーツのリピーター確保につながる[15]。

#### ② 不可分性

　アウトドア・スポーツツーリズムサービスの提供者（事業者，従業員）と顧客（消費者）の両方が取引には不可欠であり，分離することはできない。サービスの生産と消費は同時に発生するのが常である。例えば，従業員の不親切な対応，横柄な態度等顧客が不愉快に感じるとサービス提供者の評価は下がり，次の選択から除外される。また，サービス提供の場における顧客の乱暴な行動（暴言，大

声を発する，スポーツ施設を損壊させる等）は他の顧客が不愉快を覚え，そのことがサービス提供者の評価を下げることになる。顧客もサービス事業の一部であることに留意する必要がある。このため，サービス提供者は従業員の教育，監督ばかりでなく，顧客の教育，指導も必要となる[16]。

　また，アウトドア・スポーツツーリズムサービスを受ける顧客も事業の主体の一人として行動（予約手続，スポーツ器具の使用方法の知識習得等）を起こさないと成立しない場合もあり，事業主体は顧客に対してその手続き等の教育をする必要がある。さらには，サービスの消費が大量に同時期に起こる可能性もあり，一度に対応ができる能力のある担当者の育成も重要となる[17]。

### ③　変質性

　サービスの品質は，いつ，どこで，誰が，どのようにサービスを享受するかによって変質する。例えば，従業員の顧客へのサービスは常に一定ではない。例えば，従業員の体調が悪い時には不機嫌な態度になる場合もある。サービスの一貫性の欠如，品質の変動は顧客からの信頼性をなくす要因にもなる。サービス提供の品質管理には，年功序列でなく優秀な人材登用，業務のマニュアル化，顧客満足の把握を常に行う必要がある[18]。

　また，アウトドア・スポーツツーリズムは個のサービスであり，人によってニーズ，ウォンツ（リフレッシュ，健康，充実感等）は違い，顧客の満足を得るためには人それぞれに対応したサービス提供が必要となる。そのため，インストラクターの知識，技能，判断力，機敏な行動力等が求められ，その教育，指導監督が重要となる[19]。

### ④　消滅性

　サービスは物と違い，形がなく，貯蔵もできない。サービス提供能力があるにも拘わらず，特定の日にサービス提供が不能（顧客が存在しない）になる。また，逆に顧客が存在するにも拘わらずサービス能力がなければ，そのサービスの需要供給の関係はその時点で消滅する。翌日にそのサービスはできない。その意味に

おいて，アウトドアスポーツサービスの提供能力と需要のマネジメントが重要となる。サービスの需要，特性に応じたマーケティングが必要となる。サービス需要のピーク時期，オフ時期に対応したマーケティング・ミックスの設定が求められる[20]。

### ⑤ 複合性

　アウトドア・スポーツツーリズムサービスは，供給側のアウトドアスポーツ・観光事業と目的地側のアウトドアスポーツ・観光事業から成り立っている。また，アウトドアスポーツはスポーツインフラサービス，スポーツプログラムサービスから構成され，観光事業は交通，宿泊，飲食，土産品，観光施設等の複数の要素の組み合わせから成り立っている。それぞれの要素がそれぞれのコンセプトでバラバラにアウトドア・スポーツツーリズムサービスを提供すれば全体としてはまとまりがなく，興味，満足を削ぐことになる場合が多い。全体を統一したコンセプトの中で個々の要素が機能するようなマネジメントが必要となる[21]。

　また，スポーツと観光という2つの分野，複数にわたる業種の経営知識，マネジメント能力が必要となる。特に，目的地（ディストネーション）においては，アウトドアスポーツ・観光関連産業の関わりだけでなく，行政，地域住民の関わり合いが必要となり，さらに複雑化してくる[22]。

### ⑥ 季節性

　アウトドアスポーツ，観光需要は季節，曜日により大きく左右される。季節的には，アウトドアスポーツ，観光は春から秋にかけてベストシーズンで，冬場は一般的に需要が低調である。もちろん，スキー等目的によっては逆の需要構造になる場合がある。曜日的には，土日祝日の需要や5月のゴールデンウイーク，8月のお盆時期，年末年始等の需要は高い。これは日本の休暇制度との関係が深い。海外客においては日本の曜日需要構造と違う。アウトドアスポーツ，観光需要の変動に合わせた受け入れ施設体制，労働力確保等弾力的な運用が求められる。効率的な人，モノ，カネのマネジメントが必要となる[23]。

⑦　立地性

　アウトドア・スポーツツーリズムサービス需要はアウトドアスポーツ施設，観
光施設の立地条件の善し悪しに影響される。具体的には，居住地からのアクセス
距離，時間，費用やハード・ソフトの魅力に影響されるばかりでなく，目的地で
の交通の利便性（買い物，宿泊は駅の近くに立地が有利，しかし，リゾート地に
おいては駅から遠くても静寂な場が求められる），ハード・ソフトの環境条件に
影響される[24]。


## (2)　観光行動決定のプロセス

　アウトドア・スポーツツーリズムはアウトドアスポーツと観光の融合したもの
であり，アウトドアスポーツと観光は共通点（サービス）がある。観光者の観光
行動決定プロセスはアウトドア・スポーツツーリズムのマーケティング展開の参
考となる[25]。

　観光者が行動を起こすのは観光に対するニーズ，ウォンツから始まり，そのニ
ーズ，ウォンツを充足するために自分の過去の経験から情報を得て，それを評価
し，複数案から最適な案を選択し行動することになる。この目的地選定において
は，観光者の個性，ライフスタイル，家族状況，社会的地位，経済的地位，動機
等個人的要素が影響する。経験情報で不十分な場合は，口コミ情報，SNS，イン
ターネット情報，広告，旅行関係者からの情報等を収集することになる。また，
観光者は行動の後にその観光を評価し，今後の行動に結びつけていく[26]。


　観光行動は経験価値を得ることであり，その価値（満足）を通して，長良川鉄
道のファンになればリピーターとなる。


## (3)　アウトドア・スポーツツーリズムのマーケティング

## ①　マーケティングの具体的展開（プロセス）

　スポーツツーリズム事業のマーケティングアプローチの第一は，市場の特性・
特徴を知ることである。そのためには，顧客を一定の基準でスポーツツーリズム

**図表 8-3　観光者の意思決定プロセス**

| 旅行者の特徴<br><br>・社会経済的特徴<br><br>・行動的特徴 | → | 旅行欲求<br>（ウォンツ） | ← | 旅行に対する意識<br>（ニーズ） |
|---|---|---|---|---|

| | | 情報収集 | | ↑ |
|---|---|---|---|---|
| 旅行の特徴<br><br>・目的地までの距離<br>・必要性<br>・費用・価値<br>・期間・参加人数<br>・国内における必要性<br>・旅行会社に対する信頼<br>・リスク，不安要因 | → | 旅行先のイメージ<br><br>情報探索の継続収集<br><br>旅行代替案の評価<br><br>旅行の決定<br><br>旅行先の支度<br><br>旅行経験 評価 | ← | 旅行先における観光資源，特徴<br><br>・主要な観光資源<br>・旅行者のための施設，サービス<br>・政治・社会・経済的状況<br>・地理的状況・環境<br>・インフラ整備<br>・目的地への接近性 |

原田・木村（2009），67 頁を一部改変。

市場を比較的同質性の高い市場に細分化して，それぞれの市場（セグメントされた）に対応したマーケティング活動を行うことである[27]。

対象市場をセグメントするマーケティング展開は常に成功するとは限らない。

　セグメンテーションが有用であるためには，セグメント市場の特性・特徴が簡単に測定（データー等で）できること，セグメント市場に効果的にアプローチしてマーケティング活動ができること，その市場に収益性があり，価値があることが必要となる[28]。

　対象市場がセグメントできたら，先ず，セグメント市場ごとに市場としての魅力度，発展性を調査分析し，そこにおける競争環境，組織の経営資源の展開許容性，組織の強み・弱み等を見極めていく必要がある。それを踏まえて，ターゲット市場を選択していくことになる。ターゲット市場選択は「マス（無差別）マーケティング」「差別化マーケティング」「集中化マーケティング」の三つに分類することができる[29]。

　「無差別マーケティング」は，市場をセグメントすることなく，スポーツツーリズム市場全体にアプローチし，顧客を確保する手法であるが，スポーツツーリズムのニーズ，ウォンツが多様化，複雑化している状況下においてはこのマーケティングが有効に機能するか否かは疑問がある。「差別化マーケティング」は，複数のセグメント市場，例えば，高齢者層，若者層，女性層等ごとにマーケティング・ミックスを展開することである。市場セグメントが多数化した時にはコストが嵩む恐れがあり，その適正化が必要となる。「集中化マーケティング」は，1つの市場セグメントにマーケティング・ミックスを展開することであり，これは経営資源が少ない小規模組織に適しているが，リスクは高い[30]。

　アウトドアスポーツ事業と観光事業で構成されるアウトドア・スポーツツーリズムは，アウトドアスポーツ環境条件（アウトドアスポーツ空間，アウトドアスポーツプログラム等），旅行条件（交通，宿泊，飲食，観光施設等）の両方が機能して始めて全体が機能することになり，個々の独立した事業のマーケティングより複雑化している[31]。

### ① アウトドア・スポーツツーリズムにおける目的地マーケティング

アウトドア・スポーツツーリズムにおける目的地（ディストネーション）は，アウトドア・スポーツツーリストを迎えることにより，経済効果，雇用効果，イメージ効果（魅力的な）等が高まる。また，それを迎える地域においては，地域スポーツの文化・歴史，地域資源，地域の特性等を再認識する機会となる[32]。

目的地マーケティングの主体は，地方公共団体，観光協会等である。その主体は地域スポーツ文化，地域資源，地域特性等を分析し，アウトドア・スポーツツーリズムテーマ（トレッキング，登山，サッカー合宿等）を決め，そのテーマに関心があるターゲットへのプロモーション等のマーケティング計画をたて，その計画に基づきマーケティングを行い，より多くのアウトドア・スポーツツーリストを確保し，地域間競争に打ち勝っていくことになる[33]。

この場合，サービスの質は接客者と顧客に左右されるが，地域住民のホスピタリティが良ければ，アウトドア・スポーツツーリストの満足度は高まる。不満であれば地域のイメージはダメージを受けることになる。この場合，当然として次の目的地選択からは除外されることになる。その意味において，目的地マーケティングは地域住民との協働が不可欠といえる。そのためには，地域全体で目的地マーケティングができるアウトドアスポーツコミッション等の体制整備が必要となる。もちろん，多くのスポーツツーリストが訪れることはメリットばかりではない。ゴミ等の環境破壊，地域住民とのトラブル等のデメリットもあり，目的地マーケティングは地域全体での対応が特に求められる[34]。

## 第7節　郡上市のアウトドア・スポーツツーリズムの状況

アウトドア・スポーツツーリズムのハード・ソフトの整備が進みつつある郡上市のその状況をみる[35]。

### ① スキー＆スノーボード

郡上市には 12 のスキー場（アウトドアイン母袋，ウイングヒルズ白鳥，スノーウエーブパーク白鳥高原，高鷲スノーパーク，ひるがの高原スキー場，鷲ケ岳

スキー場，いとしろシャーロットタウン，しらおスキー場，郡上高原スキー場，ダイナランド，ホワイトピアたかす，めいほうスキー場）があり，スノーボードFISワールドカップも2度開催され，国内有数のウインタースポーツランドである。2008年スノーボードFISワールドカップの選手参加は世界25カ国から約260人が参加し，来場者は3日間で約2万5千人，直接的経済効果は約3億円と，郡上市の活性化に大きく寄与すると同時に，郡上市の知名度を大きく上げた[36]。

　スキー＆スノーボード客はレジャーの多様化により減少しているが，その需要は根強いものがある。また，子供のスキー＆スノーボード教室開催等は好評を得ている。郡上市はセントレア（中部国際空港）からの時間距離は短く，韓国，台湾，オーストラリア等からも注目されており，今後，海外からのスキー＆スノーボード客は増えると予想される。スキー＆スノーボードはスポーツのオフ期（冬場）にスポーツ機会を提供する最大の場であり，多世代で，しかもファミリーで楽しむことができるアウトドアスポーツである。スキー＆スノーボードへの交通手段はマイカー中心で，最近は，その手段に長良川鉄道が利用されることは非常に少ないのが現状である。一昔前は，長良川鉄道を利用したスキーツアー企画が盛況であり，その時のスキーヤー（現在はシルバー）が最近スキーを楽しむ現象もあり，鉄道利用の潜在的スキー客はあると推測される。長良川鉄道はそのハンディを克服し，メリット（交通渋滞しない等）を前面に打ち出す戦略が求められる[37]。

## ② フィッシング

　長良川水系，木曽川水系は全国でも有数のリバーフィッシングの場となっている。特に，長良川の清流での鮎釣り，あまご釣り，岩魚釣り，マス釣りは有名であり，釣りファンが地域外から多く訪れており，春，夏，冬の風物詩となっている。フィッシングは，体・心のリフレッシュの場であると同時に，生物の自然循環を学ぶ場，命の大切さを学ぶ場でもある。俳優の近藤正臣氏は郡上の清流長良川の釣りに憧れ，郡上市に別荘を構え四季でのフィッシングを本格的に楽しんでいるという。近藤正臣氏は郡上市の強力な応援団となり，一市民として地域住民

と一体となったまちづくりを進めており，アウトドアスポーツ推進の大きな副次的効果も出ている。フィッシングへの交通手段の主流はマイカーであるが，都市住民が電車の中でフィッシング道具を持っている姿は多々見受けられる[38]。

### ③　ラフティング＆カヌー

　近年，長良川でのラフティング＆カヌーの人気が高まる中，木曽川におけるカヌーが NHK で放映され，その人気が一気に高まった。また，長良川ラフティング協会には 14 業者が加盟し，その振興を図っている。長良川は春から夏にかけてラフティングツアー客が多くなる。長良川は急流のところもあれば，流れが穏やかなところもあり，ラフティングツアー客に喜ばれる川である。従来，ラフティングツアーは車移動を中心に民間会社が企画運営してきたが，現在は鉄道に乗る楽しみとラフティングのスリルを楽しむ企画にバージョンアップされ，そのプランが用意されている。そのプランの一つが，「長良川ファミリーアドベンチャー」であり，そのコース紹介パンフレットをみると，長良川を眺めながらの長良川鉄道乗車，ラフティング，シャワーウオーキング，洞窟探検等が盛り込まれ，ラフティングでは美しい景色と穏やかな流れの中リバーツーリングツアーに出かけ，途中，白波の中，家族で協力しながら急流を乗り越え，流れが緩やかなところでは浮遊体験，岩場からの飛び込みチャレンジ等を行う。シャワーウオーキングでは流れのあるところで泳いだり，岩場を歩いたりする。洞窟体験では，ライトをつかい家族みんなで光のない世界を探索するとしている。この他，上記ラフティングツアーの半日バージョンが用意されている[39]。

　ラフティング＆カヌーは常に危険との隣り合わせの中のスポーツであり，危険を予知し危険から自分を守る大変さ，仲間との助け合いの大切さ，生き抜く力等を学ぶ絶好の機会である。ラフティング＆カヌーへの交通手段は団体バス主流であるが，長良川鉄道はそれとの組み合わせにより，その客確保の可能性は高い[40]。

### ④　ウォーキング＆マラソン＆トレッキング＆サイクリング

　郡上市は森林が面積の 9 割を超え，自然の恵みを体感できるネーチャーランド

である。白山（昔の白山観光の客は，上り千人・下り千人・宿に千人といわれた），高賀山，大日岳，瓢岳等での登山，トレッキングは人気があり，そのための長良川鉄道利用客も多い。郡上地域活性化協議会においては，フリーウオーキングコースを15か所設定し，何時でも，誰でも郡上の自然を満喫できるようにされている。また，沿線の自然を体感するサイクリングも人気があり，長良川鉄道はサイクルトレイン（限定予約制）を運行している他，民間主催のレール＆サイクルイベントも展開されている。さらには，地域自然特性を生かしたマラソン開催，例えば，2日間をかけた名古屋～郡上市～金沢間の桜街道（昔，バス運行されていた名金線の運転手が沿線に桜を植えた道）マラソンが開催されている。ウォーキング＆マラソン＆トレッキング＆サイクリングは，アウトドアスポーツの中で，気軽に楽しむことができる一番ポピュラーなスポーツであり，スポーツの効能を一番享受し易いスポーツである[41]。

### ⑤　キャンプ場

　郡上市には多くのキャンプ場があり，ファミリー向け，教育団体向け等多様な受け入れ体制が整備されており，四季の自然を体感できる。キャンプ場のコテージ等は冬場のスキー客等の宿泊場にもなっている。キャンプは親子の交流，仲間との交流を通じたコミュニケーションの大切さ，仲間との協働，助け合いの重要性等を学ぶ場である。従来，長良川鉄道はその客確保について諦めていたきらいがあるが，その楽しさを教えるNPO等の団体との連携によりその客を取り込む可能性はあり，その対応が求められる[42]。

### ⑥　スポーツ合宿場

　郡上市北部は，テニス合宿のメッカと言っても過言ではない。さらに，郡上市では，長野県の菅平のようなスポーツ合宿の場にすべく，カマス高原に芝生グラウンドを整備した。今後サッカー，ラクビー等の練習のための合宿は増えると予想される。体験教育研修としても注目されている。合宿を通じたチームワークづくり，競技技術力のレベルアップ等は競技力アップに大きく貢献する[43]。

また，プロスポーツプレーヤのオフの練習の場にもなる可能性は高く，これらの場での一流選手との交流は，スポーツにおけるゴールデンエイジといわれる小学校4年生から6年生の子供にとっては一流選手のスポーツテクニックをイメージで会得できる絶好の機会になる。最近，スポーツ教育旅行が脚光を浴びており，長良川鉄道はエージェントとの連携等によりその客を確保できるポテンシャルは高い。時流をみながらの行動力が求められる[44]。


## ⑦　ゴルフ場

　沿線には多くのゴルフ場が存在する。一時期のゴルフブームは去ったが，固定客は多い。海外からのゴルフツアーもあり，大自然の中での高原ゴルフは静かなブームになっている。ゴルフは競技スポーツとしてばかりでなく，シルバーエイジにとって楽しく健康管理ができるスポーツとして注目されている。シルバーエイジにとってゴルフへのアクセス手段はマイカー中心であったが，視力，反射神経の衰え等から安全な交通手段が求められるようになっている。長良川鉄道にとって大きなチャンス到来である。二次交通事業者と連携したゴルファー取り込みが大きな課題となる[45]。


## ⑧　自然体験

　郡上市では自然体験プログラムを実施するNPO法人等が多数ある。これらの組織が，野菜の収穫体験，牛の乳しぼり体験，自然観察体験，山菜取り，薬草取り体験，キノコ狩り，泥んこ遊び・バレー，ファミリー雪遊び体験（鎌倉づくり，スノーシューケル，そり等）木こり体験，まき割り体験，沢登り体験，洞窟探検，田植え体験，電柵づくり体験（獣被害防止），猟師と山歩き，自然エネルギー体験等の各種の自然体験プログラムを提供しており，都会から多くの子どもが参加をしている。この拡がりは今後更に拡大すると予想される。また，ふるさと郡上会（都会からの移住者が主宰）が中心になって自然体験を総合的に体感できる「里山カレッジ」が開催されている。その体験は田舎くらしを視点にしており，スポーツとしての意味合いは低いかもしれないが，自然の中で体を動かす点では共通

している。そこでの体験は，まき割り，鍬使いの体験，天秤棒で水運び，イワナ
の鷲掴み，さわ登，里山サイクリング（舗装されていないデコボコ道）等である。
自然体験は提供されたプログラムを楽しむだけでなく，自ら自然体験プログラム
を創る場でもある[46]。

　平成24年1月28日（土）に開催（岐阜県中濃振興局委託事業）した長良川鉄
道を利用した雪遊びを中心とした「郡上市高鷲の雪と自然を満喫するホワイトツ
ーリズム」の旅行企画の評価は高く，良いと評価をした人は8割近くを占め，良
くないと評価をした人はいなかった。「雪遊び」の参加者の意見は，「大人も楽し
めた」「子どもがとても楽しそうだ」「スノートレーン，そりは大変楽しめた」「も
っと雪遊びをしたかった」等である。

　また，長良川鉄道と中部学院大学短期学部幼児教育科との連携により行った
「雪遊び列車」（平成24年2月25日）は大変好評で60人を上回る親子の参加が
あり，雪遊びを楽しんだ子供は得意満面で，まさに「アソビスター」である。
郡上市では市の自然資源を生かして，またその充実整備を図りながらアウトド
ア・スポーツツーリズムを推進し，夏場の郡上おどり（これも，ある意味アウト
ドアスポーツであるといえる）に大きく依存する観光構造の変革を図っている。
その効果も徐々に現れ，郡上市でのアウトドアスポーツを楽しむ観光客も増える
と同時に，長良川を始めとした自然，郡上市民の人情等に憧れ，大都会の若者が
移住定住する事例が多々出現している他，その人たちがアウトドアスポーツによ
るまちづくりの大きな核になりつつある。中山間地におけるアウトドアスポーツ
の相乗効果は大きなものがある。


## 第8節　アウトドア・スポーツツーリズム発展の課題

　アウトドア・スポーツツーリズムは，まだマイナーな存在であり，その展開は
緒についた段階で，その発展には課題が多い。また，長良川鉄道としてもその誘
客には各種の課題がある。以下にその課題を整理する。

## (1) アウトドア・スポーツツーリズムの認知度が低いこと

アウトドア・スポーツツーリズムのへの認知度は低く，それへの取り組みは組織的な展開にまでには至らず，個人的レベルの展開で止まっている。これは，観光といえば，これまで物見遊山的な短期周遊観光中心で，スポーツを核とした体験観光はまだマイナーな存在（日本人はまだスポーツを楽しむ文化を会得していない）であることによると推測される。自然のフィールドを生かしたアウトドアスポーツはスポーツの中でも馴染みが薄いが，最近の健康ブームに呼応して，空気のきれいな自然の中でのスポーツ活動に注目が集まっており，その魅力，機能，楽しさ等を如何にして情報発信するかが大きな課題となっている。

自然の中のアウトドアスポーツは泥臭い面があり，若い女性から敬遠される面もあるが，最近はマイナスイオン，オゾン，フィトンチッドが一杯の大自然の中でのスポーツに魅力を感じる女性も多い。癒し空間の中でのスポーツは心のリフレッシュを図ることができ，そこでのスポーツは人と人の絆づくりや，体力アップにもつながる。四季を感じなくなっている現代人にとって，そこには感動があり，驚きがあり，楽しみがある。これを体験した人が，インスタ映え，SNS，口コミ等で情報発信し，それが拡散いくことの広報効果は高い。また，マスメディアが記事にしたくなるようなアウトドアスポーツ情報提供も重要になる。

郡上市のような中山間地域，長良川鉄道では，　アウトドアスポーツ運営のノウハウが少なく，専門機関，アウトドアスポーツ関連組織等からのノウハウ提供が期待される。

## (2) アウトドア・スポーツツーリズムコミッションが未整備であること

日本ではアウトドア・スポーツツーリズムとして観光客を誘致する組織はまだ少ない。しかし，観光庁が「観光立国戦略」の一環として着目し，2012 年 4 月には産学官の連携組織の日本スポーツツーリズム推進機構を設立した。政府の成長戦略「日本再興戦略」でも，「世界の多くの人々を地域に呼び込む社会」の重要施策の代表例としてスポーツツーリズムは明示されている。また，経済活性化のツールとして，地域の自治体や非営利団体が中心となり，スポーツ大会の誘致

等を行う組織として地域スポーツコミッション推進組織が立ち上がってきている。この組織は，2019 年に開催されたラグビーワールドカップ，2020 年の東京オリンピック・パラリンピックを見据えて，その活動は活発化している。しかし，この組織はアウトドアスポーツ誘致を大きな目的にはしていない。この組織は中山間地域，過疎地域のアウトドアスポーツ誘客の戦力的な組織にはならない可能性がある。中山間地域，過疎地域の活性化の観点からもアウトドアスポーツ誘致に特化した組織整備が課題となる。長良川鉄道沿線のような中山間地域では，このような組織を地域単独で設置することは困難であり，広域で連携して設置することが必要となる。

### (3) アウトドアスポーツの受け皿が未整備であること

　アウトドアスポーツを実施するには，トレッキングコース等のハードインフラ，指導者，プログラム開発，商品開発等のソフトインフラ必要となるが，それが未熟であり，初級者から上級者までそれぞれのニーズにあったアウトドアスポーツができるハード，ソフト両面のインフラ整備（素材は十分ある）が課題となる。

　その課題対応のためには，行政がアウトドアスポーツの有意義性を認識し，その展開について音頭をとっていくことが求められる。特に長良川鉄道沿線のような中山間地域では行政が積極的にリードしていくことが求められ，そこに長良川鉄道再生のカギがある。

### (4) アウトドアスポーツのマーケティング力が弱いこと

　戦略なきアウトドアスポーツ展開には限界がある。アウトドアスポーツ対象者をセグメントして，そのターゲットごとに差別化し，ターゲット別にプロモーションを進め，アウトドアスポーツのポジショニングを図る必要がある。アウトドアスポーツマーケティングを進めるにおいても，常に人のニーズ，ウォンツの変化を察知し，それに合った経験価値の高い企画商品を開発していくことが求められる。例えば，スキー人口は減少しているといわれるが，じゃらんリサーチセンターが行ったスノーエリアマーケティング調査結果によれば「若者や休眠層（昔

はスキーに出かけたが現在は中止，その率は全体で 55%，30 歳から 49 歳では 65%）の人たちに，スキー場は混んでいて，わざわざ出掛けても疲れにいくだけという印象を持たれていることが，スキー人口減少の最大要因であるとしている[47]。

休眠層はスキーをレジャーとして捉える傾向が強く，アフタースキーの楽しさを PR すればスキーヤーを呼び戻すことは可能としており，スキーだけでなく，レストランで地域ならではの美味しい料理が楽しめるとか，ゲレンデでコンサートを開催するとかのアフタースキーの演出が必要となる。今，JR 東日本では潜在スキーヤーを掘り起こし，鉄道利用客拡大に力を入れており，長良川鉄道としても JR 東海等と連携して潜在的なスキーヤーの獲得に努力していく必要がある。また，官民連携のスキー振興プロジェクトが立ち上がり，若年層，ファミリー層をターゲットにスノーレジャー復活の多様な取り組みがされており，期待したい。また，人は飽きやすく企画のマンネリ化を避けることも必要である。

さらには，中山間地域のアウトドアスポーツのプロモーション体制は脆弱である。行政もその魅力，重要性を熟知していなく，そのサポート体制は十分ではない。現在の姿は，大都会から田舎への移住者した人たちが IT を活用して細々と情報発信しているレベルであり，今後，行政が主体になってアウトドアスポーツを商品として旅行各社に売り込むとか，体験教育商品として学校等に売り込むことが求められる。中山間地域の大きな魅力（強み）は野外のフィールドである。この強みを伸ばしていくことが長良川鉄道発展，過疎対策にもつながり，その展開は相乗効果がある。中山間地域への国，岐阜県，アウトドアスポーツ関連組織からの全面的サポートが求められる。


## (5) 新たなアウトドアスポーツ資源の発掘

アウトドアスポーツに魅力を感じるのは長良川鉄道沿線地域外の人である。地域外の人の目（都会人，若者，熟年者，女性等）で，ターゲット別（性別，世代別，職業別等）に魅力のあるアウトドアスポーツ地域資源の再整理，掘り起こしをする必要がある。長良川鉄道沿線地域のアウトドアスポーツ資源発掘は，移住

定住若者促進，交流人口，関係人口拡大の大きな力となる。


## （6） アウトドア・スポーツツーリズムネットワークの構築

　現在のアウトドアスポーツの展開は単発であり，拡がりがない。今後，自由時間の増大，健康志向等からアウトドア・スポーツツーリズムを発展させるためには，ネットワークの拡充が必要である。例えば，エージェントとのネットワーク，学校（大学も含む）とのネットワーク，各種のスポーツ組織とのネットワーク，ゆかりのあるトップアスリートとのネットワーク，スポーツインストラクターとのネットワーク，企業の福利厚生部署とのネットワーク，スポーツボランティアとのネットワーク等である。中山間地域では外部のヒューマンネットワークは弱く，国，岐阜県等の全面的支援が必要となる。


## 第9節　小括

　アウトドア・スポーツツーリズム発展のためには，そのインフラ整備やスポーツイベント等のための投資が必要な場合もあるが，リゾートブームの失敗のように，過剰な投資や開発，ブームに乗っただけのアウトドアスポーツイベントは負の遺産となる例もある。地域活性化にとって，アウトドア・スポーツツーリズム振興（アウトドアスポーツという視点で地域を見直すと地域の新たな魅力，資源の発見につながる場合が多い）で，後に何を残すのか，中長期的にどのような地域を目指すのかといった理念，目的等のビジョンを明確にしていくことが必要である。また，アウトドア・スポーツツーリズムは，「始める」ことから成長・発展・持続につないでいくマネジメント，特に，地域の活性化のための地域マネジメント，マーケティングが重要となるが，その先行成功事例は少なく，その成功事例を生み出していくことが求められる。

　また，アウトドアスポーツは，欧米では人気スポーツの一つであり，日本でも大自然の中でのアウトドアスポーツは徐々にではあるが，今後脚光を浴びていくと考えられ，それに向けてのハード・ソフト両面の整備が求められる。また，アウトドアスポーツ観光はグローバルに展開がされており，それを意識しての整備が

必要となる。アウトドア・スポーツツーリズムは観光立国戦略の一つになっており，日本全体でアウトドアスポーツ振興が進めば，その裾野は拡がっていくものと考える。このスポーツが盛んになれば長良川鉄道沿線地域の活性化にもつながり，長良川鉄道の乗客減少や過疎化の歯止めにも，また崩壊しつつあるコミュニティの再生にもつながる。

---

## 注

1 スポーツツーリズム推進連絡会議（2011），2 頁。
2 スポーツツーリズム推進連絡会議（2011），2 頁。
3 スポーツツーリズム推進連絡会議（2011），2 頁。
4 スポーツ庁　平成 30 年度「スポーツの実施状況等に関する世論調査」
　http://www.mext.go.jp/sports/b_menu/toukei/chousa04/sports/1415963.htm（最終アクセス 2020 年 1 月 6 日）
5 「歩行時間と医療費との関連について」
　http://www.geocities.jp/bikesocio/political/2025-25plan/seisaku（最終アクセス 2020 年 1 月 6 日）
6 木田 悟「まちづくり，地域づくりの視点から捉えたスポーツコミッション・スポーツツーリズムと自治体の新しい動き」
　http://www.mlit.go.jp/common/000192805.pdf#search（最終アクセス 2020 年 1 月 6 日）
7 『毎日新聞』2009 年 4 月 25 日朝刊百留康隆著「市民マラソン熱」
8 公益財団法人笹川スポーツ財団（2018），82，88 頁。
9 公益財団法人笹川スポーツ財団（2016），64 頁。
10 公益財団法人笹川スポーツ財団（2016），64 頁。
11 公益財団法人日本生産性本部（2018），69-80 頁。
12 原田・木村（2009），63-74 頁。
13 原田・木村（2009），63-74 頁。
14 高橋他（2012），199-207 頁。
15 高橋他（2012），199-201 頁。
16 高橋他（2012），201 頁。
17 高橋他（2012），201 頁。
18 高橋他（2012），202 頁。
19 高橋他（2012），202 頁。
20 高橋他（2012），202 頁。
21 高橋他（2012），202-205 頁。
22 高橋他（2012），202-205 頁。
23 高橋他（2012），205 頁。
24 高橋他（2012），205-206 頁。
25 原田・木村（2009），63-74 頁。

26 原田・木村（2009），70 頁，130 頁。
27 山下・原田（2009），118-121 頁。
28 山下・原田（2009），120-121 頁
29 山下・原田（2009），120 頁。
30 山下・原田（2009），120 頁。
31 山下・原田（2009），120 頁。
32 原田・木村（2009），114-120 頁
33 原田・木村（2009），117-120 頁
34 原田・木村（2009），111-133 頁
35 郡上市観光振興ビジョン 2010，28-32 頁，38 頁。
36 郡上市観光振興ビジョン 2010，28-29 頁。
37 郡上市観光振興ビジョン 2010，28-29 頁。
38 郡上市観光振興ビジョン 2010，28-32 頁，38 頁。
39 郡上市観光振興ビジョン 2010，31 頁。
40 郡上市観光振興ビジョン 2010，30 頁。
41 郡上市観光振興ビジョン 2010，30 頁。
42 郡上市観光振興ビジョン 2010，31 頁。
43 郡上市観光振興ビジョン 2010，38 頁。
44 郡上市観光振興ビジョン 2010，38 頁。
45 郡上市観光振興ビジョン 2010，29-31 頁。
46 郡上市観光振興ビジョン 2010，32 頁。
47 『交通新聞』2012 年 1 月 26 日。

# 第9章　長良川鉄道とサイクルツーリズム

## 第1節　はじめに

　最近，鉄道を利用してサイクリング，ウォーキング，トレッキング，登山，釣り，スキー等アウトドア・スポーツツーリズムを楽しむ人が増えている。近年，長良川鉄道沿線においても自然資源と連携したアウトドアスポーツが人気化している。これは，長良川鉄道沿線のアウトドアスポーツポテンシャル（沿線には緑豊かな広大なフィールド，山，長良川等アウトドアスポーツ資源が豊富）が高いことを前章で述べたところであるが，その空間で活動できるソフト基盤を整備すれば，長良川鉄道沿線は「アウトドア・スポーツツーリズム王国」になりうる。その中核となるのがサイクルツーリズムである。サイクリストの誘客は沿線地域の活性化戦略，観光誘客戦略の一つになる。

　人々のスポーツへの関わり合いは，住居近辺でのサイクリング，ウォーキングからプロスポーツまで多様であるが，高齢化，自由時間の増大等の中でスポーツだけ，観光だけということに飽き足りない人々は，それが一体となった，さらには健康要素が付加されたサイクルツーリズムに関心が高まっている。

　前章でも述べたが，今，子供の体力，持久力，瞬発力等の低下が社会問題化している。子供の体力低下の大きな要因は，遊びを忘れた家庭，地域，学校にある。多くの人（特に子供）への遊び場の提供には，都市部と中山間地域の連携が不可欠である。中山間地域は遊びのフィールドは豊かであり，新鮮な空気の中で，地域の新鮮な農産物等を食しながらの遊びは，子供の健康増進，体力アップ（筋力，持久力，瞬発力，バランス力，柔軟性等），心のリフレッシュ等に有効である。今の子供達は学校体育で学ぶ種目が中心で，遊ぶという観点での運動ノウハウを持ち合わせている子供は少ない。また，野外でのアウトドア・スポーツインフラ，ソフト面の環境整備が十分とはいえない。しかし，長良川鉄道の沿線地域の環境は整備されつつある。

　アウトドア・スポーツの中で，最近脚光を浴びているのがサイクルツーリズムであり，それが今ブームとなっている。ブームの背景は，世の中のトレンドとし

ての「健康，エコ，省エネ」が脚光を浴びていることによる。生活の中に自転車を取り入れることは，時代の先端を歩むことになり「カッコいい」に通じている。昔の自転車は人の移動，荷物を運搬することに使命があったが，蒸気機関車，自動車の出現により自転車は「移動手段」の担い手ではなくなった。今は，「健康，エコ，省エネ」の役割を担っている。

　ところで，自転車愛好家は，近隣で自転車を楽しむことに飽き足り，遠出をして自転車を楽しむ傾向に変わりつつある。遠出をして自転車を楽しもうとすれば，その地点までの移動手段の介在が必要となる。その手段として鉄道が注目されるようになり，中山間地域を走るローカル鉄道の多くが「サイクルトレイン」を運行している。また，駅からの利便性を考慮して二次交通としてのレンタサイクルを鉄道会社が運営し，鉄道との相乗効果を高めようとしている。

　これらの実態を踏まえて，長良川鉄道を事例にしてサイクルツーリズムの現状と課題について考察する。

## 第2節　スポーツツーリズムとサイクルツーリズム

　工藤・野川（2002）は，スポーツツーリズムの定義を先行研究から概観すると，その共通点は「スポーツあるいはスポーツイベントへの参加または観戦を主目的としていること」，「日常生活圏を離れ旅行すること」の2点である。レジャー，旅行の目的という活動の側面で定義されている。この定義によればサイクルツーリズムは上記の2点の要素が含まれ，まさにスポーツツーリズムの一つである[1]。

　サイクルツーリズムは「自転車を活用した観光」と定義することができ，サイクルツーリズムは「自転車に乗ることを主な目的とした旅行」，「レジャー，旅行を主目的とした道程の中での自転車利用」に分けることができる。その領域はアクティブツーリズムが中心となるが，原田はアクティブツーリズム領域とイベントツーリズム，ノスタルジアツーリズムの領域と一部重複しているとしている[2]。

　また，原田・木村（2009）は，スポーツツーリズムの構成は「スポーツツーリストが輸送機関（観光交通）を利用してスポーツアトラクションに移動」，「そこでホテル等のサービス施設に宿泊，飲食，買い物」，「スポーツアトラクション

やサービス施設等の観光対象情報はインターネット，旅行エージェント等から提供」の3つの要素から成り立ち，スポーツツーリズムの特徴はスポーツツーリスト，スポーツアトラクションにあるとしている。サイクルツーリズムにおいてもその特徴は，サイクリストとサイクルスポーツのロケーション（アトラクション）にあるとしている[3]。

　サイクルツーリズムの意義を「わが国の政策のあり方に関する調査報告書2003」（自転車社会学会）でみると，アメリカ連邦政府では「多くの場面で人の寿命を延ばす」「健康管理のコストを削減する」「汚染の軽減費用を削減する」「石油の購入費用を削減する」とする一方，公共団体としてのメリットとしては自動車依存社会に起因する環境，交通，健康，土地利用及び安全の諸問題を軽減できるとしている。また，アメリカの歩行者自転車情報センター（政府出資）では，健康上の利益（継続的なサイクルスポーツは心臓病，脳卒中その他慢性病の危険性の減少，ヘルスケア費の削減，生活の質向上が図れる），交通上の利益（個人トリップの4割は2マイル以下でこれを自転車に代えれば自動車の渋滞，時間と燃料の浪費，公害，ストレスの解消等が図れる），環境上の利益（一酸化炭素及び窒素酸化物の排出による大気汚染の削減ができる），経済的利益（家計の13%は車の出費であり，年平均で5,170ドルの費用が自転車転換で120ドルになり，大きな利益が出る），生活の質の利益（都市生活に無形の利益をもたらす。自転車が盛んな地域は居住，ビジネス，観光等にとって安全でやさしい印象を与える）としている[4]。

　以上が示すように，アメリカにおいては，その意義を積極的にアピールしているのに対して，従来，日本では「環境にやさしい交通手段」「環境面の負荷が少ない自転車」等環境面の観点から語られている例が多い。しかし，最近では，健康，快適性，地域活性化等多面的に語られるようになり，日本でも自転車の多様な意義が認識されるようになってきた。国土交通省では「自転車活用のまちづくり」推進の観点からサイクルスポーツを楽しみながら地域の魅力を堪能する新しい観光の普及促進を図るためにサイクルツアー推進事業モデル地区を指定して，それを紹介するなど，自転車活用による観光振興を積極的に推進している。また，

地方の観光誘客の観点から観光庁では 2017 年度からテーマ別観光による地方誘客事業にサイクルツーリズムを新たに選定し，複数の地域のネットワーク形成，課題や成功事例の共有による観光支援を行うこととされている。

　近年は， スポーツ自転車，電動アシスト自転車等の販売台数が増加傾向にある。これは，健康や環境保全への意識の高まり，さらにはコンパクトシティに向けたまちづくり等を支える移動手段として自転車利用のニーズが一段と高まっている証である。また，自転車が身近で有用な移動手段として重要な役割を担っていると，2016 年 3 月の「自転車ネットワーク計画の策定の早期進展」と「安全な自転車通行空間の早期確保」に向けた提言（安全で快適な自転車利用環境創出の促進に関する検討委員会）の中で述べられているが，日本の自転車の安全通行空間は未整備で人口当たり自転車乗用中の死者数は欧米諸国と比較して高いとしている[5]。この現状を受けて国土交通省は 2016 年 7 月 19 日に自転車通行の安全の確保の観点から「安全で快適な自転車利用環境ガイドライン」の一部改正を行っている。これは，サイクルツーリズム推進には朗報であるが，最近，自転車が歩行者にケガをさせる等の事例も増加しており，安全マナーの確立等その安全対策が必要となっている。

## 第 3 節　サイクルツーリズムの現状とメリット・デメリット

　自転車産業振興協会のデータによれば，2016 年の自転車生産台数は 944 千台と 2011 年（1,102 千台）の 85％程度となっているが，2016 年の生産額は 54,024百万円と 2011 年（42,786 百万円）の約 1.26 倍と拡大し，スポーツ自転車を中心として自転車単価は高額化している。また，2009 年の世界の自転車保有台数データ（調査年度にバラツキがあるが）から日本の保有台数をみると第 6 位（約 8,665 万台）となっている[6]。

　サイクルスポーツの実施状況を『スポーツライフ・データ 2016』でみると，サイクリング実施率は 6.8％で全体実施種目のベスト 10 に入っている。それを年代別にみると，18・19 歳代は実施率 10.8％とベスト 9 位，30 歳代は実施率 8.2％とベスト 12 位，40 歳代は実施率 8.9％とベスト 10 位，50 歳代は実施率 6.3％と

ベスト9位，60歳代は実施率5.4％とベスト13位，70歳以上は実施率4.6％とベスト9位となっているが，20歳代はベスト15に入っていない。今後，サイクルスポーツはシニア層のニーズが高まり，全体としてシニア化が進んでいくと予想される[7]。

　近年，サイクルスポーツイベントも各地で行われている。長良川鉄道沿線の美濃市においては，毎年「国際サイクルロードレース」である「ツアー・オブ・ジャパン」や山岳地帯の急勾配の道を駆け上がる「美濃ふくべサイクルヒルクライム」，関市では「せきサイクル・ツーリング」が毎年板取川，津保川沿いで開催されている他，民間ベースでもサイクルスポーツイベントが開催されている。

　また，岐阜県内では，岐阜新聞主催で乗鞍スカイラインサイクルヒルクライム等が開催されている。殿下平総合交流ターミナル（標高1,360m）から，乗鞍スカイライン山頂（標高2,702m）までの距離約18.4km（標高差1,342m，平均勾配約7.2％）で競技が行われており，これも好評である。

　サイクルスポーツのメリット，デメリットを先行研究でみると，古倉（2013）は自転車利用のメリットを自動車と比較し，そのメリットを，物理的側面から近距離（5km程度以内）での迅速性，駐輪空間のコンパクト性，小回り性・軽快性等を，経済的な側面から経済性，効率性，定時性等を，快適性の側面から健康性，爽快性，季節体感の可能性，住民との触れ合い性等を，環境的な側面から排気ガス，騒音，地球環境負荷なし等をあげている。また，公共交通基盤が脆弱な地域での補完交通手段として，走行空間や駐輪スペースは最小限で済み，特段の自転車道を整備しなくても，その安全性・快適性を検証しながら狭い道路をネットワークに組み込むなどにより，時間を気にせず，自由に，機動的に移動できるという大きなメリットを有しているとしている[8]。

　その中でも特に，健康のメリットは大きい。アウトドアスポーツの一つとしてウォーキングが盛んであるが，その実施の大きな目的は健康である。現実にその効果は高い。"international journal of epidemiology2003"で発表された「歩行時間と医療費との関連について」をみると，1人当たりの1ヶ月の平均医療費と1日の歩行時間には関連性がみられ，歩行時間が長いほど医療費が低く抑えられて

いる。さらに，歩行時間が1時間より短いグループと長いグループに分けると，短い時間のグループは1人当たりの1ヶ月の医療費は19,800円で，長い時間のグループより13%と高くなり，1人当たりの4年間の医療費総額は，歩行時間が長いグループ（633,900円）に比べ，短い時間のグループ（821,300円）は高くなっている。入院日数も歩行時間が短いほど多くなる傾向がみられる[9]。

　高石・中村（2009）は歩行と自転車走行に関わるエネルギー消費比較等を行い，自転車走行が歩行より健康効果が高いとしている。体重65kgの男性が平地もしくは勾配1%，3%の道を一定速度で歩行及び自転車走行した場合の1分間当たりのエネルギーの消費量は分速90mの歩行と軽快自転車の時速15kmとほぼ同等であるが，自転車走行は「爽快」「楽しい」とする人が多く，走行時間，走行範囲は歩行より拡大傾向にある。また，糖代謝，呼吸商においても常に自転車走行が歩行より上回っているとしている[10]。

　また，シマノ（株）の「サイクリンググッド vol7（電子版）」から通勤形態別《（公共交通機関，自家用車，自転車（スポーツ系・ヘルメット着用），自転車（シティサイクル系・ヘルメット非着用)）》の医療費の変化調査（2008～2011年度）をみると，スポーツ系自転車に乗っている人が4年間を通じて医療費が低いという結果がでている。その分析として，スポーツ系自転車は高い運動強度を実現しやすく，それが血液や体脂肪をコントロールしている可能性が高く，脚の筋力維持や増進を促す可能性が高いとしている。マイナスイオン，オゾン，フィトンチッド一杯の大自然の中でのサイクルスポーツは，日々疲れた体，心をリフレッシュさせ，明日の英気を養う[11]。

　しかし，このようなメリットがあっても，現在のクルマを中心としたまちづくりにおいては，自転車道整備の政策的なプライオリティは低い。自転車の有意義性を生かすためには行政がその有意義性を理解し，政策的に自転車道整備のプライオリティを高める必要がある。また，自転車は買物，通勤，通学等の時間を有効に活かすとともに，貴重な健康維持と病気予防の手段であること，医療費削減（高齢化社会を迎え），自助の足の確保，行政経費削減等に寄与することを認識する必要があるとしている。一方，デメリットとして，天候・勾配等の自然的条

147

件からの制約，事故時の脆弱性，自転車放置・ルール無視等の迷惑性など人為的な条件からの制約をあげている。天候などを除けば劣位な点は，近年の様々な施策や技術が進展することにより減少し，相対的な優位性は高まっている。これは自転車利用の発展性が高いことを示唆している。鉄道の利用客拡大を進めている鉄道事業者としては，サイクルトレイン，レンタサイクルの運用を拡大することが求められる。

## 第4節　サイクルトレインとレンタサイクル

　サイクルトレインとは，通常の自転車使用形態のまま鉄道車両に載せることができる列車のことである。ヨーロッパ等では多くの鉄道で自転車の持ち込みが可能になっており，それが一般的な風景である。駅まで自転車を車に乗せて来て，その自転車を列車に乗せ，降車駅からはまたその自転車に乗って目的地に行ける便利さがある。従来日本の鉄道では，車両内への自転車の持ち込みは禁止されてきたが，最近は自転車を持ち込める鉄道の数は増加している。JR も自転車の持ち込みについて弾力的な運用がされつつある。

　サイクルトレインはその目的や運行形態からみた上で，高野潤は，サイクルトレインを「毎日運行型」「休日型」「レジャー型」の 3 つに分類している。「毎日運行型」は平日，土日祝日を問わず，鉄道車両に自由に自転車が持ち込みできるものであるが，安全上の問題もあり，その運用は朝夕の通勤・通学ラッシュ時を除いたオフピーク時の運行であるところがほとんどである。さらには，予約制を導入しているところもあり，利用に制限がある場合が一般的である。ヨーロッパ等では常時自転車の持ち込みを可能としていることからみると，日本のサイクルトレイン文化は発展途上である。「休日型「レジャー型」では土日祝日および春夏冬休み期間のオフピーク時にサイクリングを楽しむことを可能にする。それは，休日などの特別な期間（不定期）に運行され，その利用のほとんどはサイクリング目的で，イベント列車として運行される場合が多い。これらについても予約制等その利用について制限を設けている例が多い。鉄道と自転車が共生するヨーロッパ型の自転車活用鉄道形態を追求していくことが期待される[12]。

サイクルトレインは，近年，ローカル鉄道の増収対策の一環として実施している例が増えているが，実施日・実施時間が平日の昼間や土日祝日などの利用の少ない時間帯に限定されている場合が多い。実施している路線であっても一部の駅では利用できない場合もある。また，運賃とは別に持ち込み料を収受する鉄道事業者と，持ち込み料を収受しない鉄道事業者がある。事前申し込みが必要な場合もある。これらの取扱いは鉄道事業者や路線によりそれぞれ異なっている。サイクルトレインはローカル鉄道の多くが取り入れている。その形態の中心は「休日・レジャー型」である。

　サイクルトレインはホームとの段差がない電車を中心に運行されており，段差があり，ワンマン運転で乗り降りに時間を要する内燃機関車（ディーゼル機関車）中心のローカル鉄道は毎日運行が非常に少ない。

　長良川鉄道では，予約制であるが，平日は関駅 8:36 発，美濃白鳥駅 10:08 着で，土日祝日は関駅 6:52 発，美濃白鳥駅 8:25 着でサイクルトレインを運行（平成 29 年度現在）している。この利用実績をみると，毎年増加しており平成 28 年度は 148 人と平成 26 年度（129 人）と比較して 19 人増加をしている。その利用曜日は土日祝日が中心（全体の 70% 程度）であるが平日利用も増加をしている。平成 29 年度も出足（4 月から 6 月）は順調で平成 26 年度より 26 人増加をしている。今後も人気化をしていくと予想される。

　サイクルトレイン運行の拡大要望は強いが，利用者の車両内での安全設備対策の面，コストパフォーマンス，人員配置可能性等の面から検討されているが難しい状況である。また，ママチャリ等日常的に利用する自転車の常時積み込み対応の要望もあるが，ホームと列車の段差の問題，駅構造上の問題（階段がある等），列車内の安全対策の問題，乗り降りに時間がかかる問題等があり，その対策が必要となる。一方，レンタサイクルは，従来，主として環境，省エネ対策の一環として行政が推進してきた。レンタサイクルは大きく分けると，「観光地型」と「日常生活移動型」の 2 つがある。長良川鉄道の沿線地域で言えば，観光地型は郡上市，美濃市，関市において，観光客が自転車に乗って観光スポットを巡るものである。一方，日常生活移動型は主に買い物，病院通い，通勤通学等に使われるも

**写真 9-1　サイクルトレイン・イベント列車**

出典：長良川鉄道提供写真（2012 年 7 月 20 日撮影）

ので，鉄道利用の前後の交通を補完する二次交通であるが利用は少ない。利用者は，自転車管理者によって良好にメンテナンスされた自転車に常に乗ることができるメリットがあるものの，利用者の体型や好みに合わせた自転車提供を受けることが困難である等の問題がある。レンタル側は，観光地型と日常生活移動型の特性を踏まえ，利用者の多面的なニーズに応じたサービス提供が求められる。

　自転車で街を散策，観光したい，ビジネスで企業を訪問したい，買い物をしたい，病院に行きたい等の鉄道利用者のニーズに対応して，長良川鉄道の有人駅に電動アシスト自転車が配置されている。このことは，通勤・通学の自動車利用から長良川鉄道利用への転換を図るとともに，沿線市町への観光客の誘導を図ることとなる。また，$CO_2$, $NOx$ 排出削減（自転車の $CO_2$, $NOx$ の走行速度別算定モデルから計算すると，例えば，走行速度 40km/時間の車が鉄道利用に転換された場合は，$CO_2$排出量は 46g/km/日，$NOx$ 排出量は 0.2g/km/日削減される）をも意図している。このように環境改善効果があることから，岐阜県（岐阜県公衆衛生

検査センター経由）には一時期電動アシスト自転車導入支援制度（100%補助）があり，長良川鉄道はそれを活用して電動アシスト自転車を美濃市駅，関駅に配置した。その2駅の利用者数は，平成23年度の169人から平成28年度には430人と増えている。

美濃市駅の利用目的状況（長良川鉄道による平成25年4月から平成25年9月の半年の電動アシスト自転車利用申込者の状況）をみると，その利用者は74人（利用者数は年々増加）で，その利用目的は観光・旅行が93%（図表9-2）とほとんどを占める。利用者の在住地は関東圏43%，関西19%等（図表9-1）であるが，関東圏の大部分は東京都在住者である。香港，オーストラリア，フランス等在住者の利用もある。

また，関駅の利用状況（長良川鉄道による平成25年4月から平成25年9月の半年の電動レンタサイクル申込者の利用状況）をみると，その利用者は60人で，その利用目的は観光・旅行が50%，ビジネス20%，通院12%となっている。ビジネス利用が多いのは，関市の産業特性（世界，全国の刃物バイヤーが来る刃物の街）を表している。利用者の在住地は沿線市町26%，関東圏18%，関西圏17%，名古屋市15%と居住地は分散している。

**図表 9-1　美濃市駅の電動アシスト自転車利用状況（居住地別）**

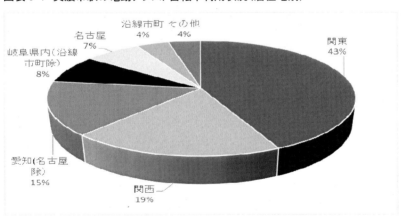

出典：長良川鉄道の電動アシスト自転車利用データ

図表 9-2　美濃市駅の電動アシスト自転車利用状況（利用目的別）

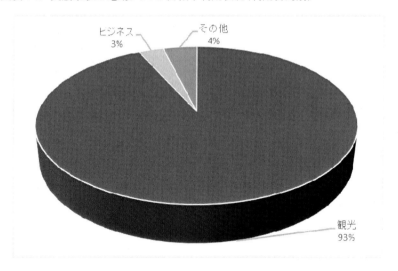

出典：長良川鉄道の電動アシスト自転車利用データ

図表 9-3　関市駅のレンタルサイクル利用状況（居住地別）

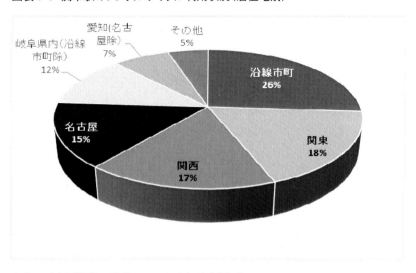

出典：長良川鉄道の電動アシスト自転車利用データ

**図表 9-4　関市駅の電動アシスト自転車利用状況（利用目的別）**

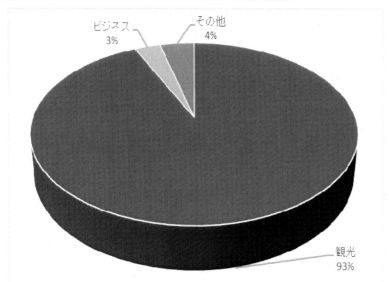

ビジスス
3%

その他
4%

観光
93%

出典：長良川鉄道の電動アシスト自転車利用データ


　これから日本においてもシェアリングエコノミーが本格化し，自転車のシェアーサービスが続々と誕生してくると予想され，鉄道会社もそれを意識した自転車シェアーサービスを検討していく必要がある。スマートフォンで近くの自転車を探し，スマートフォンで決済する時代が本格化すると予想される。

　2017年9月8日の『日本経済新聞（朝刊）』によると，ドコモ・バイクシェアは都内7区，横浜市，仙台市等で2011年から実証実験を進めている他，モバイク（中国企業）が2017年8月に日本市場に参入，オッフォ（中国企業）が2017年秋にも東京，大阪でサービス開始，メルカリも本格進出するとしている。今後，地方（既に，岡山市は「ものちゃり」を運用）においても自転車シェアは進んでいくと予想される[13]。

　以上が示すように美濃市・関駅の電動アシスト自転車の利用目的は，観光が中心である。

## 第5節　サイクルツーリズム推進の課題と対応（「サイクルシティ美濃」推進上の課題を踏まえて）

　長良川鉄道沿線の美濃市は，歴史，文化を「ゆっくり」「ゆったり」と味わえるスローライフを基本とした「真の豊かさ」実現のプロジェクトの一つとして「サイクルシティ美濃」の実現を目指している。サイクルシティ美濃とは，美濃市をスローライフ時代にふさわしい，自転車でも安全に走行できる道路を整備し，市民生活環境の向上及び美濃の川文化・山文化・里文化をサイクリングで楽しみながら地域の魅力を堪能する新しい観光の普及に努めることを目的として「自転車を活用した健康増進」「コ・モビリティ社会の実現」「自転車を活用して新しい観光の普及」「安心・安全な道路整備」「超高齢化社会に対応した公共交通機関の充実」を進めるとしている。この構想は街全体のリノベーションの一つの試みである。しかし，今の段階では，道の駅，和紙会館等にサイクルステーションを設置し観光客等に美濃市の街をゆっくりと散策させる手段として，また市民の病院へのアクセス等日常生活の移動手段としての活用が主目的となっている。

　「サイクルシティ美濃」推進会議の議論において浮上した具体的課題を整理すると概ね次のとおりである。

　走行前に感じた課題は，コースにどんなスポットがあるのか分からない，コースの属性案内がない，ガイド，コンシェルジェが欲しい，マップにトイレ表示がない，サイクルマップが置いてある場所が分からない，観光スポットはあるけどそれが明示，ストーリ化されていない，ショップのマップに統一性がない，女性の最初の準備の場（着替え等）がない，シャワー室があるか否か分からない，レンタル自転車の予約方法が分からない，自転車のハザードマップがない（カーナビだと警告してくれるものはある）等である。

　走行中に感じた課題は，安全なルートが確保されていない，安全な自転車道が未整備，道標がない，休憩場所がない，自販機設置が少ない，和紙の里会館のレンタルサイクルの場所が分からない，コース看板が分からない，レンタル自転車にナビ（ナビアプリ＋連携アプリ，ゲーム性，エアタグ）が付いてない，目的地への距離，時間が分からない，走行中にチャージ（電動アシストバッテリー，ス

マートフォン等の）ができない，景色を楽しめる工夫が不十分，コースの表記が不十分，駐輪スペースがない，ガイドマップの電子ペーパー化が進んでいないことである。

走行後に感じた課題は，サイクルイベントの運営体制が未整備，ターゲット別のコース設定が必要，美濃市のインフラとして自転車道の整備が必要，自転車のハザードマップ等安全な道の情報提供（サイクリングマップには多少掲載されているが）が必要，自転車修理屋のマップ表示が必要，サイクリストへのインセンティブ提供（レンタサイクルを使うと買い物などの特典）が必要，利便性を高める情報提供（トイレマップ，水分補給，自販機，空気入れ貸し場所等）が必要との課題があるとしている。また，完走の認定書があると良い，スタンプラリーのような楽しい工夫があると良い，達成感を味わう場があると良い，レンタサイクルの乗り捨て場があると良い，美濃市モデルの自転車があると良い等の希望もある。

サイクルツーリズムを推進していくためには，サイクルシティ美濃構想の実現会議から浮上した課題を踏まえて対応していくことが重要である。

鉄道業者のサイクルツーリズム推進の出発点は，サイクリング目的で駅まで自転車を搭載してクルマで来た人が車を駐車場（駐車環境の整備が必要）に置いて，サイクルトレインを利用して，観光地（目的地）ではどのような観光スポットを自転車で回遊するかなどのイメージの中で，走行空間の安全コースの情報提供，自転車利用者が満足できる感動の仕掛け等の設定が重要となる。自転車利用を拡大していくには，ハード，ソフトの条件整備，環境整備が必要であり，それを体系化することが求められる。

人々のサイクリングへの抵抗は，サイクリングをしたいと考えている人自身の条件が整っていないこと，例えば，自転車に乗れない，体力不足，病気で自転車に乗れない，乗りたくない等である。また，生活や社会条件が整っていない場合，例えば，自転車を楽しむ時間的余裕がない，スポーツタイプの高価な自転車を買う家計的な余裕がない等である。さらには，自転車環境条件が整っていない，例えば，自転車での道路通行が安全でない（交通事故の2割が自動車との接触事故），

道路に楽しさがない等である。これらの抵抗条件を解消する施策を進める必要がある。

　以上のような「サイクルシティ美濃」推進会議の議論の中でクローズアップされた課題への対応がサイクルツーリズムの発展には重要である。

自転車移動における最大の課題は，「安全な自転車道」がないことである。この整備を完璧に進めるためには莫大な財源を要し，このことを一気に進めることは財政の逼迫している地方公共団体にとって極めて困難であることから段階的な整備が現実的である。自転車道整備が進むまでは十分ではないがソフトでカバーしていくことが求められる。例えば，自転車道レーンの設置（レーン設置の道路幅があることが前提），自動車乗り入れ禁止区域の設定，子供の時から自転車マナー教育，自転車安全条例の制定，コースの属性案内，ガイド・コンシェルジェの設置，安全サイクルマップの提供，自動車走行が比較的少ないコース情報の提供等である。現在は IT の時代であり，ガイドマップの電子ペーパー化，自転車にナビ情報をリアルタイムで提供できるシステムを構築していく必要がある。

　仲間が欲しい人（一人で自転車を楽しむ人は多いが）には自転車愛好サークルをデータベース化し，その情報を提供すること等が求められる。サイクルトレイン愛好者，レンタサイクル利用者等の了解が得られれば，その情報を広く提供すれば自転車仲間の輪は広がる。最近は，仲間もリアルの仲間づくりだけでなく，Facebook，ブログ等を利用したバーチャルな仲間づくりが急速に進んでいる。自転車に GPS を設置して，その位置情報をリアルタイムで共有していくバーチャルな仲間づくりもその一つである。このことは，安全な自転車移動空間の情報提供機能を果たすことにもなる。

　自転車を愛用する人はビギナーからマニアまで幅が広い。マニアは自分自身で楽しみを演出することができるが，ビギナーは楽しみ方が分からない。そこには楽しむことができる自転車プログラムを用意することが求められる。例えば，ファミリーで楽しむことができる自転車プログラムづくり，楽しいスポーツ感覚の自転車教室（オリンピックゴールドメダリスト等自転車競技のトップアスリートからのレッスン），ステップアップする私的自転車資格認定プログラム，凸凹自

転車競技大会開催，河原での自転車競技大会開催，自転車を楽しむ沿道景観演出〈人間の五感を楽しむ仕掛け，例えば，四季の花（桜・紅葉等），香り（金木せん，ラベンダー等），せせらぎの音，風鈴，小鳥のさえずり，実のなる樹木の植栽等の演出〉等である。また，旧板取村のバイクトライアルイベントも楽しみを演出する有効な手段である。また，北海道占冠村のトマトの収穫体験を組み込んだサイクルイベントの開催，宮崎県西都市の女性限定の神社などのパワースポットを巡る（座禅も組み入れて）サイクルイベント等も参考となる。

　サイクルツーリズム推進には，サイクルトレインの利用拡大も大きなテーマである。サイクルトレインへの参加の動機は，自転車で郡上（上流）から下りてきたかったから，自分の自転車を鉄道に乗せてみたかったから，友人等に誘われたから，家族と自転車を楽しみたかったから，自転車イベントの内容が面白そうだったから，自転車好きの人と会えるから等である。サイクルトレイン参加者を拡大していくには，参加したいと思わせる環境づくりが重要である。また，それへの参加ニーズがあっても，サイクルトレインの存在を知らない人が多い。その存在を知らしめ，参加意識を持たせるプロモーションが必要である。サイクルトレイン参加者は，基本的には自転車愛好者である。その人たちが集まるスポーツ自転車店へのチラシ配布，ソーシャルネットワーク（Facebook，ブログ等），ホームページの活用等が求められる。そこには，消費者の購買行動モデルであるAIDMA の法則（「**Attention** （注意）」→「**Interest** （関心）」→「**Desire** （欲求）」→「**Memory** （記憶）」→「**Action** （行動）」）や，AISAS の法則（「**Attention**（注意）」→「**Interest**（関心）」→「**Search** （検索）」→「**Action** （行動）」→「**Share** （共有）」」等を踏まえたプロモーション戦略が必要である。

　また，自転車愛好者の裾野拡大の観点から新たな愛好者を創出していくことも必要となる。個人にメリットがあることを具体的にイメージできるようにアピール，例えば，筋力，持久力，瞬発力，バランス力，心肺機能の強化，生活習慣予防，医療費の縮減等の健康機能や，愛好者同士の助け合い，相手を思う優しさ，先を見通す力，リーダーシップ等の教育機能や，交流人口の増大，地域での消費拡大，地場産品の販売拡大，雇用の増大等のまちづくり効果，経済効果があるこ

とを具体的にイメージできるように数値等を活用してアピール（効果の見える化）することが重要となる。さらには，サイクリストへの情報（自転車修理屋・病院，ショップ一覧，自転車ハザードマップ等）をタイムリーに提供していくことが必要となる。

　ハード面でいうと，列車内の自転車固定装置の設置，駅等で自転車を解体・組み立てできるスペース確保，メンテナンス工具の設置，更衣室やコインシャワー室の整備，サイクリストの自動車駐車場確保，列車とホームの段差解消，駅のスロープ化等の対応が求められる。

　マイナスイオン，オゾン，フィトンチッドが一杯の大自然の中を走るサイクルツーリズムの魅力，機能，楽しさ等を如何にして情報発信するかが大きな課題となっている。サイクルツーリズムに魅力を感じる女性も多く，さわやかな風を受けて走るサイクルツーリズムを最近は恰好いいと感じる人が多い。癒し空間の中でのスポーツは精神的なリフレッシュを図ることができ，そこでのスポーツは人と人の絆を強くし，当然として体力アップにもつながる。四季を忘れた現代人にとって，そこには感動があり，驚きがあり，楽しみがある。これを体験した人によるSNS（ブログ，Facebook等），口コミ等で情報発信していくことが有効と考えられる。また，マスメディアが記事にしたくなるようなサイクルツーリズム企画が重要になるが，郡上市のような中山間地域，長良川鉄道では，そのノウハウが少なく，専門機関，アウトドアスポーツ，サイクルスポーツ関連組織等からのノウハウ提供が求められる。

　原田（2016）によると，スポーツツーリズムはスポーツで人を動かす仕組みづくりを意味し，地域でその仕組みを動かす専門の組織と人材が必要となり，それがスポーツコミッションであるという。アメリカではスポーツ大会を誘致するスポーツコミッションが民間会社や非営利組織で運営され，その会員数は2015年時点で727ある。日本でも日本スポーツツーリズム推進機構が司令塔となり地域のスポーツコミッション設立を支援し，2018年5月段階で地域スポーツコミッションは，さいたま市スポーツコミッション（2011年に日本で始めて設立），清流の国ぎふスポーツコミッション，佐賀県スポーツコミッション等78ある。し

かし，サイクルスポーツに特化した組織としては，一般社団法人日本サイクルツーリズム協会が 2017 年に設立され，地域においては北海道サイクルツーリズム推進協会，青森県サイクルツーリズム推進協議会、小豆島サイクルツーリズム推進協会等が現存するが非常に少なく，その組織整備が必要である。特に，中山間地域，過疎地域においてサイクルツーリズム推進の組織整備が求められる。それと同時に，サイクルツーリズムを担う人材育成（戦略的マーケッター）が必要となる[14]。

　戦略なきサイクルツーリズム展開には限界がある。サイクルツーリズムの対象者をセグメントして，そのターゲットごとに差別化，ポジショニングを進めることができる戦略的マーケッターが必要となるが，その人材が不足している。特に，中山間地域においてはそれが顕著である。その育成が大きな課題である。また，サイクルツーリズムの対象者の潜在的ニーズ，行動を理解し，より良いサイクルツーリズム展開の環境を構築していく人材育成が課題となる。

## 第 6 節　小括

　サイクルツーリズムを始め，日本ではアウトドアスポーツはまだまだマイナーなスポーツであるが，欧米では人気スポーツの一つである。日本でも大自然の中でのスポーツは徐々にではあるが，今後脚光を浴びていくと考えられ，それに向けてのハード・ソフト両面の整備が求められる。また，スポーツツーリズムはグローバルに展開がされており，それを意識しての整備が必要となる。スポーツツーリズムは観光立国戦略の一つになっており，日本全体でアウトドアスポーツ，サイクルスポーツ展開が進めば，その裾野は拡がっていくものと考える。このスポーツが盛んになれば中山間地域では活性化にもつながり，過疎化の歯止めにも，また崩壊しつつあるコミュニティの再生にも繋がる。

　鉄道とサイクルツーリズムの関係は，現時点において日本の自転車文化が成熟していないこと，鉄道にとって自転車は規制の対象に過ぎないこと，それとの関係づくりの十分なノウハウを持っていないこと等から十分な相互の連携が行われていない状況である。しかし，鉄道会社にとって自転車利用が高まる中，自転

車に関する事業を積極的に行っていくことは得策であると思慮される。サイクルトレイン運行等による収入確保のみならず，長良川鉄道ファンの拡大，レンタサイクル事業の新たな事業展開等へと発展していく可能性は高い。これは地域を元気にする事業であり，他事業と組み合わせて，自転車利用者，地域に歓迎される事業にブラッシュアップをしていくことが重要である。例えば，サイクルツーリズムと医療ツーリズム，エコツーリズム等と融合したニューツーリズムの展開も必要になってくる。

## 注

1 工藤・野川（2002），183-192 頁。
2 原田（2016），134 頁。
3 原田・木村（2009），33-34 頁。
4 政策のあり方に関する調査報告書 2003（自転車社会学会）https://www.cyclists.jp/about/pdf/report2003.pdf#search（最終アクセス 2020 年 1 月 6 日）
5 安全で快適な自転車利用環境創出の促進に関する検討委員会「自転車ネットワーク計画策定の早期進展」と「安全な自転車通行空間の早期確保」に向けた提言 https://www.mlit.go.jp/road/ir/ir-council/cyclists/pdf5/proposal.pdf（最終アクセス 2020 年 1 月 6 日）
6 自転車産業振興協会　自転車生産動態・輸出入統計 https://www.jbpi.or.jp/statistics_pdf/pdexim2016.pdf（最終アクセス 2020 年 1 月 6 日）
7 公益財団法人笹川スポーツ財団（2016），76-78 頁。
8 古倉（2013），4-8 頁。
9 東北大学大学院医学系研究科公衆衛生学分野「歩行時間と医療費との関連について」https://www.pbhealth.med.tohoku.ac.jp/node/286　（最終アクセス 2020 年 1 月 6 日）
10 高石・中村（2009），43-55 頁。
11 シマノ株式会社「サイクリンググッド vol7（電子版）」https://bike.shimano.com/content/dam/productsite/shimano/pdf/VOL7.pdf（最終アクセス 2020 年 1 月 6 日）
12 高野潤「自転車と鉄道の相互利用環境の整備」『交通運輸情報プロジェクトレビュー12』https://jre.sfc.keio.ac.jp/review12/ronbun/takano.pdf（最終アクセス 2020 年 1 月 6 日）
13 『日本経済新聞』2017 年 9 月 8 日朝刊
14 原田（2016），152-178 頁。

# 第10章　長良川鉄道のブランド化

## 第1節　はじめに

　鄙びた農山村地域を走るローカル鉄道，特に旧国鉄の廃止路線を引き継いだ第三セクター鉄道の大多数は毎年多額の損失を出し青息吐息の状態である。ローカル鉄道沿線の市町村の人口は右肩下がりで減少し，それに伴って学生，高齢者等交通弱者の利用も減少し，第三セクター鉄道発足当時の大きな使命（交通弱者の移動手段の確保）は薄らぎつつある感はあるが，依然としてその使命は大きい。

　第三セクター鉄道が存続するためのキーワードは「ブランド」であると考える。第三セクター鉄道それぞれが，そのミッション，理念，スタンス，内容，行動等を顧客（乗客）に伝え，受け入れられ，さらには継続的改善が進められることによりブランドは形成されていく。沿線市町村の地域資源を生かした企画商品の開発，乗ることが目的になる列車の導入等は第三セクター鉄道のブランド化のプロセスの一つである。鉄道のブランド化で成功を収めているのはJR九州である。JR九州は列車，駅舎等のデザイン化，サービスの付加価値化で観光鉄道としてブランド化され，多くのファンを集めている。しかし，ブランド化で成功している地域鉄道は数少なく，筆者らの頭に即浮かぶのは，黒部渓谷鉄道，大井川鉄道，伊豆箱根鉄道，伊豆急行，富士急行，江ノ島電鉄，和歌山電鉄である。思い浮かぶ第三セクター鉄道になると殆どなく，あえていえば，わたらせ渓谷鉄道，真岡鉄道，いすみ鉄道である。わたらせ渓谷鉄道はトロッコ列車（沿線の景観を楽しむ）で，真岡鉄道はSL列車でブランド化が進められている。

　鉄道のブランド化は鉄道の差別化であり，その差別化には個々鉄道の優れた経営資源，地域資源が関わってくる。その強みを生かして鉄道の付加価値化を進め，質の高いサービスを顧客（乗客）に提供していくことが求められる。いすみ鉄道の鳥塚元社長は「ローカル鉄道はブランド化に適している」と語り，ローカル鉄道の弱み（列車本数が少ない）を強み（希少性ゆえにそこに行かないと体験できない）に変え，そこにストーリをつくり「昭和の国鉄列車」「ムーミン列車」を運行し，ローカル鉄道を観光鉄道としてブランド化を進めた。

長良川鉄道に目をむけると，この鉄道の強みは清流長良川のそよ風を受けながら走る鉄道であり，スローライフ時代に相応しく「トコトコ」とゆっくり，のんびりと走り，人と人の牧歌的な会話が行き交う鉄道，言い換えれば「ぬくもり列車」（昭和 30 年代の風情を再現）である。この「ぬくもり列車」に魂を吹き込み，物語性を付与し，ブラシュアップし，付加価値化を図り，ブランド化を進めていく必要がある。以下，その可能性について考察する。

## 第 2 節　ブランドとは

　ブランドとは何かと聞かれると，真っ先に頭の中に浮かぶのが，ニナリッチ，エルメス，ルイ・ビトン，グッチ，ダンヒル等の高級ブランドである。日本製品でもレクサス，クラウン，インフィニティ，アキュラ等の車や，山田錦，コシヒカリ，ハツシモ等の米や，木曽ヒノキ，長良スギ等木材など，そのレベルは違うがブランド製品は多い。会社がブランドになっている場合も多く，その代表例はトヨタ，日産，ホンダ，キャノン，ソニー，任天堂，ユニクロ，帝国ホテル等である。具体的なブランド製品名，ブランド会社名は直ぐに頭の中に浮かぶが，ブランドを定義しろといわれるとなかなか難しい。

　小川（2002）によれば，ブランドとは「自社商品を他メーカーから容易に区別するためのシンボル，マーク，デザイン，名前などを指す」[1]，ブランディングとは「競合商品に対して自社商品に優位性を与えるような，長期的な商品イメージの創造活動」[2] としている。

　しかし，鉄道業は物づくりではなく，その商品はサービスである。サービスの特殊性である「無形性」「非分離性（同時性）」「消滅性」「非貯蔵性」「非同質性」を踏まえたブランド化戦略が求められる。「無形性」に対してはキャラクター，ロゴマーク，デザイン，制服のデザイン等で有形化，視覚化すること，「非分離性」「消滅性」「非貯蔵性」に対しては顧客（乗客）の集中化を調整する仕組みづくり（例えば予約制度）をすること，「非同質性」に対しては乗客サービスマニュアルの作成，従業員の接客研修等でサービス提供の同質化，システム化を図ること等である[3]。

鉄道にとってブランドの意義は，固定客（ファン）を確保し長期的な顧客（乗客）確保ができること，ブランドを持つことにより鉄道会社のイメージを高めることができること，乗客から信頼性（乗客サービスの保証），評判性の確保ができることなどである。魅力あるブランド（移動手段以上の付加価値，社会的価値がある）は運賃維持ができ，会社経営安定に繋がるのみならず，事業の多角化（観光業，土産品販売等）の可能性も拡がる。鉄道会社はブランドによってイメージアップされるのではなく，顧客（乗客）に対して高いサービスを提供しようとする鉄道会社のミッション，理念，スタンス，内容，行動，プロセス等が伝わった時にブランドは光輝きだすことを忘れてはいけない。

　ブランドの役割は「標識性」「保証性」「意味性」といわれるが，今日においては意味性（物語性）が重要とされている。必要性より面白いとか，かわいいとか，楽しいとかが重要視されている[4]。鉄道に置き換えれば，移動手段だけでなく，その列車に乗ることがステータスになったり，乗ることにより安らぎ感，ワクワク感，満足感を覚えたりすることができる列車づくりが重要となる。

　ブランドとは一朝一夕で出来るものではない。それ相応の時間が必要となる。鉄道会社は時間をかけてゆっくりと，顧客（乗客）との信頼関係を構築すると同時に，地域との関係にも意（特にローカル鉄道は重要）を注いでいく必要がある。ブランド価値の時間的流れは，ある顧客（乗客）が列車に乗り，そこから得られたベネフィット（満足）を実感し，繰り返し列車に乗ってみたいと思わせることからブランド価値が生まれる。口コミ等でブランドのファンが増え，社会的価値，認知度が高まり，それにより顧客（乗客）が乗数的に拡がっていく仕組みを構築していく必要がある。そのキーワードは「差別化」である。長良川鉄道でいえば，そのキーワードは「温もり」「昭和時代（30年代）」「清流長良川」（同業，他業種との差別化が可能）である。

　鉄道サービスの特性については上記で述べたところであるが，鉄道サービスは乗ってみないと分からないゆえに，事前に違いを認識することは相当に難しい。しかし，それを可能にするのが「ブランド」である。ブランディングとは「競合サービスに対して自社サービスに優位性を与えるような，長期的なサービスイメ

ージの創造活動」であり，それは「鉄道の認知度を高め，顧客が好ましい連想を抱き，生涯，鉄道のファンになってもらう」ことである。首藤（2010）が述べるようにブランディングの最終目標「企業が顧客に対して提供する価値を明確にし，顧客の期待に応え続けることができる企業と顧客との長期的に揺るぎない精神的な関係（絆）」を如何に構築するかである。そこには「顧客と従業員の関係づくり」「質の高い従業員」「顧客が満足できる空間演出」「顧客サービスが満足できるサービスプロセス」を構築していくことが求められる[5]。

　長良川鉄道のブランディングのステップアップをフローチャートにすると，以下の図になる。その基本的目標は特定の顧客（乗客）満足・生涯の長良川鉄道ファンづくりを進め，経営の安定化を図ることである。


**図表 10-1　長良川鉄道としては**

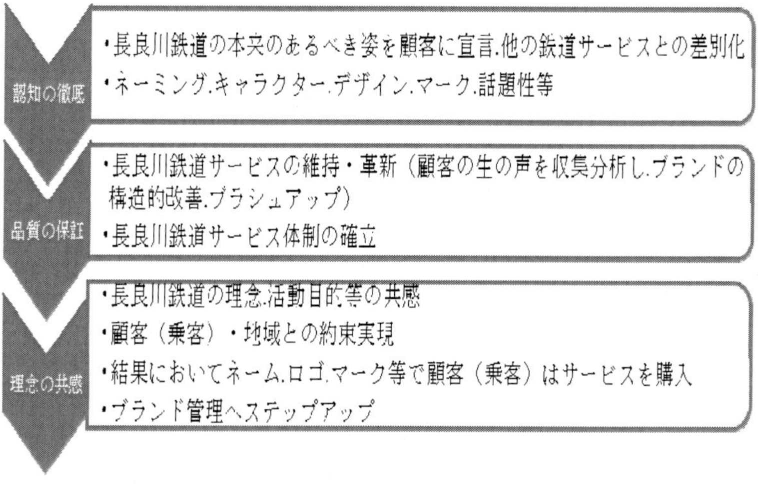

認知の徹底
・長良川鉄道の本来のあるべき姿を顧客に宣言.他の鉄道サービスとの差別化
・ネーミング.キャラクター.デザイン.マーク.話題性等

品質の保証
・長良川鉄道サービスの維持・革新（顧客の生の声を収集分析し.ブランドの構造的改善.ブラシュアップ）
・長良川鉄道サービス体制の確立

理念の共感
・長良川鉄道の理念.活動目的等の共感
・顧客（乗客）・地域との約束実現
・結果においてネーム.ロゴ.マーク等で顧客（乗客）はサービスを購入
・ブランド管理へステップアップ

廣川（2003），75 頁を参考に作成。


## 第 3 節　ブランディングが成功している鉄道

　ブランディングで成功している世界の鉄道は，第 6 章「長良川鉄道の観光化」の第 3 節「世界を代表する鉄道の状況」で挙げた鉄道である。

**図表 10-2　顧客（乗客）としては**

| | |
|---|---|
| **選択の自由** | ・有名.知っている（五感を通じてブランドを認知.記憶）<br>・選択自由の幅.選択手順の省力化 |
| **期待品質の確保** | ・期待を裏切らない<br>・期待以上の利用経験の蓄積 |
| **共感の醸成** | ・長良川鉄道へのロイヤリティ.ファン.口コミPR<br>・自己実現の手段.コミュニケーション.意味性 |

廣川（2003），75 頁を参考に作成


　スイス鉄道は，一つ一つの鉄道がその特性を生かしブランディングを進めると同時に，スイスにある鉄道全体でブランディングを進め，さらには，それを国（スイス）が後押しているとことが成功のポイントといえる。また，スイスの鉄道会社，従業員は，観光立国スイスとしての意識が高く，毎日客車の窓ガラス拭きや清掃も丹念に行い，車内は非常に清潔で快適な空間づくりがされている。従業員も鉄道会社のミッション，理念，スタンス等を確りと理解し，高いモチベーションを持ち，そのブランド維持をしていることに成功のポイントがある。個別の鉄道でいえば，「氷河急行」の列車は全車両パノラマ展望列車で，そのデザインはイタリアのピニン・ファリナ（フェラーリのデザイナー）が行い，また，全車両が需要に応じてアンティークなダイニングカーに変身できる特性を備えるなど列車の魅力づくり，言い換えればブランディングに努力していることである[6]。

　また，オーストラリアのキュランダ観光鉄道は，鉄道に乗らないと熱帯雨林の世界遺産を観ることができないことがブランドになっている[7]。ペルーの世界遺産クスコとマチュピチュ（インカの空中都市）を結ぶ「ハイラム・ビンガム号」

（地勢が厳しく道路はない）も同類である。また，この鉄道は蛇がトレードマークであるが，この鉄道の特性，特徴を明確にマーク化していることである[8]。

　また，カナダのハドソン・ベイ号のキャッチフレーズは，「車窓からオーロラが見えるかも知れない」ということであり，ファンタジックでロマンを感じる鉄道としての魅力，特徴をキャッチフレーズで明確化にしてブランディングしている[9]。

　また，アメリカのウイリアムズ（駅前ではカウボーイショー）からグランドキャニオンを結ぶ「グランドキャニオン鉄道」（グランドキャニオンは絶景，列車の中にカーボーイが乗り込んでくるパフォーマンスも）等がある。地域特性を前面に出して鉄道のブランディングが進められているところに成功のポイントがある[10]。

　世界の観光鉄道は，他では味わえない，そこにしかないビューポイントへのアプローチに工夫がされている。観光地とマッチしたデザインの列車運行，他で味わえない食事（食堂車で），フォト場所（駅）では短時間の停車，車窓からの景色が楽しめる場所では超ゆっくりとした運転，駅・列車内での地域の歴史文化パフォーマンス等地道な展開がされている。また，観光資源を守る観点等からビューポイントへのアクセスは鉄道が独占（車の乗り入れ禁止，鉄道しか交通手段がない等）している[11]。

　ブランディングで成功している日本の鉄道は，第6章「長良川鉄道の観光化」の第4節「日本を代表する鉄道の状況」で挙げた鉄道である。

　JR九州は「感性的価値」を高めて，若者，女性が鉄道の存在を思い起こし，鉄道に乗ってみようという気にさせることであり，かっこいいデザイン，話題性のある車両イメージづくり（意味性を高める）を基本としたデザイン戦略（当初は抵抗勢力があったが）を経営に取り込んだ。列車を従来の鉄道屋のデザインから本物のデザインにしようと，水戸岡鋭治先生にデザインを依頼した。水戸岡鋭治氏の鉄道デザインは，地域の風景，風情にマッチし，かつ斬新的かつ大胆で観光客に強烈な印象を与え，鉄道自体が観光の対象となった[12]。

　また，鉄道のデザインだけでなく，そこで働く従業員の制服，車内ワゴン車，

販売グッズまでがデザインの対象になり，多くの人に「一度乗ってみようか」との気を起こさせる。さらには，列車のネーミングにも配慮がされている。また，今までの鉄道の「利用者」という発想から「お客様」という発想に転換し，駅においても降りた利用者はできるだけ「早くそこから立ち去って欲しい」発想から「出来るだけ長く駅に留まって欲しい」発想に転換する等 JR 九州においては徹底した「お客様本意」の事業展開，言い換えれば，サービスの品質保証（ブランド価値維持）に日々努力していることである。JR 九州の成功のポイントは，会社のミッション，理念，スタンス等をデザインにより表現したこと，従業員が会社のミッション，理念，スタンス等を理解して，それをサービスの中で具現化したことである[13]。

「大井川鉄道の SL」は，SL を通して鉄道をブランドディングしている。この鉄道は車窓から桜の花見ができる全国でも数少ない鉄道であるとして有名である。この鉄道は，多くの人の憧れ，特に子供に人気の SL 列車を全国に先駆けて運行し，「車窓から花見ができる」をキャッチフレーズに，ブランドンディングを進めてきたことに成功のポイントがある。最近は機関車トーマスでブランド力を高めている[14]。

「嵯峨野観光鉄道」の最大の成功ポイントはこの鉄道を残そうという従業員の強い意志と地道な日々の努力である。ブランドづくりの基本は現場の職員であるといわれるが，そのことの重要性を物語っている。観光鉄道というコンセプトの下に，職員が自主的に桜，紅葉等を植樹する取り組みは「物語性」が高く，この鉄道のブランド化に大きく貢献している。また，京都のロケーション（地域ブランド）にマッチしたトロッコ列車の導入もこの鉄道のブランド化に相乗効果をもたらしている。最近は，冬の風物詩にもなっているストーブ列車を運行している。今までのブランド戦略と相まって，嵯峨野観光鉄道のブランド力は高まっている[15]。

「黒部渓谷鉄道」の人気の秘密は，人がなかなか踏み入れない絶景の渓谷の中を鉄道が走ることである。成功のポイントは地域特性を最大限に生かして，車との「差別化」を図り，列車に乗らないと体感できない場面づくりをしていること

である[16]。

　以上，世界，日本の観光鉄道のブランド化成功のポイントを述べてきたが，そこから浮かんでくるキーワードは，「従業員の主体性」「そこでしか味わえない，場・こと・物・食での差別化」「地域とタイアップしたブランドづくり」「鉄道の魅力，特徴の有形化」「メディア，著名人等を活用したブランドの浸透」である。

## 第4節　長良川鉄道のブランド形成

　鉄道のブランドイメージに一番影響を与えるのは，顧客に直接サービスを提供する従業員（運転士・駅員）である。鉄道業は，従業員や時，場所によって，サービスの質に差が出る。不愉快な扱いを従業員から受けた時，その鉄道を嫌いになり二度と利用したくないと思う顧客（乗客）が殆どである。鉄道業は従業員への評価そのものが会社の評価につながる。評価を高めるためには，鉄道サービスの同質化（ロケーションが変わっても顧客が満足できるサービス）が必要であり，そのためには鉄道サービスの標準化（マニュアル化，ルール化）が必要となる。しかし，画一的なサービスでは顧客（乗客）はワクワク感，感動等が得られない。これは結果において失望感につながることになる。サービスの質を如何に高めるかが大きな課題である。

　理念，ビジョン等で美辞麗句をならべられても，職員から受ける実際のサービスが，それとかけ離れていれは悪い印象を顧客（乗客）は持つことになる。長良川鉄道のミッション，理念，スタンス等の職員への周知徹底，マナー実践研修会の開催，感動を高めるサービスのマニュアル化等が必要となる。鉄道経営にとって，職員は経営に大きな影響を及ぼすと同時に，経営の大部分を占めるといっても良い。鉄道経営にとって「職員は城であり，砦であり，堀」である。経営者と職員の協働作業が経営である。

　鉄道サービスは「無形」である。人は形のないものの選択を避ける傾向があり，無形のままでは，顧客（乗客）は頭の中に長良川鉄道ブランドのイメージを描きにくい現実を踏まえて，長良川鉄道は自社の情報をなるべく有形化，可視化して顧客（乗客）に提供し，ブランド価値を高めていく必要がある。例えば，ブラン

ド理念が「ノスタルジックな雰囲気の中で顧客（乗客）一人一人が人の温もりを感じる接客」であれば，こだわりの背景，日々の接客の工夫，従業員の接客に対する意気込み，姿等をビジュアル化してホームページ，SNS 等で常に情報発信していく必要がある。また，デザイン化されたシンボルマーク，シンボルカラー，ゆるキャラ，キャッチフレーズ等を常に顧客（乗客）に情報発信していくことは，顧客（乗客）の長良川鉄道のブランドイメージ形成に有効である。

　乗客は高いお金（長良川鉄道の運賃は JR 東海の約 2 倍）を出す限り，それ以上のベネフィット（満足・価値）を得たいと考える。しかし，鉄道サービスは無形性ゆえに利用前に比較検討しにくいのが現状である。顧客（乗客）の新規開拓には，既に，長良川鉄道に乗って，そのサービスを体験し，サービスの良さを実感している顧客（乗客）の口コミは高い説得力があり情報発信力がある。高額の予算を使って，新聞，テレビ等で広告宣伝をしても，それの費用対効果，周知範囲，周知回数は限られ，必ずしも有効には機能しない。一番の効果は，既存の顧客（乗客）を大事にして長良川鉄道ファンを一人でも多くつくり，そのファンが新しい顧客を呼び込む仕組みを構築していくことである。また，効果が高いのは報道機関が記事，ニュース，特集として取り上げられることである。そのことはブランドを高めることに繋がる。常に報道機関に取り上げられる工夫が求められる。長良川鉄道は，　マスメディアに観光列車「ながら」（水戸岡鋭治氏個人のブランド力効果が影響）が大々的に取り上げられたことにより，ブランド力を高めている。

　山口（2008）によれば，ベアーズは，「ブランド構築は経営そのものである」と考えており，ブランド形成のための哲学として「ブランド構築は表面的な PR やマーケティングの領域ではなく，組織の能力として捉えなければならない」とし，組織能力はターゲットや市場環境によって逐次変化するものではなく，変化に応じて適切な手法を導き出すための土台のようなものである。ブランドは，様々な顧客の認知の集合体として形成される。つまり，様々な認知が積み重なってできるものである。このことを踏まえると，ブランド形成とは，一過性の認知度の向上を狙ったものではなく，よい認知を積み重ねて好循環を生み出すことで

あると言える。長良川鉄道ブランドを確立していくためにはゆっくりと時間をかけ，全組織をあげて，評価が高まる情報発信（上辺ではない）を日々続けると同時に，顧客（乗客）から満足が得られるような良質のサービスを提供していくことが必要である[17]。

## 第5節　長良川鉄道のブランド形成の現状と課題

　ブランディングの原点は職員との共感性を如何に構築できるかである。その手段の一つが職員研修である。現在の職員研修は，職員と協働して会社の理念等を具体化する研修にはなっていない。しかし，今，若い職員が自主的に駅の美化・清掃，癒しの空間づくり，親切運動，一声運動等を進めている。この若い職員を中心としたグループは長良川鉄道ブランド形成の大きな力になると確信している。特に，トイレの状況は長良川鉄道のイメージ（評価）を大きく左右することから，会社独自で清掃に力を入れているが，時間外の自主的な職員によるトイレの清掃活動は長良川鉄道のブランド価値維持に大きく貢献している。

　ブランディングの職員研修の意味は，会社のミッション，理念，目標等を顧客接点の現場レベルで具現化してサービス業務に反映させることにある。グループで討議し，提案できるゼミ方式を積極的に取り入れ，その提案が会社のブランディングにフィードバックされる仕組みづくりが課題となる。提案の内容がステークホルダー（顧客，地域，行政等）に受け入れられるか否かを評価し，その評価を会社のブランドづくりへフィードバックしていく仕組みづくり（良い提案については報奨金を出すなどの工夫）をしていくことが求められる。職員の経営への参加は職員の仕事へのモチベーションを高め，会社への顧客（乗客）からのクレームについても速やかな対応を可能にする。このことは会社のブランド価値を高めることになる。現在，労働組合と長良川鉄道の持続ある発展を目的にして経営協議会を設け，原則として四半期ごとに定期的に開催することとされているが，機能していないのが現状である。今は労使が対立している時代ではなく（特に，第三セクターの場合は），両者が協働して顧客（乗客）から信頼と共感が得られる会社，言い換えれば，ブランド価値が確認できる会社づくりが求められる。

もちろん，ブランドづくりのイロハである職員のマナー研修は外部講師を招き，時々，樽見鉄道，明知鉄道，養老鉄道と共同（協議会設置）して行っている。研修だけで職員のマナー向上が確立できるとは思っていないが，不可欠な研修である。

　長良川鉄道は，都会の競争社会で疲れた体，心をリフレッシュする空間（「心のふるさと」を体感できる空間）である。これが長良川鉄道の強みであり，魅力である。これを見える化することが長良川鉄道のブランド力を上げる。その一歩として，冬の長良川鉄道の風情を楽しんでいただく「うな釜こたつ列車」（2017年まで）を走らせていた。この列車はこたつの中に入り，関市のウナギ有名店（しげ吉）の「うな釜」を食しながら，長良川鉄道の風情を楽しんでいただく企画である。昭和の香りがする列車（開業時に導入）の車窓から雪景色を楽しみ，みかんを食べ，地域の名産の「うな釜」を食しながら，家族の絆づくりや友達との語らい，そこで始めて会った人との思い出づくりの旅は長良川鉄道のロングテールのブランド商品になるのではないかと期待していた。このこたつ列車は，従業員の手作り（大工出身の運転士が炬燵を製作，会社の出費は 10 万円程度である。これは従業員による会社の理念等の具体化の協働作業であり，ブランド形成の一環である）である。今後も「昭和」にこだわり昭和 30 年代の風情（蓄音器，ブラウン管テレビ，駄菓子，おとき御膳，またぎ料理等）の演出づくりをトータル（列車，駅，沿線）に進めていくことが求められる

　清流長良川の落ちアユを長良川のそよ風を感じながら自然風景の中で食す「アユ列車」や，男も女も外国人も袖触れ合うのも多少の縁と，周りの目も憚ることなく踊り明かす，夏の風物詩の郡上盆踊りを楽しむ「踊り列車」も長良川鉄道ブランド商品になっている。また，昭和時代を体感できる長良川鉄道づくりとして，美並刈安駅に薪ストーブが設置されている他，昭和 30 年代の人の温もりを「語り部」を通じて列車の中で感じることができる人の絆づくり（「ALWAYS 三丁目の夕日」に映し出されるようなほのぼのとした人間関係）を進めているが，ブランドにまでには至っていない。

　さらには，「長良川鉄道が元気になれば，地域が元気になる」をモットーに，

「地域に愛される長良川鉄道」，「何度も乗ってみたい長良川鉄道」，「自慢できる長良川鉄道」，「温もりとやすらぎを感じる鉄道」づくりを進めている。しかし，それらを車両デザイン，制服，ロゴマーク，キャラクター等への具現化が遅れている。長良川鉄道のアイデンティティをビジュアル化していくことが今後の課題となる。また，昭和時代の息づかいを肌で感じる列車づくりも大きな課題である。その一歩が観光列車「ながら」である。

　長良川鉄道の認知度はまだ低い。沿線地域及びその周辺においてはそれなりの認知度があるが，沿線地域から一歩外にでると，関東，関西，愛知県，名古屋市は言うに及ばず，岐阜県内においてもその認知度は低い。これでは，レジャー行動等の一つとして顧客（乗客）から長良川鉄道が選択される可能性は低い。長良川鉄道の情報発信力が大きな課題である。

　現在，新聞，テレビ，旅行雑誌等（パブリシティとして）を活用した情報発信，ホームページ，ブログ，Facebook 等で全国へ情報発信を進めている。Facebook による情報発信においては，Facebook のプロモーション国内事例のサイトで取り上げられ，好評をいただいており，コメント欄には「懐かしい」「親近感がわく」「歴史を感じますね」「四季折々の景観写真はいいね」などの書き込みが多数みられ，共感やそれぞれの思いを喚起させている。平成 25 年 3 月（始めてから 10 カ月）に，Facebook における長良川鉄道ファンは 1,000 人を超え，それを記念してファンの集いイベントを 4 月に開催した。徐々にではあるが長良川鉄道の知名度も上がると期待している。これからは口コミの効果を狙った展開や SNS の活用，有名人（ボランティアで）参加のイベント展開，アニメの活用等での情報発信，ロゴ，デザイン，キャラクター等の制作を通して認知度を高めていくことが求められる。

## 第 6 節　長良川鉄道のブランド形成に向けた対応

　従業員の仕事の中で長良川鉄道の理念，経営方針，スタンス等が具体化されて始めて長良川鉄道のブランド化が進む。長良川鉄道の理念，経営方針等の具現化に向けて経営者とリーダー的職員が車座で話し合い，長良川鉄道ブランドを作り

上げていく必要がある。また，そのリーダーが体験を通して一般職員を指導していく体制づくりも必要となる。もちろん，指導スタイルも「叱る」「注意」するから「褒める」「バックアップする」を中心としたものにしていく必要がある。これらのことはマニュアルを整備することで足りるという意見もあるが，マニュアルが全てではない。それを基本としながら，現場の状況に応じて各従業員が一番良いとする方法で対応（オペレーション）し，その過程の中で体験したことをマニュアルに常にフィードバックしていく仕組みづくりが求められる。

　ディズニーランドでは「教育とは気づきであり，知識や技術を教えることではない」とし，仕事をしながら気づいたことを積み重ね，それを有効に活用できる環境をつくっている。特に，ホスピタリティサービスを実践する意識を植え付ける様々なシステム開発が重要とし，そのシステムは理論と現場での検証のバランスを重視している。サービス業である弱小な長良川鉄道においても同じことが言え，OJT 教育強化が必要となる。また，これらの実施には，従業員評価が不可欠であり，その導入が必要となる[18]。

　長良川鉄道の強みは，長良川のそよ風を受けながらトコトコと走る鉄道，昭和30 年代の風情が残る牧歌的な鉄道，人と人のコミュニケーションが自然にできることであり，その強みを活かしていくことが重要である。その一つとして，SLを走らせたらという提案が多々寄せられるが，復元に数億円を必要とし，それが走るインフラ整備（まくら木，レール整備等）に数十億円，維持費に毎年数千万円必要とされ，会社の体力からいって現実的ではない。

　会社の体力を踏まえ，強みを生かしていくには「観光列車」が現実的である。観光列車「ながら」は長良川鉄道のブランド力を上げ，経営安定化に寄与している。長良川鉄道が顧客（乗客）から認知されなければ，長良川鉄道のブランド化は進まない。顧客（乗客）は五感を通じてブランドを認知，記憶（言葉やデザインによるイメージを通して記憶）する。この展開のために膨大な広告費用をかけてもその効果は薄い。長良川鉄道のミッション，理念，スタンス，魅力，強みを長良川鉄道ファン，NPO，地域住民等と具現化（企画列車運行，マーク，デザイン等）し，その具現化したものを長良川鉄道ファン等の口コミ，SNS で沿線地域，

県外等に広げていくことが早道である。顧客（乗客）は階段を踏んでファンになる。この特性を踏まえながら，時間をかけてじっくりとブランド化を進めていくことが重要である。

　また，マスメディア（報道機関）を通して長良川鉄道のブランド化を図ることも有効な手段である。そのためには，常に話題性，ニュース性を提供していく必要がある。長良川鉄道のような第三セクター鉄道は公的色彩が強く，マスメディア（報道機関）が取り扱ってくれる可能性は高く，マスメディア（報道機関）との連携を強めていく必要がある。人々のマスメディア（報道機関）に対する信頼性は高く，そこを通した展開は有効に機能する。もちろん，ブランド化を進めるためには，多様な顧客（乗客）の満足のために，顧客（乗客）の期待品質の確保に日夜，努力していくことは言うまでない。

### 第7節　小括

　長良川鉄道のブランド化は，一朝一夕にできるものではない。ブランド化は長い時間と日々の価値維持の地道な努力が必要となる。特に，長良川鉄道は物づくりではなく，サービス業であることの認識の中で進める必要がある。長良川鉄道が第三セクターである特徴，言い換えれば，地域と不可分の関係にあり，地域との協働の中で長良川鉄道のブランド化を進めることが求められる。ことのことは長良川鉄道の強みでもある。その特性を生かした今後のブランド戦略が課題となる。

────────────────

注
1　小川（2002），15 頁。
2　小川（2002），15 頁。
3　サービスの特性については，高橋他（2012），199-202 頁を参照にした。
4　廣川（2003），38-45 頁。
5　首藤明敏「AD　STUDIES」Vol, 32（2010）16 頁。
6　櫻井（2008），26-52 頁。
7　櫻井（2008），218-227 頁。
8　櫻井（2008），264 頁，265 頁。
9　櫻井（2008），242 頁，243 頁。
10　櫻井（2008），244-259 頁。

[11] 櫻井 (2007), 36-41 頁, 250-253 頁, 櫻井 (2008), 218-227 頁, 244-259 頁を参考に作成した。
[12] 石井 (2007), 98 頁。
[13] 石井 (2007), 98 頁。
[14] 櫻井 (2007), 222-225 頁。
[15] 櫻井 (2007), 250-253 頁。
[16] 櫻井 (2007), 240-242 頁。
[17] 山口高弘「サービス業におけるブランド形成の極意」日経ビジネスオンライン (2008) (最終アクセス 2020 年 1 月 6 日)。
[18] 小松田 (2012), 219-236 頁。

# 第11章　長良川鉄道と貨客混載輸送

## 第1節　はじめに

　少子高齢化等を背景として，中山間地域では過疎化が進み，このような地域では物流の効率が低下する一方，車を運転できない者（特に，高齢者）の増加に伴い日用品の宅配などの生活支援サービス等のニーズは高まっていることをうけ，国土交通省では規制を緩和して，貨客混載制度を打ち出した。

　貨客混載とは，荷物と人を一緒に運ぶことを意味し，飛行機等で既にこのサービスが実施されている他，最近では鉄道，バスにおいても実施が可能となっている。少し前の制度においては，貨物車（鉄道），トラックは荷物を輸送する業務，旅客鉄道，バスは客（人）を運ぶ業務として明確に区分（一部の例外を除いて）されていた。貨客混載が実施されることにより，移動手段の効率化が進み $CO_2$ の削減，トラック運転手の確保難の解消，さらには過疎地の住民は交通手段の選択の幅が広がり，生活の利便性が拡大する。

　長良川鉄道においても，$CO_2$ 削減の流れの中で，モーダルシフトへの対応として，宅配業者と連携して貨客混載輸送導入を図った。これは，最近注目されているシェアリングエコノミーの一形態であり，長良川鉄道の経営改善，地域活性化にも寄与すると考える。

　鉄道分野においては，既に，ヤマト運輸が京福電鉄と「嵐電」を利用した宅配便輸送を 2011 年 5 月から運用を開始している。その当時の問題意識は，環境負荷の削減だった。京福電鉄にしても，「京都議定書」を採択した京都に本社を置く企業として，環境保全の推進がテーマだったという。しかし，今は，宅配業者のドライバー不足，労働強化等への対応，言い換えれば，働き方改革への対応である。また，和歌山電鉄の貴志川線において宅配輸送が行われている。さらには，北越急行と佐川急便において，乗客と宅配便を同一の鉄道車両で輸送する「貨客混載列車」の試験運行が 2016 年 11 月 8 日，ほくほく線のうらがわら駅（新潟県上越市）から六日町駅間（南魚沼市）で行われ，平成 29 年の春から本格的に運用されている。貨客混載列車は全国的に拡大している。

しかし，第190回衆議院国土交通省委員会における津村委員の質問に対する石井大臣の答弁においては，鉄道はまだこれからとしている。

## 第2節　鉄道におけるシェアリングエコノミー

今，シェアリングエコノミーが注目されているが，車両の乗客による共同利用ということでいえば，既に昔から行われている。小荷物貨物輸送でいえば，旅客用の鉄道車両を使った小規模な荷物輸送は，多くの鉄道路線で行われていたが，トラック輸送の普及などにより鉄道荷物輸送は衰退し，最近は新聞輸送が一部の鉄道路線で行われるだけとなっていた。長良川鉄道では新聞輸送を行っていたが，それも廃止している。

人々の消費行動は，単独所有から共同利用に変化している。この仕組みは，車，自転車，駐車場，民泊等で活用がされている。コンサルティング会社「プライスウォーターハウスクーパース（PwC）」によると，2013年に約150億ドルだったシェアリングエコノミー市場規模は，2025年には約3350億ドル規模に達する見込みとしている。また，矢野経済研究所「シェアリングエコノミー（共有経済）市場に関する調査結果2015」によると2014年度の国内市場規模は232億7,600万円（前年度比134.7%）としている。今後も，市場の拡大はさらに加速していくと見られている[1]。

シェア文化が定着すると，人々の価値観やライフスタイル，仕事の形態は大きく変化していくと同時に，今後その規模は益々拡大していくと予測される。アメリカのバーモント州では路線ルートとライドシェアを組み合わせた柔軟な輸送を提供している。日本においてもライドシェアリングが本格的に実施（安倍総理大臣は第16回国家戦略特別区域諮問会議において「過疎地域等での観光客の交通手段として自家用車の活用の拡大」と発言）できれば，中山間地域を走る鉄道のシームレスな二次交通確保という課題が解消でき，鉄道利用も拡大すると思われる。このことは，過疎地域の移動困難者の解消にもつながる。

また，ソウルにおいては，シェアリングシティ・ソウルを標榜して，公的資産の市民との共有化，公共インフラ投資の削減等が進められている。これにより，

市民と行政の信頼関係が醸成されているという。シェアリングエコノミーは，信頼（供給者の能力を事前に品質保証できるか）がベースで，今，余裕のあるヒト，モノ，資源等を必要としている人に貸与することから成り立っている[2]。

　鉄道においてこの仕組みを当てはめる時は，先ず，鉄道において余っている資産は何か，その資産を必要としている人は誰かの掘り起こしが必要となる。中山間地域を走る鉄道においては，昼間，夜間の乗客が少なく，空気を載せて走っていると揶揄されていることから，その時間帯の車両は一部遊休しているといえる。また，駅においても乗降客が少なく，余裕スペースが多い。これらの遊休資産の借り手は，乗降客が少ないことから需要は小さい。しかし，ネット通販が急速に伸び，それを運ぶ宅配業者にニーズが発生している。昼間時間帯に宅配荷物を鉄道で運ぶニーズである。宅配業者はドライバー不足からサービスの限界が来ているという。車から鉄道へというモーダルシフトが進みつつある。また，駅においても，再配達サービスの限界から，荷物の受け渡しができる宅配ボックスの設置需要も高くなっていくと推測される。

## 第3節　国における鉄道の貨客混載支援等

　国土交通省では，日本全体のCO$_2$排出量の約2割を運輸部門から排出されていること，さらに3分の1以上をトラック等の物流関係が占めていることから物流分野のCO$_2$排出削減・抑制対策を進めることが重要であること，さらには，近年深刻化する運輸業界の労働力不足対策として，旅客鉄道を活用した新たな物流システムの構築を進めていくとされている。その推進のために，平成28年10月1日物流総合効率化法の一部改正が施行された。その法律に基づき，鉄道会社や物流業者等の連携による取り組みを支援するとされ，旅客鉄道を活用した新たな物流システムの構築により，CO$_2$の削減，トラックドライバー不足対策，定時性・スピード性に優れた貨物輸送を実現するとしている。その推進支援として，鉄軌道事業者または物流事業者に対して，旅客鉄道を活用した貨物輸送の設備導入（補助対象：車両改造経費，垂直式・階段式等の貨物搬送装置，牽引車・フォークリフト等）補助（補助率3分の1）がされる他，新たな物流効率化のための計

画に基づき取得した事業用資産について，固定資産税の特例措置期限付きで講じられている。さらには，改正物流総合効率化法に基づく総合効率化計画の策定のための調査事業支援（定額補助），認定を受けた総合効率化計画に基づき実施するモーダルシフト，幹線集約化の初年度の運行経費支援（事業費の2分の1限度）がある。また，宅配の再配達削減の対策として，駅等のオープン型宅配ボックスの導入支援（平成29年度から令和3年度まで事業費の2分の1補助）が進められるほか，訪日外国人旅行者受け入れ環境整備事業（通称てぶら観光）として，手荷物集荷場整備・機能強化経費に対しても支援（事業費の3分の1補助）がされる。

## 第4節　貨客混載導入のメリット，デメリット

　貨客混載は鉄道業者にとってメリットばかりではない。デメリットもある。メリットしては，鉄道経営改善の期待，利用客が少ない時間帯の列車の有効活用，駅の活用への期待であり，デメリットとしては，荷物の固定のための投資が必要（ラーシングベルト等の設置），荷物運搬に人的サポートが必要である。

　また，荷物運送業者のメリットとしては，鉄道経営への貢献，列車の有効活用，$CO^2$と排気ガスの排出量が削減できる，トラックによる交通渋滞が緩和（過疎地域には当てはまらない可能性があるが）される，長距離輸送でコストを抑えられる，輸送量に対してトラックのドライバーが少人数で対応でき，運転手確保難の解消，長距離運転の疲労解消等につながることである。デメリットしては，輸送の速度がトラックに比べると遅い場合がある，天候や鉄道事故の影響を受けやすい，トラックに比べると運送時間や頻度に融通がきかない。近・中距離輸送や荷量が少ない場合では，コストが割高となる，積み替え，積み下ろしの場所や費用が必要となること等である。

## 第5節　貨客混載導入事例

　本格的な旅客鉄道における国内1号は，京福電鉄である。京福電鉄はヤマト運輸とコラボし，平成23年5月から西院車庫から嵐山までの5.8kmをヤマト運輸

の宅配荷物を運搬している。ヤマト運輸は，貨客混載運行開始前においてはヤマト運輸の物流ターミナルから営業所へ大型トラックで宅配荷物を輸送して，そこから2トントラック等に積み替えて配達を行っていたのを，京福電鉄の路面電車を1両借り切り，集配用コンテナを搭載した台車を電車に積み込み輸送し，各駅（天神川，蚕ノ社，有栖川，嵯峨等）で台車を降ろし，そのままリヤカー付き電動自転車に荷物を移して，集配を行っている。ヤマト運輸とコラボに至った背景を京福電鉄鉄道部は「京福電鉄と宅急便電車を運行することになった背景には，京都独特のまちの構造がある。京都は古い家屋が残っている歴史ある街ですが，そのために道路も昔のまま細く狭くなっている。そうした道路事情もあってトラックで配達することが難しい地域である。特に京福沿線は路地のような小さな道が多いので，電車と台車とを組み合わせた配送の方が効率的である。また，ヤマト運輸は$CO_2$の削減に取り組んでいるから，環境面からもトラックをできるだけ使用しない方針がある。そうした点から，宅急便電車が誕生した」と語っている[3]。

　また，北越急行ほくほく線において佐川急便と北越急行がコラボし，平成28年11月に，うらがわら駅から六日町駅まで46.8km貨客混載の実証試験が行われ平成29年4月から両駅から相互1運行/日で本格実施されている。「貨客混載列車」（夜間の列車）は，越後湯沢19時53分発～直江津21時12分着と直江津20時44分発～六日町21時48分着の上下計2本。いずれも途中の六日町～うらがわら間のみ宅配荷物を運ぶ。佐川急便の六日町営業所から六日町駅までと，うらがわら駅から佐川急便上越営業所まではトラックで運ぶ。六日町・うらがわら両駅の停車時間は所定ダイヤで3分確保されており，トラックから列車への積替えに対応している。土曜・休日は荷物輸送を行わない[4]。

　さらには，東京メトロ有楽町線・東武東上線において，平成28年9月9日から10月15日まで計10回実証実験が行われた。実証実験の目的は，各工程の所要時間・人員数，安全確保のための人員配置，作業の効率性や機器の安全性。施設・設備等の必要性と規模，旅客輸送への影響等を把握し，旅客鉄道による貨物輸送の可能性の検証がされた。実証実験は，2パターンで行われた。1つは，拠

点間輸送（新木場車両基地から和光車両基地間 28.3km，和光車両基地と森林公園基地間 40.1km）であり，もう一方は，拠点と駅間輸送（新木場車両基地から新富町駅，銀座，有楽町の全長 7.1km の各駅で荷物を降ろし，地上部へ輸送）である[5]。

　また，北海道にある佐川急便稚内営業所から幌延町の各配達先への宅配貨物の一部を，JR 北海道 宗谷線「稚内駅」において旅客列車に積み込んで「幌延駅」まで輸送し，幌延町の各配達先へはタクシーを活用して物流の効率化（貨客混載）を図る。2019 年 4 月 18 日から運行開始されている[6]。

## 第6節　長良川鉄道の貨客混載導入

　少子化の中で長良川鉄道は，空気を運ぶ鉄道と揶揄されている。しかし，学生，高齢者等交通弱者の輸送手段としてなくてはならない存在であり，長良川鉄道にはそれを維持していく経営基盤の強化が求められる。その観点から，現在長良川鉄道では観光誘客に努めているが，その視点だけでなく，社会経済環境の変化に即応した施策展開も求められる。その一つが，$CO_2$削減の流れの中で，モーダルシフトへの対応として，宅配業者と連携して貨客混載輸送導入を図ることとした。大手の宅配業者は，手ぶら観光，観案内，多言語対応ツールの導入等インバウンド対応にも力を入れており，観光という視点での連携も検討していく。

　長良川鉄道株式会社とヤマトホールディングス傘下のヤマト運輸株式会社（東京都中央区：代表取締役社長：長尾 裕）は，平成 29 年 11 月に，岐阜県関市の関駅と郡上市の美並苅安の区間で，鉄道を利用して乗客と宅急便を混載して運ぶ「客貨混載」の実証実験を行ない，セールスドライバーの労働環境の改善や環境負荷の軽減などの効果検証，乗客と貨物を混載する際の安全性の確保といった課題への検討を実施した。

　運行時間帯は，客の少ない時間帯（1009 列車・13 時 16 分関駅発）で実証実験を行った。列車内の荷物運搬のための場所は，身障者対応スペースで対応（ベルトで荷物ボックスを固定する方法で実施した。身障者が乗車する場合には人的に対応することとした。実証実験の結果，セールスドライバーの 1 日の走行距離が

約24km削減し，運転時間の削減や夜間の業務の圧縮により1日あたり約2時間の時間削減効果が得られ，$CO_2$の排出量を抑えることで環境負荷の軽減にも一定の効果が見られた。また，乗客がいる状態であっても，作業の安全性を十分に確保することができたことから，両社は2月21日より，関駅13:16発→美並苅安13:55着（片道のみ）で，全国で初めて，鉄道にヤマト運輸の社員が同乗せず無人で乗客と宅急便を混載する「客貨混載」を開始した。

　長良川鉄道の貨客混載のメリットとしては，車両内の空きスペースで宅急便を輸送することで，新たな収入源を確保ができることである。

　将来的には，運行時刻とヤマト運輸の配送時刻との調整ができれば，車両1両全部を宅配輸送列車とすることも検討していく。さらには，3つ星街道PJ＋昇竜道PJ，手ぶら観光の共同展開を検討していく。

**写真 11-1　長良川鉄道における「客貨混載」**

長良川鉄道提供写真（2018年3月1日撮影・貨客混載列車）

### 第7節　小括

　貨客混載事業は始まったばかりで将来の展望が見えにくい面があるが，時代は所有から共同利用の時代に入っており，その拡大が期待される。しかし，貨客混

載事業をやり始めた事業者の多くがそれを取りやめたとも聞く。事業が一度失敗すると，その復活に多くのエネルギーを要する。行政の全面的なバックアップが期待される。

---

## 注

[1] 宣伝会議 編集部（2015）
https://www.advertimes.com/20151216/article212750/（最終アクセス 2020 年 1 月 6 日）

[2] チョン・ソンウ「ソウル市の共有都市宣言－提唱から 5 年」（2018）参照
https://nortonsafe.search.ask.com/web（最終アクセス 2020 年 1 月 6 日）

[3] NEWS ポストセブン（2017）
https://www.news-postseven.com/archives/20170115_484312.html/3（最終アクセス 2020 年 1 月 6 日）

[4] RESPONSE（2017）参照
https://response.jp/article/2017/04/18/293658.html（最終アクセス 2020 年 1 月 6 日）

[5] RESPONSE（2016）
https://response.jp/article/2016/08/29/280833.html（最終アクセス 2020 年 1 月 6 日）

[6] 国土交通省報道・広報（2019）
https://www.mlit.go.jp/report/press/20190416_SGW_JRH.html（最終アクセス 2020 年 1 月 6 日）

# 第12章　長良川鉄道における連携・協働・協力

## 第1節　はじめに

　中山間地域の交通を守るには，交通業者のみの頑張りでは限界がある。行政，地域の主体的な頑張りなくしては不可能である。

　長良川鉄道の生い立ちをみると，越美南線（旧国鉄）が特定地方交通線（赤字ローカル線）として廃止対象路線とされてから，越美南線問題対策協議会において「地域の足」確保のために「鉄道」を存続させるか，「バス」に転換するかの議論がされ，鉄道として存続することが決定された。その後「乗って残そう」の合言葉のもとに，沿線市町の民間団体で組織された長良川鉄道協力会が設立され，乗客拡大運動や駅の花木植栽，草刈り，広報活動等が進められてきた。また，行政と市民をメンバーとした長良川鉄道市民連絡協議会が設立され長良川鉄道の市民鉄道化が進められてきた。これらの組織は開業以来のメンバーを中心とした組織であり，その活動は低下（メンバーの高齢化，組織の形骸化等）してきている。また，国，地方公共団体等の財政はひっ迫し，長良川鉄道への支援も厳しくなっている。

　一方，最近のNPO等住民セクターの活動は目を見張るものがあり，住民セクターに大きな期待がかかる。従来の公・私の二元的概念だけでは社会経済は議論できなくなっている。そこに出てきたのが「新しい公共」概念である。本来，長良川鉄道は株式会社であり「私」のジャンルに分類されるが，長良川鉄道は，公が50％以上を出資し，旧国有鉄道が経営していた越美南線（経営破綻）を引き継いだものであり，その使命は「地域住民の移動手段の確保」である。その意味合いは，限りなく「公」の概念に近いものがある。長良川鉄道の存在意義，使命等から考え，形態は違うが沿線市町の行政の一部（公共交通，福祉，まちづくり等）を担っているといっても過言ではない。

　しかし，長良川鉄道は株式会社であり赤字解消の義務があり，特に経費の約7割を占める人件費の削減（職員数を旧国有鉄道時代の3分の1程度に削減）に努め，一定の効果は現れているが，企画開発をする職員が不足し，なかなか「攻め」

の経営ができないのが現状である。長良川鉄道が攻めの経営を進めるためには，質・量両面からの人の確保が不可欠であるが，会社で確保することは不可能に近い。そこで期待されるのが NPO 等の新しい公共セクターである。また，新しい公共セクターばかりでなく，行政，大学，企業，民間人（芸能人，地域住民等）との協働も必要である。

　長良川鉄道としては右肩下がりの経営を座して見ているのではなく，新しい公共セクター等との協働に活路を見出していくことが求められ，以下にその取り組み状況等を記す。


## 第2節　地域協働とは

　近年，市民協働に代表されるように，地域づくり，環境対策，福祉対策等で「協働」という言葉が使われている。従来は「参加」という言葉が多く使われていた。「参加」とは，主体が行政活動等に加わることを意味し，その言葉には自主性，主体性の意味合いが弱く，応援団的色彩が強い。これからの地域づくりは，スタンドから応援していた人がグランドに降りて主催者（行政等）と一緒に協働でプレー（戦略的パートナ）することが求められる。「協働」とは，さいたま市の市民活動及び協働の推進条例（2007）によれば「市及び市民活動団体が，地域または社会における共通の目的の実現及び共通の課題の解決に向けて，対等な立場で連携を図りながら協力して事業を行うこと」[1]としている。他市町村のこの類の条例をみても「協働」についてほぼ同様の定義をしている。この定義によれば，協働は住民が参加する組織（NPO 等市民団体）と行政との関係を意味し，組織と組織の関係ということになる。

　地域協働についての定義について，総務省の「分権型社会における自治体経営の刷新戦略―新しい公共空間の形成を目指して」（2005）によれば「一定の地域を前提として，そこに存在する住民が参画している多様な主体が，当該地域が必要としている公共的サービスの提供を協力して行う状態」としている。その形態は，住民組織中心の活動を行政，企業がサポートするものや，行政，企業活動の一部を住民組織が担うものまで多様である[2]。

185

ここでは，協働の定義を「長良川鉄道及び地域，住民活動団体，企業等が，地域住民の移動手段確保，地域活性化に向けて，対等な立場で連携を図りながら協力して事業を行うこと」として議論を展開したい。長良川鉄道はNPO等を下請け的に利用する発想では地域協働は成立しないし，またNPO等の自己主張のために，権威づけのために長良川鉄道が利用されることも問題である。そこには対等原則，自主性尊重の原則，自立化の原則，相互理解の原則，目的共有の原則を両者が十分認識する必要がある。協働事業については，計画初期の段階から話し合い，協働プランを練り上げ，それを実施する協働のスキームを創っていくことが重要である。そのことが長期的「協働」の基本であり，それがないと双方に不満だけが溜まることになる。

### 第3節　地域協働・参加で再生した鉄道

　全国的にみて，地域協働・参加が実質的に機能している鉄道は，廃線寸前になり地域住民が立ちあがり存続された鉄道或いは一度廃線になった路線が地域住民の力で再生された鉄道である。この復活，存続は行政主導ではなく，地域住民主体であることである。以下，代表的な鉄道の状況を概観する。

　先ず，和歌山電鉄貴志川線である。和歌山電鉄貴志川線は南海電気鉄道が運行していたが，年々利用者が減少したため南海電気鉄道は貴志川線から撤退を表明した。地域住民等は存続を熱望し「貴志川線の未来をつくる会」等の各種の市民団体が設立され，和歌山電鉄貴志川線の存続と支援活動を行っている。この会は，沿線マップ作成，駅清掃，花壇管理，存続要望活動を行っている[3]。

　この他，「和歌山市民ネットワーク」に所属している有識者は貴志川線存続意義と費用対効果分析を行うなど支援活動を進めている。また，和歌山電鉄では組織内に，行政職員，市民団体，企業団体，沿線高校の校長，生徒会長等をメンバーとした運営委員会を設立し，利用促進策やサービス改善策等を行うなど鉄道事業に大きく関与している。その組織の具体的な活動内容は，猫の「たま」の駅長就任式主催，「たま」の駅長グッズの開発，川柳電車の運行，駅イルミネーションの設置，駅舎ペンキ塗り大会・クイズラリー大会等年間50以上のイベント開

催，「いちご電車」「たま電車」導入整備のためのサポーター・寄付金募集，沿線住民のニーズ調査等である。これらの活動が功を奏し，利用客減少に歯止めがかかっている。成功の要因は，貴志川線を存続させるという強い住民の熱意と鉄道再生に向けた継続的な取り組みである[4]。

　次に，上田電鉄（株）別所線である。別所線は，観光地の別所温泉と上田駅の間を約30分で走るローカル列車で，旧上田交通の鉄道で唯一残る鉄道路線である。この路線に廃止論が浮上し，平成17年2月にその存続を目的とした「別所線再生支援協議会」（関係25団体で組織）が設立され，「乗って残そう」をキャッチフレーズに協議会内に3つのチーム（安全運行・経営改善対策チーム，通勤・通学・日常生活利用促進対策チーム，観光・イベント・沿線活性化チーム）を組織し，各種の活動を行っている。その活動内容は，自治会回数券（有効期限1年）の配布，パーク＆ライド駐車場の整備，画家である原田泰治氏デザインのラッピング列車の導入，各種のイベント開催（電車貸切ライブ，写真撮影会等），PRチラシの配布等である。別所線の成功要因は，上田市，鉄道事業者，市民団体の三位一体体制が形式的でなく実質的に機能している点，公的支援に対する住民との合意形成ができていることによると考える[5]。

　次いで，えちぜん鉄道である。えちぜん鉄道は，旧京福電鉄が平成12年12月，平成13年6月に衝突事故を起こし運行停止になり，経営的に再建は困難と判断され，廃線となったが，それから2年以上たってから，住民は大切なものを失った（廃線による地域経済の低迷，観光客の減少，商店街の衰退等）と気づき，電車を再生させようという市民運動により再生された。この市民運動は，福井県議会議員，連合自治会長等有力者を巻き込んでネットワーク化されたことが成功要因である[6]。

　再生のために，鉄道会社は地域とのコミュニケーションを高める手段として切符自動販売機を廃止しアテンダントが電車に乗務，えち鉄サポーターズクラブ（会員は約3,000人強）等の設立，清掃・花壇管理ボランティア育成，切符を見せると映画・温泉割引等の施策を実施するなど，常に客のニーズを把握し，スピーディにその対応を図っている。そこには，地域住民のえちぜん鉄道存続の熱望

だけでなく，鉄道会社の地域サービスの情熱が感じられる。両輪が機能したことにより始めて，一度廃線になった鉄道の再生が可能になったことを痛感する[7]。

## 第4節　長良川鉄道と地域協働の試み

　現在，長良川鉄道支援のための組織として，沿線市町に「長良川鉄道協力会」がある他「長良川鉄道市民連絡協議会」（市民鉄道実現のための協議機関）がある。その市民連絡協議会において平成24年3月に長良川鉄道活性化計画が策定されたが，それを誰が実行するかの問題（本来的には長良川鉄道が実行主体となるべきであるがその機能は弱い）が提起され，「長良川鉄道や従来の支援組織では計画実現行動機能は弱く，NPOのような組織と協働する必要がある」とメンバーから提案があった。従来，長良川鉄道利用促進のために，それぞれの主体（地域住民，行政，各種団体等）が長良川鉄道を個別に応援してきたが，実行性，主体性は弱い。各主体が情報を共有しつつ，連携・協力しながら主体的に利用促進に取り組むことが期待される。今までは，行政が長良川鉄道活性化の中核となっていたが，これからは地域住民が中核（組織化されたNPO等が好ましい）となった名実共の市民鉄道経営協働体の出現が期待される中，沿線市町のNPO等が連携・協力して長良川鉄道沿線応援団NGT2（協働プレイヤー）が設立され，ここが今後の長良川鉄道活性化の中核となることになった。ここに至る発端となったのは，関市の市民団体であるNPOのせき・まちづくり「ぶうめらん」[8]との協働が始まりである。

　長良川鉄道沿線応援団NGT2が設立されることになるまでの長良川鉄道と，せき・まちづくり「ぶうめらん」と協働して進めてきた長良川鉄道活性化事業を紹介する。

　平成23年10月に長良川鉄道とNPO「ぶうめらん」は，長良川鉄道を活かすシンポジウムとワークショップを開催した。そこには沿線市町以外からも長良川鉄道の存続を熱望するメンバーが多数参加した。そこで出された主なアイディア，提案（グループ分けして議論をしたため提案に重複がある他，実現不可能な奇想天外なアイディアがある）は以下のとおりである。

長良川鉄道には乗ってみたくなるような列車づくりが求められる。その観点からの提案は以下のとおりである。

　見どころスポット列車（湯の洞温泉口～郡上八幡間の景勝地で徐行する「ゆらーり眺めて清流列車」を毎日上り・下り各1本運行中），駅前居酒屋列車，トロッコ列車の復活，トロッコならぬコースター列車，子どもだけで乗れる列車，落書き列車，ラッセル乗車体験（夏場に企画実施），深夜列車（ミッドナイトローカル線），走る居酒屋列車（既にビール列車は運行），ゆるキャラ列車，ショータイム列車（車内でヒーローショー・ファッションショー等），ガイド付き列車（現在は必要に応じてアテンダントが乗車），アフリカンバス方式列車，サイクリング列車（現在は予約制で運行），車内が真黒な列車（プラネタリウム・ランタンで星空等の演出），クリスマス・七夕・バレンタイン等の日に開催する合コン列車（平成23年11月に実施して1組カップルが，また鉄コンを平成24年7月7日実施して2組のカップルが成立），語り部列車（平成24年5月から郡上市在住の遠藤氏による語り部列車を運行），ミステリー列車，デマンド列車（時刻表なし・ローカル線ならではという意見があるが，鉄道の特殊性から実現は困難），どこでも乗車・下車可能列車，ゆるキャラが毎月特定の日に乗車する列車（時々，長良川鉄道公式応援団長「ぶぅ」，沿線市町のキャラクターが乗車）等の提案があった。

　さらには，列車のデザイン化を進めるため，列車のペインティングデザインコンテスト，デザイナーの水戸岡鋭治氏に列車デザイン依頼（観光列車「ながら」で実現），オシャレな駅づくり（郡上八幡駅で実現）等の提案もあった。また，「日本一」をイメージした列車づくりとして，バスの部品をいっぱい使った「レールバス列車」といった奇抜なアイディアもあったが，話題性はあるが実用的ではないという意見があった。

　地域の魅力を活かしたイベント企画グループからの提案は，長良川鉄道は従来守りの経営を続けてきた。目まぐるしく変化する時代においては守りのみでは長良川鉄道の存続は困難である。長良川鉄道の強みを生かした攻めの経営が求められる。攻めの経営は守りをカバーして余りある。長良川鉄道で「あっ！」と思っ

たことは長良川鉄道の魅力であり，強みである。例えば，田舎臭さ，沿線の景観の美しさ（駅に草があっても絵になること），「みなみ子宝の湯」が列車に乗れば200円で入湯，母袋・しらお・石徹白などのファミリー向けスキー場が沿線にあること，登録有形文化財である転車台（蒸気機関車の向きを手動で向きを変える）の存在，恐竜ロボットを製作している会社があること等である。これらの地域の魅力を活かした話題性のあるイベント開催をすべきとし，次のような提案があった。

　スキーリフト業者と提携してリフト券を買うと子どもの列車運賃無料キャンペーン，鉄橋で徐行し「愛を叫ぶ」的なイベント，ラフティングとタイアップした列車企画，恐竜ツアー（夏場に企画実施），鉄道歴史遺産めぐりツアー，紙（美濃和紙）と惟然（松尾芭蕉の弟子）のコラボで俳句列車企画，駅発ハイキング（美濃〜大和の美しさ満喫，北濃〜石徹白自然食材探し等），スキー除雪車に乗れるイベント，沿線見どころ3Dマップ作成等である。

　次いで，今までとは違う視点・異なる付加価値づけグループからの提案は，長良川鉄道は沿線住民の中でも交通弱者といわれる高齢者，高校生の足の確保に存在意義があるが，昼間の運行本数は1時間に1本程度，また自宅から駅まで，駅から目的地までの利便性も悪い状況である。こうした中で，通学の列車利用は右肩下がりで毎年5%以上減少している。この状況が続くと長良川鉄道の存在意義が問われ，廃線ということにもなる。長良川鉄道の従来の価値（安心安全な移動手段の確保）の再認識と新しい存在価値（シンボル機能，地域活性化機能，コミュニティ機能，子どもの社会性育成機能等）を見出していく必要がある。

　また，鉄道を地域のシンボルとして位置づけると同時に，駅舎，列車等を文化財として，イベントの場として，学習の場として，ライフスタイルを見直す機会（ゆったりとした時間を楽しむことが長良川鉄道ライフ）として，心の癒し空間として位置づける等である。

　次いで，外の人が騒ぐ仕掛けづくりグループからの提案は，マスメディア（新聞，テレビ，雑誌等），Twitter, Facebook, ブログを活用し，長良川鉄道の四季折々の魅力，感動，話題性のあるイベント等を常に発信する他，乗客に長良川鉄道の

車窓からの映像をユーチューブ等にリアルタイムで投稿することを依頼する。また，鉄道ファンに長良川鉄道の廃線の噂を流し，長良川鉄道についての話題性を高める他，鉄道マニア向け PR として「電車で GO!!」のようなシュミレーションソフトに長良川鉄道映像の挿入を要請，経営改善・イメージアップのために社長の公募，線路を歩くイベント開催，各駅に地域名物の駅弁復活・販売，沿線住民への無料乗車券配布等での話題性づくりが必要としている。

　以上のワークショップでの提案を受け，以下の事業（出来るものから手掛けるスタンスで）を進めることとした。

　先ず，キャラクター「ぶぅ」の長良川鉄道応援団長就任である。平成 24 年 2 月 8 日にキャラクター「ぶぅ」が長良川鉄道応援団長に就任し，長良川鉄道は年間フリー切符を授与した。キャラクター「ぶぅ」は，応援団長として，時々，列車に乗り込む他，長良川鉄道のイベント等の企画に参加・盛り上げ，情報発信等を進めることとしている。応援団長就任を記念して平成 24 年 3 月 25 日には，なが鉄宝探しの旅，なが鉄列車カフェ，ゆるキャラ列車，駅弁販売（関駅でアユ雑炊），車庫ツアー等のイベントを実施し長良川鉄道を盛り上げた。

　次いで，長良川鉄道沿線の NPO との連携・協働の推進強化である。長良川鉄道の盛り上げには，関市の NPO「ぶうめらん」のみでは限界がある。その活動を沿線全体に広げていくことが必要であり，その広がりへの展開を NPO「ぶうめらん」が中心に進め，長良川鉄道応援団 NGT2 が設立された。この組織は，沿線の自治体，市民団体等が統一したブランディングのもと，連携・協働して取り組みを実行することにより，長良川鉄道の魅力を全国に発信し，乗客の増加に結びつけることを目的に，長良川鉄道のブランドイメージの構築，ブランドに基づいたイベントの実施，長良川鉄道の魅力の発信，長良川鉄道市民サポーターズの立ち上げ，そのコーディネート等の活動を行うこととしている。

　各人が持つ長良川鉄道のイメージ，思いを一つのブランドイメージで固めていくことは困難が予想されるが，長良川鉄道は他の鉄道とは違うというイメージ（例えば，列車の中での心和む談笑，心と心のコミュニケーションがある人間鉄道）に付加価値を付与していくことを基本に進めることとしている。また，情報

発信については，列車の中で繰り広げられる温かい人間ドラマ，心温まる体験談・思いで話をデータベース化してそれを発信する他，動物の駅長（雪之丞という名の犬のときどき駅長実現），ゆるキャラ作成等で話題づくりが重要としている。

　これを踏まえて，平成 24 年度後半から「長良川鉄道のイメージ検討ワークショップの開催」「ナガ鉄おんぱく列車運行」「駅舎・列車のアート化」「長鉄アイドル募集」「長鉄ドラマ大賞の創設」「沿線ストーリーマップの作成」等の検討を進めることとされた。長鉄ドラマ大賞は，越美南線・長良川鉄道発足以来の列車内外での心温まるエピソードを募り（必要に応じて聞きとり），それを本等にまとめる他，それらをシナリオ化，ドラマ化しようとするものである。

### 第 5 節　大学との連携

　従来，長良川鉄道は関係団体，地域住民，沿線高校等との連携には意を注いできたが，地域大学との連携関係は弱かった。大学は地域の「知」であり，鉄道経営アイディアの宝庫であると同時に，アイディア実現の強力な助人（活動的な学生）が存在する。大学との連携は鉄道経営改善の大きな力となり得る。現在，連携・協働して取り組んでいる中部学院大学と岐阜女子大学との協働プロジェクトを以下に紹介する。今後，名古屋経済大学等との連携・協働も進めていきたい。

　先ず，中部学院大学・中部学院大学短期大学部との連携である。

　中部学院大学・中部学院大学短期大学部は幼児教育，福祉系人材育成等に定評のある大学である。長良川鉄道としては，列車に乗ることが楽しみになる演出のために当大学短期学部の知恵と力を借りることを依頼した。当大学は平成 22 年度に文部科学省の大学推進プログラムに選定（取組名称・「あそびすと」から「あそびスター」へ）され，「あそび」が忘れつつある家庭や地域に子どもの五感に訴える「あそび」を取り戻し，子どもたちにとっての希望の星になることを目指して「あそびスター」を養成している。当大学は「あそびスター」育成の場の一つとして長良川鉄道の列車を選定することとし，平成 22 年 12 月にクリスマス列車，平成 23 年 7 月にスター七夕列車，平成 23 年 12 月にサンタ列車，平成 24 年

2月に雪だるま列車を，8月に川遊び列車，11月にもみじ列車を運行した。現在は予算の関係から規模を縮小して企画列車を運行している。各企画列車の内容は，テーマにあった遊びを参加者が五感で感じることができるものとし，その企画運営は中部学院大学・短期大学部の教員と学生が主体で実施され，長良川鉄道は協力レベルの協働である。長良川鉄道は大学の好意に全面的に甘えており，今後はギブ&テイクの関係構築が課題となってくる。

今後，連携強化のために，長良川鉄道と中部学院大学・短期大学は 2019 年度中に連携協定を結ぶことにしている。

次に，岐阜女子大学との連携である。岐阜女子大学は，女子大学という特性を生かして，健康栄養について先駆的に取り組んでいる大学である。その特徴を生かして，岐阜女子大学の健康栄養学科の学生（栄養知識を生かし）が，その勉強成果の実践として「ダイエット」をテーマに地域の新鮮素材を活用したレシピを作成し，そのレシピをベースに地元料理店が弁当を作り，その弁当を乗客が楽しむ企画を実施した。その第一弾を平成 24 年 6 月 30 日，7 月 8 日に実施した。企画列車内では学生が参加者にカロリー，栄養価，発酵食品のダイエット効果等の観点から「ダイエット」メニューの作り方を分かりやすく，笑いを誘いながら説明していた。乗客と学生の会話はノスタルジックな鉄道ならではの風景である。「発酵食品とダイエット」をテーマに開発したダイエット弁当の一つのメニューは，長良川天然アユの麹焼，大鱒の竹の子焼，古地鶏のパプリカけんちん焼，ベビーコーン，冬瓜のそぼろあん，よむぎ餅田楽，丸なすみそ田楽，里芋団子，寒天寄せ，えごまご飯等である。もう一つメニューは，大鱒の塩麹焼，鶏の塩麹焼，稚あまご揚げ，いんげんの胡麻和え，赤カブ寿司，れんこんの旨煮，しいたけの練りもの，えごまご飯等である。今はダイエットブームということもあり，女性に好評で，6 月 30 日，7 月 8 日（各列車 30 人募集）は何れも満席であった。お客さんの意見等を踏まえて秋にはさらにブラシュアップした企画を進めた。また，文化創造学部の観光専科の学生が，長良川鉄道の観光的魅力を生かした旅行商品（スローライフ時代にマッチした）を開発する他，駅周辺の花飾りを実施した。

以上の経緯を踏まえて，2019 年 5 月 17 日に連携強化を目的に連携協定を締結

した。

　その趣旨等は「少子高齢化の中で，公共交通をはじめとした地域経営は非常に厳しいものがある。この現状を打開する解は過去の延長線上にはない。公共交通機関にもパラダイムシフトが求められている。従来の公共交通機関の役割は，地域住民の安心・安全の移動手段確保であり，それが重要なミッションであったが，これのみでは健全な公共交通経営はできない。これからは日本のみならず，世界を巻き込んだ大交流時代に対応していく必要がある。この大交流時代を乗り切るためには，自前で全てを賄い，単独で経営する発想（自前主義）から脱皮していく必要がある。

　これからの公共交通経営は，大学で培われた最先端の英知，学生の感性を積極的に取り入れていく必要がある。これからの経営のキーワードは「協働」「連携」であり，そのキーワードのもとに「ヒト，モノ，カネ，情報」の経営資源を有効配分し，地域の交流人口，関係人口の拡大を進め，付加価値生産性を高めていくことが求められる。

　従来，大学は教育と研究を目的として設置される「教育研究機関」だとの認識が一般的であったが，現在は，大学においても地域貢献，社会貢献が求められている。大学には「知識の獲得，伝達，応用」という3つの機能を果たしていくことが求められており，その応用機能が地域貢献，社会貢献である。大学の教育研究活動によって獲得された知見が地域社会に還元されることが期待されている。

　長良川鉄道では2018年4月から地域への観光誘客を図るために水戸岡鋭治氏デザインの観光列車「ながら」の運行をしている他，今年の3月からは子供向けの「ながらチャギントン列車」を運行している。これらの付加価値を高めていくためには，大学の知識と学生の力が不可欠である。

　岐阜女子大学の文化創造学部には観光英語専修科があり，観光に関する知見が蓄積され，その知識が学生に伝達され，それを地域に還元する取り組みがされている。大学の知識と学生に伝達された知識を生かす視点で，当大学の学生から長良川鉄道の活性化につい2019年の3月に提言がされ，その実現のために学生が自主的，主体的に活動しているところである。これは正に大学が地域に還元する

取り組みである。こうした取り組みを通して，地域が発展していくことが期待されている。岐阜女子大学と長良川鉄道株式会社は，地域への観光誘，地域観光資源の発掘・活用を中心に連携していくこととした。

　岐阜女子大学と長良川鉄道株式会社の連携，協働することは，まちづくり，観光，さらには，健康，福祉，教育，環境等の様々な分野で大きな効果をもたらすものと期待される。

## 第6節　沿線企業等との連携・協働

　今まで沿線企業との連携は弱かった。沿線企業も長良川鉄道のシンボル効果，乗客の地域消費効果等で潤っている面があるが十分理解されていない。両者が共存していくためには沿線企業との連携強化が必要となる。以下，現在の沿線企業との連携・協働の状況を概観する。

　郡上市内業者と連携して産業観光企画（食品サンプルづくりの体験企画，明宝ハム工場見学，長良川の夏秋の風物詩である鮎ヤナ体験等）を進める他，スポーツツーリズムの一つとしてラフティング体験企画，奥美濃ならではの郷土料理の体験企画，温泉体験企画，自然体験企画等を進めている。また，JR 東海と協働した「さわやかウォーキング」は最近の健康志向ブームに乗って好評（独自のウォーキング企画を実施していたが当社の独自の集客力は弱く，2019 年現在では JR とのウォーキング主体で展開）であり，その拡大が期待されるが，魅力ある新たなウオーキングコース開発は大きな課題である。

　さらには，長良川鉄道の弱点である観光客の二次交通確保のために地元交通事業者）と連携する他，郡上高校生の交通手段の選択の幅を確保するために郡上の交通事業者との共通乗車定期券，列車・バス連絡定期券等を平成 24 年 10 月から発売した。企業との連携・協働は，それにより両者が相乗効果をいかに上げることが出来るかである。

　次いで，岐阜乗合自動車株式会社（通称岐阜バス）との連携・協働である。少子高齢化の中で地方の公共交通経営は非常に厳しいものがある。この現状を打開する解は過去の延長線上にはない。少子高齢化時代を乗り切るためには，地方の

それぞれの公共交通機関が単独で経営する発想（自前主義）から脱皮していく必要がある。これからは，それぞれの公共交通機関が協働・連携して，それぞれが有する強みを最大限に発揮していく必要がある。

　長良川鉄道は，平成28年4月から地域への観光誘客を図るために水戸岡鋭治氏デザインの観光列車「ながら」の運行をしている。岐阜乗合自動車株式会社（通称岐阜バス）においても豪華な観光バス「エンペラー」を活用して観光誘客を図っている。岐阜乗合自動車株式会社と長良川鉄道株式会社は連携して観光誘客を進める必要がある。また，相互に連携して国や岐阜県のニューツーリズム振興，インバウンド人口の拡大等の流れに対応していくことが求められている。

　こうした中，平成29年9月には，県及び長良川流域4市で構成する「長良川流域観光推進協議会」と連携し，路線バスと観光列車「ながら」を組み合わせた郡上市へのツアーを初めて企画し，多くの方に楽しんでいる。こうした取り組みをきっかけにして，さらに相乗効果を発揮するために，岐阜乗合自動車株式会社と長良川鉄道株式会社は，観光誘客を主目的に今後，連携していくこととした。また，災害時の相互支援も行うこととした。

　地域交通の維持，改善は，公共交通分野の課題解決にとどまらず，まちづくり，観光，さらには，健康，福祉，教育，環境等の様々な分野で大きな効果をもたらすものである。


## 第7節　有名人との連携・協働

　有名人の誘客力は非常に大きい。テレビで有名人の長良川鉄道旅番組が放映されると全国から客が集まる。有名人に多額のギャラは払えないが，協力要請をしていく価値はある。

　先ず，近藤正臣氏との連携・協働企画である。近藤正臣氏はテレビ，映画，舞台で活躍する俳優であることは多くの人が知るところである。近藤氏は自然を愛し，郡上市内に別荘を構え，年の3分の1以上を郡上で暮らしており，今は郡上市民である。近藤氏は長良川鉄道の経営破たん状態を憂い，長良川鉄道利用促進に一肌脱ごう（ノーギャラで）という近藤氏の申し出で平成23年の夏から企画

を進め，平成24年4月8日（日）に「近藤正臣氏とゆく！ 長良川おまつり列車」の企画が成立した。そのテーマは「近藤正臣氏が愛する清流長良川の自然・文化を長良川鉄道で満喫する！」とし，企画スタイルは募集型イベント列車（貸切列車1両編成・乗客定員34名），内容は，8:58に美濃太田駅乗車（貸切車両），9:16に刃物会館前駅下車（関鍛冶伝承館にて古式日本刀鍛錬実演見学），10:07に 刃物会館前駅乗車（貸切車両），10:09に関駅到着（近藤氏が車掌として乗車 鵜匠の岩佐昌秋氏，鵜が同乗し，近藤氏，岩佐氏が鵜飼について語らい，10:20に美濃市駅下車（ホームでこどもにわか実演，美濃和紙の売店設営，あかりアート鑑賞）11:10に美濃市駅発車（以降，絶景ポイントで徐行，円空像と円空の語部である長尾延孝氏が乗車し，近藤氏と語らい），12:00に郡上八幡駅に到着（近藤氏が自ら釣ったあまご料理，奥美濃古鶏，山菜等が詰まった“春の長良川弁当”積込み），12:02に郡上八幡駅発車（列車内で昼食，近藤氏が適宜に古今伝授等についての語らい，12:40に北濃駅で下車し，近藤氏と記念写真撮影（集合写真），地元の婦人グループ「花まんま」が作った温かいデザート（お汁粉）を食し，13:15に北濃駅を発車（近藤氏が白山文化についての語らい），13:57に郡上八幡駅で下車し駅広場で郡上おどり体験をするもので，基本的には，列車の中，駅周辺で沿線の文化を楽しむ企画である。

　この企画は，大好評で，定員35名のところ北は北海道から南は九州までの約400人の参加応募があった。また，この企画は5月18日（金）のNHKの45分番組「金とく」で東海地域に放映（6月6日には全国放映）された。この番組を見て，ゆったりと時間が流れるノスタルジックな日本の原風景，素朴で温かな人と人のふれあい，そこで培われた文化等の素晴らしに魅了された多くの方に長良川鉄道を利用していただいている。近藤氏に感謝，感謝である。近藤氏は今後も長良川鉄道応援を続けると言っていただき，甘えはよくないが今後の近藤プロジェクトに期待をするものである。

　次は，吉本芸人との連携・協働企画である。美濃市では笑いで地域の魅力を発信することを目的に，吉本興業と提携して「よしもと住みます芸人お笑いプロジェクト」（平成24年3月～5月）を推進した。住みます芸人は岐阜市出身の三ツ

星ジョージ氏である。長良川鉄道は美濃市の配慮によりこのプロジェクトに便乗し，平成24年5月20日（日）に「よしもと芸人と行く！うだつアゲアゲ列車」を企画運行した。この企画の内容は，10:15にアゲアゲ列車（美濃太田駅）出発，車内でお笑いイベント，10:38にアゲアゲ列車は美濃市到着（停車車両内でお笑いイベント継続），その後，うだつの街並みにあるライブ会場でお笑いイベントを実施するものである。

　また，美濃市では吉本興業との連携事業の一環として，平成24年7月8日に渡辺直美，はんにゃ，Bコース等が出演する「うだつアゲアゲお笑いライブ」を実施し，そのチケット販売の一部を長良川鉄道が担当した。美濃市では今後も吉本興業との連携を強化していく（市長が交代して対応は微妙）としており，そのイベントチケット販売手数料確保に努めることとしている。また，会社の収入確保の一環として，文化イベント等のチケットの受託販売を進めることとしている。

　次いで，白鳥士郎氏との連携・協働企画である。白鳥士郎氏は岐阜県多治見市在住の小説家（コミック原作者）である。白鳥氏から長良川鉄道の実名を入れた小説を書きたいという申出（長良川鉄道は了承し，資料提供）から執筆が始まり，平成24年8月10日にその小説（農林高校出身者が，ふるさと郡上市に長良川鉄道を利用して帰る列車の中でのエピソード）が発売された。この小説は人気が高かく，コミック本にもなった。アキバ系の人に長良川鉄道を知ってもらい，小説の舞台を体験するために多くの人が訪れている。

　長良川鉄道職員としては，この鉄道の認知度は高いものと思っているが，現実は逆である。近隣であるが，名古屋圏における認知度は非常に低い。長良川鉄道が小説の舞台に登場すれば，その認知度は上がり，願ったりかなったりである。長良川鉄道としては駅でこの小説を受託販売して手数料も得ている。

　次いで，今も積極的に支援いただいている講談師神田京子氏との連携・協働企画である。

　長良川鉄道沿線人口が右肩下がりで減少している中において，長良川鉄道が持続発展していくためには「観光」部門に力を入れていくことが不可欠である。長良川鉄道に観光誘客をしていくためには，先ず，長良川鉄道を多くの人に知って

いただくことから始める必要がある。その一つの方策として，有名人の発信力に期待して，神田京子氏に長良川鉄道広報大使をお願いした。

神田氏からは，次のようなメールが届いた。「私ごとですが，美濃小学校 6 年生の時，国鉄から長良川鉄道になりたてのころ?? クイズ大会をしながら列車が走るという企画が貴社主催？であり，参加して優勝したこと がありますグループで）10 代に入ってからも，郡上踊りで利用させていただいたり，東京に出てからも，美濃太 田経由で多治見，名古屋まで行ったりと，長良川鉄道には思い出がいっぱい!! 長良川鉄道の大使に就任出来ます事はこの上ない喜びです。

大使という仕事が世間に PR する，という仕事であるならば，いろいろな企画もあり！ ということですよね?? 思いつくまま上げますと・・・

じいちゃん，ばぁちゃんと子供が触れ合いをテーマにした「こたつ」列車や郷土愛につながるような土地にまつわるクイズ付きの遠足列車，季節を楽しめる写真撮影大会列車，音楽バンドのライブ列車（みんなでテーマソングをつくっちゃおう?），古典芸能の寄席列車（東京や大阪の生の芸能を見ながら旅をし，下りた先での土着芸能も見学しちゃおう），男女のお見合い列車（詩や音楽，芸能の力で盛り上げ告白しやすい環境も作れます），場内アナウンスコンテスト，鉄ちゃんコンテスト列車，目隠し列車（長良川鉄道の鉄のにおいや場内アナウンス，外気のおいしさを存分に楽しもう）など・・・東京を中心に全国で作り，広げて来たネットワークを使い，色々プロデュースさせていただけたら嬉しいです。名刺も作ってくださいませ?＾＾」。このメールは長良川鉄道にとっては大きな喜びである。

平成 26 年 11 月 13 日（木）に委嘱式を東京で行った。早々に長良川鉄道の 38 駅の「長良川鉄道すごろく」（作：神田京子）が届いた。それを紹介すると，

「パンパン！"弥次さん喜多さんも大騒ぎの，中山道太田宿も近くにござる「美濃太田駅」を後にして，車窓に見ゆる「前平公園」「加茂野駅」，日本最古の戸籍ゆかりの「富加」町，関の「富岡（とみおか）」「関口」と，越え去り行かば刃物の町，「関」の孫六うち過ぎて，「市役所」通って鵜飼の町，「関下有知」から「松森」と，茂みを抜ければ和紙の里，うだつの上がる「美濃市駅」。学生多き「梅

山」から，老体癒す「湯の洞温泉」，霊験あらたかな「洲原」を過ぎて，「母野（はんの）」「木尾（こんの）」の旅の空，日本の真ん中「八坂駅」，「みなみ子宝温泉」に，つかって「大矢（おおや）」「福野（ふくの）」内，子宝授かり「苅安」に，「赤池」「深戸」の円空仏，相生（あいおい）」嬉しや「八幡」の，袖を絞りし「郡上」おどり，「自然」豊かな「園」の「前」，「山」と「田」んぼに「徳永（とくなが）」と，輝くお日様届く町，「郡上大和（ぐじょうやまと）」に降り立てば，「大和」なでしこ七変化（しちへんげ），「万場（まんば）」の上の「上万場（かみまんば）」，「大中（おおなか）」過ぎて「大島（おおしま）」の，笑顔満載『土鈴館』，福井県への玄関口「美濃白鳥（みのしろとり）」を過ぎ行かば，スキー楽しや「白鳥高原（しろとりこうげん）」，正月六日は花奪い（はなばい）祭り，「白山長滝（はくさんながたき）」雪の中，花は客寄せ芯こそ掴め！艱難辛苦のその先に，いよいよ見ゆる双六の，上がり嬉しや「北濃駅（ほくのう）」"パパンパパンパン！！」，この「長良川鉄道すごろく」は観光列車「ながら」の料理記者発表の場で披露（講談調で）していただいた。

　観光大使委嘱式の後のインタビューで神田氏は，「長良川沿線には温かみのある町が多い。ふるさとに帰るとホットする。長良川鉄道に乗る（鉄の香り，駅舎の木の香り等）と心の入れ替えができる。芸人から本来の自分に立ち返ることができる，外に出ることは「芸」の肥やしになる。東京に居るだけでは成長しない。今後の展開として，婚活列車内での仲人役，都会の子供を長良川鉄道に乗せてあげたい（ふるさとの原風景体験），夏までに実現したい。鉄道を語る講談も（地域の歴史，伝説等地域に伝わる話を講談に），東海ラジオのアナウンサーで鉄ちゃんがいるので，合同企画を考えていきたい・長鉄に乗りながら駅ごとのミニ講談も可能」とコメントがされた。

　神田氏は，観光列車「ながら」の出発式で「出発進行」の合図をしていただくなど，長良川鉄道の多くのイベント時には東京から来ていただいている。また，各種の企画列車の運行にも携わっていただいている。その一つが，平成30年12月1日の「神田さんのコーディネートによるクラシック音楽と講談のジョイントイベント列車」である。チケットは即完売であった。

## 第8節 協働事業展開の課題

　連携，協働という言葉の響きは良いが，現実に事業を進める上においての大きな課題はギブ&テイクの関係が構築できるかである。1回限りの事業においては大きな問題とならないかもしれないが，継続していくにはギブ&テイクの関係が必要となる。長良川鉄道にはギブの部分がほとんどなく，その構築が大きな課題となる。

　以下，個別にその課題を整理する。先ず，市民，NPO等との連携・協働の課題であるが，長良川鉄道は「市民鉄道」として運行がされ，毎年多額の赤字補てんがされている。長良川鉄道は「市民鉄道」の役割を確り果たすことが市民へのギブ（当たり前のことであるが）ではあるが，沿線市町からの多額の赤字補填（テイク）を減らす義務はある。経費節減の観点から，一部の心ある市民の皆さんからボランティアでの支援（駅掃除，駅周辺の花飾り等）を受けているが，市民鉄道として継続的に支援を受けるためには長良川鉄道に親しみ，楽しんでいただける機会の提供（無償，割引切符の支給）等の仕組みづくりが必要となる。

　また，NPOにおいても同じことがいえるが，市民とは自ずと異なる。NPOは組織であり，経営資源を効率よく活用し組織の目的を達成する必要がある。長良川鉄道にギブとして，NPOの目的達成のバックアップが期待されるが難しさがある。長良川鉄道への無償的支援行為に対する顕彰とか，NPO活動に対する機会の提供（場の提供，協賛事業，無償，割引切符の支給等）等は可能であり，そのあり方を検討していく必要がある。

　次いで，大学との連携・協働の課題であるが，大学には知（経営理論，地域活性化理論，地域コミュニティ論等），若いパワー等がある。この力を100%無償で提供を受けることは困難である。しかし，長良川鉄道は応分の負担（実費弁償は別として）をする力はない。大学にもメリットのある形での連携・協働が課題である。大学の問題解決型授業のフィールド，インターンシップの場，大学PR等のメリットは提供可能であるが，それ以上のことが出来ないのが現状である。ただ，最近は大学にも地域貢献が強く求められており，その観点からのメリット提供のあり方を今後検討していく必要がある。

次いで，企業との連携・協働の課題であるが，基本的に企業は営利を追求する組織であり，企業に連携・協働支援を求めても企業のメリットは何かが暗に問われる。連携・協働による負担以上のメリットが企業にないと，連携・協働は成立しないのが現状である。しかし，企業も地域の一員であり，地域との共存なくしては存続しない。長良川鉄道は金銭的なメリットは提供できないが，長良川鉄道との連携・協働を通した地域貢献をアピールすることは可能である。地域貢献を行政と連携して顕彰（表彰，駅等で支援企業名の掲示等）し，マスメディアを通して地域住民に周知することは可能である。企業にとっては，この程度のメリットでは不満が残ると思われる。今後，これ以上のメリット提供のあり方を企業のニーズを踏まえて検討していく必要がある。

また，有名人との連携・協働の課題であるが，有名人は一般的には事務所所属であり，ボランティア的な対応が困難である。経営基盤が脆弱なローカル鉄道では多額のギャラを支払うことは不可能である。郷土愛の強い有名人，ボランティア意識の高い有名人を探す必要がある。また，有名人は多忙であり，ローカル鉄道のために隙間をぬって活動することも困難性が高い。


## 第9節　小括

「応援」から「協働」へというキャッチフレーズは耳には心地よい言葉であるが，日本ではまだ真の「協働」の仕組みが出来上がっていない。今後色々な場面で真の「協働」を模索していくことになる。「協働」の概念をいくら議論していてもことは進まない。現場からの実践の積み上げの体系化が「協働」の仕組みづくりの第一歩ではないだろうか。真の「協働」形成の道のりは厳しくとも，行動することにより道は開くことができるという信念で今後真の「協働」の仕組みづくりにチャレンジしていく必要がある。

---

注
[1] さいたま市の市民活動及び協働の推進条例 https://www.city.saitama.jp/ （最終アクセス 2019 年 4 月 26 日）
[2] 総務省の「分権型社会における自治体経営の刷新戦略—新しい公共空間の形

成を目指して」(2005)
http://www.soumu.go.jp/main_sosiki/kenkyu/.../081016_1_sa1.pdf（最終アクセス
2020 年 1 月 6 日）
3 辻本（2012），29-37 頁，貴志川線の未来をつくる会
http://mirai-report.com/blog-entry-1022.html?sp（最終アクセス 2020 年 1 月 6 日）
4 辻本（2012），29-37 頁，貴志川線の未来をつくる会
http://mirai-report.com/blog-entry-1022.html?sp（最終アクセス 2020 年 1 月 6 日）
5 「別所線再生支援協議会の活動
http://www.mlit.go.jp/seisakutokatsu/soukou/soukou-magazine/ueda-nagano（最終ア
クセス 2020 年 1 月 6 日）
6 見奈美徹（2007）「地域と協働するえちぜん鉄道」
bunken.rtri.or.jp/doc/fileDown.jsp?RairacID=0004004557（最終アクセス 2020 年 1
月 6 日）
7 見奈美徹（2007）「地域と協働するえちぜん鉄道」
bunken.rtri.or.jp/doc/fileDown.jsp?RairacID=0004004557（最終アクセス 2020 年 1
月 6 日）
8 関市が何時でも自慢できる街づくりを目的とした NPO 法人のことである。

# 第13章　イールドマネジメントの視点から「1日フリー切符」を考える

## 第1節　はじめに

　中山間地域を走る第三セクター鉄道は，都市近郊の第三セクター鉄道，JR から線路貸し付け収入を得ている以外の第三セクター鉄道は経営的に非常に厳しい。第三セクター鉄道の基本的使命は，地域住民の生活の足（移動手段）にあり，その使命を果たすために日夜努力しているところであるが，乗客数は毎年減少し，空気を運ぶ第三セクター鉄道と揶揄されている。多くの第三セクター鉄道は，毎年大赤字を出しそれを沿線市町村等が補てんする構図となっているが，その構図は限界にきている。第三セクター鉄道の基本的使命の原点に立ちつつ，常に経営改善を進めることが求められている。しかし，第三セクター鉄道における経営マネジメント力は弱く，赤字拡大の原因を外部（少子高齢化，モータリゼーションの進展，景気の低迷等）に求めてきたきらいがある。赤字要因をいくら外部（言い訳）に求めても，第三セクター鉄道の経営は改善しない。そこには確りとした経営マネジメント力が求められる。

　そのマネジメントの一つにイールドマネジメントがある。その手法は，鉄道，航空，ホテル等のように投資額が多い設備産業で固定費割合が高い産業において，その手法が取り入れられている。これは客の料金支払い意欲に応じて商品・サービスの価格と割当量を変えることで収益を最大化しようとするものであり，有形固定資産の有効利用である。このマネジメントについてはコンピューターを駆使して行われている例が多く，弱小の第三セクター鉄道に馴染むか否かは分からないが，その可能性について検討する価値はある。

　以下，長良川鉄道におけるフリー切符発売の意義と収益拡大との関係をイールドマネジメント的視点で考察する。

## 第2節　イールドマネジメント

　イールドマネジメントの定義について，Robert Cross は「適切な商品を，適切

なタイミングで，適切なお客に，適切な販売チャンネルを通じて，適切な価格で販売することで，収益を最大化する手法」(To sell the right product to the right customer at the right price at the right time) としている[1]。この定義によれば，スーパー等が閉店時間間際において，生鮮食品（翌日に持ち越せない）等をディスカウントして販売することや，賞味期限が近い商品を期限に応じてディスカウントするのも同じマネジメント手法といえる。この定義について，IT 情報マネジメント編集部（2010）は，一般に航空（定期便），鉄道（特急列車），ホテル，レストラン，レンタカー，スポーツイベントやコンサートのチケット販売などのように供給数量に上限があり，同時に在庫を持ち越せない非貯蔵性商品（サービス）において用いられる販売手法であるとし，供給上限がある非貯蔵性のサービス，特に交通事業，観光事業のマネジメント手法であるとしている[2]。

イールドマネジメントは，1970 年代に行われたアメリカ航空業界における規制緩和をきっかけとして生まれ，その後，鉄道事業，ホテル事業に拡大されてきた。これらの事業は典型的な装置産業で固定費の比率が大きく，そのコストは利用者の数に大きく左右されない。さらにその商品（鉄道，航空ならば座席，ホテルならば客室）は貯蔵（消滅性）ができなく，売れ残っても翌日以降に商品（座席）を販売することはできない。これらの特性から商品の売れ残りを防ぐ（利用率を上げる）観点から一律的に正規料金をディスカウントして商品販売することは，利益の最大化にはつながらない。収益率・利用効率を上げようとして一律的に商品価格の値下げをすることは，正規料金でも利用する意志（必要）のあるビジネス客等からの収入が減少し，収益率は上がらない。正規料金を払って乗る意志のあるビジネス客等への販売は確保したうえで，残りの売れ残りそうな部分を売れる価格に順次下げ，全てを売り切ることが収益を最大にする[3]。

高橋他（2012）は，1 便当たりから得られる収入を最大にする運賃の設定について「安い運賃と高い運賃をうまくミックスして販売すること」[4]であると述べている。

潜在的顧客の購買意欲をベースに潜在顧客（対象）をセグメントして，その顧客が購入してくれる価格設定をして商品を売れば，収益が拡大する可能性がある。

イールドマネジメントを行うには潜在的顧客の購買意欲を分析し，潜在的顧客を
セグメントし，その顧客の需要予測をして，それに合わせた商品（座席等）の確
保を図り，料金区分をし，販売や予約受付を行う。料金区分の配分は販売開始後
も常時需要動向（販売・予約状況）を踏まえて，見直しを行い，完売を目指すも
のである[5]。

　商品価格設定は潜在的顧客をセグメントし事前に定めた時期によって行う方
法と，需要動向に応じて柔軟に行う方法と，それを組み合わせる方法がある。需
要動向に応じた弾力的な価格設定は複雑であると同時に迅速性が求められ，IT
システムの活用が必要となる。また，商品の販売においてもリアルタイムで対応
できるインターネットを基本とし，その販売価格も需要動向に応じた弾力的な設
定が必要となる。需要予測はイールドマネジメントの出発点である。鉄道，航空
ならば路線・時間帯・曜日・時期などで正規料金需要客とディスカウント需要客
の構成比は異なる。一般的に利用日に近づくほど予約が多く入る交通，イベント，
宿泊等の業界では早期予約商品を安く価格設定を行う。また，利用日，締め切り
時間が近くなるほど正規価格に近い価格で販売をするが，利用日，締め切り時間
寸前には売れ残りを少なくするために宿泊事業等においては直前大バーゲン等
をする場合がある。それ以外の業態では，正規料金利用者向けの商品を十分に確
保しておき，徐々に値を下げていくことが多い。事前予約や前売り販売は，「一
定の時期まではこの価格」「締め切り間際の時期・時間はこの価格」といった販
売をする。キャンセル等の発生率はキャンセル料や支払い方法によって変わって
くるため，これらにも配慮することが必要となる[6]。

　イールドマネジメントを成功させるためには，支払意欲によって，その市場を
区分する能力をもたなければならず，需要実績と予約パターンについて情報を持
ち，価格設定，オーバーブッキングについての方策及び十分な情報システムに精
通しなければならない[7]と井上（2006），高橋他（2012）は指摘しているが，中山
間地域を走るローカル鉄道にはその人材がいないのが課題である。

## 第3節　鉄道事業におけるイールドマネジメント

　鉄道事業におけるイールドマネジメントは，区間管理，商品管理，価格管理，販売管理に大別されるが，第三セクター鉄道においてはその運用は限られており，価格管理程度である。価格管理は，需要動向に応じて商品の価格を変更する。例えば，年末・年始，お盆時期，5月のゴールデンウイーク等の需要が高い期間は価格を高く設定したり，ディスカウント乗車券の利用を制限したりする。逆に，冬場等の乗客が少ない時期（閑散期）は，価格を低く抑える等の管理を行うことになるが，利用客が少ない第三セクター鉄道ではまだその運用の事例は非常に少ない。

　JR，大手私鉄事業者は普通運賃と，特急料金，指定料金，グリーン料金などの目的別の料金プランを組み合わせることにより，収益の最大化を目指しているが，鉄道事業のイールドマネジメントは航空事業より大幅に遅れている。中でもブルートレインなどは最たるものであると堀内（2012）は「地域交通・夜行列車の存続・活性化に向けた提言」の中で指摘し，次のように述べている。

　「開放型のB寝台料金の6,300円はビジネスホテルと比較すれば，設備の割には価格が割高（夜の時間を有効に活用と思えば決して高くない）であり，閑散期などは売れ残ってしまう寝台が多々あり，それを極力なくすために，航空会社が導入しているイールドマネジメントを導入し，インターネットを活用して2か月前から販売（通常は1か月前から「みどり」の窓口で販売）を行い，2カ月前に購入の場合は通常料金より安くすれば売れ残りが少なくなると思われる。もちろん，ゴールデンウイーク，お盆，年末年始，3連休等の多客期は，通常の価格で販売すればよい。特急「あけぼの」は，B寝台"ソロ"などは人気があり，利用率が高い寝台列車のイールドマネジメントは緩やかに，開放型のB寝台車（金曜日や多客期を除けば）は閑散としているのでその積極的な対応が求められる。寝台車で空気を運ぶより，運賃を割引，乗車効率を高めた方が増収になると考えられる。ツアーバスは安いかもしれないが，2〜3時間ごとにトイレ休憩があるため，熟睡することはできない。また，ツアーバスと鉄道の事故率から考えても鉄道の安全率は格段に高い」[8]。

## 第4節　長良川鉄道における「1日フリー切符」廃止の収益への影響

　中山間地域を走る第三セクター鉄道の存在の意義は，地域住民の生活の足（移動手段）の確保である。そのためには乗客数が少ない時間帯（夜間，昼間）においても採算性を度外視し，定期的に列車を走らせることが求められる。これが中山間地域を走る第三セクター鉄道の宿命である。このような状況であるがゆえに，毎年大幅な赤字額を計上することになる。少しでも赤字を減少させる対策として，中山間地域を走る第三セクター鉄道においては，朝，夕の時間帯（比較的利用利用客が多い）以外の列車収益率・利用効率を上げるために企画列車の運行や，団体旅行客等の誘致を進めている。これは従来型の収益最大化の一手法であると言え，その展開には人件費等のコスト増をもたらし，そのことによる収益拡大効果はそれほど高くない。定期列車の利用効率を上げ，収益を拡大していくことが収益性を高めることになる。

　その対応の手段として，長良川鉄道では土日祝日の鉄道利用客（主として観光客）を増加させるために1日フリー切符を販売してきた。このフリー切符販売は中山間地域を走る第三セクター鉄道の収益を拡大していると思われるが，そのことは検証されていない。しかし，全国の多くの第三セクター鉄道において導入がされてきた。

　このフリー切符は，本当に土日祝日の鉄道利用客増加のインセンティブになっているのかの疑問があった。フリー切符の存在がインセンティブになって鉄道を利用して観光をしようという人は非常に少ないのではないか，鉄道を利用して観光をしようとして出発駅に来たら，お得なフリー切符があったからそれを購入したという人が多いのではないかと思われる。このお得な1日フリー切符を後で知った客から駅員が積極的に教えなかったことに対するクレームも多々ある。このような状況から，フリー切符は第三セクター鉄道にとって収益拡大にマイナスとなっているのではないかとの推測（今までのイメージとは真逆）から，長良川鉄道は平成26年4月からこのフリー切符（土日祝日限定利用乗車券で販売額は2千円）を廃止した。このことの影響について，平成26年4月から9月までの利用客数，収入の動向を前年同期・同月と比較した結果は下記のとおりである。

1日フリー切符廃止（現在は復活）の告知を平成26年2月にしたところ，お得な1日フリー切符がなくなるということで3月に駆け込み乗車があり，4月以降にその反動減が予想されたところであるが，4月の一般客数（以下「ワンマン収入乗客者・自動販売機利用乗客者・社内販売乗車券購入乗客者・1日八幡郡上クーポン購入乗客者」をいう。）は前年同月比（前年数値は1日フリー切符購入者を含む数値と比較，以下同じ。）1.6%増，その収入はマイナスの0.7%，1人当たり収入額はマイナス2.3%とまずまずであった。それに，1日フリー切符廃止の一部代替えになったと想定される桜花乗車券（平成26年度新規企画，3,800円で弁当＋フリー乗車券）を平成26年4月のデータに加えると，一般乗客数は前年同月比3.3%増，その収入は前年同月比3.1%増，1人当たり収入額は前年同月比マイナス0.2%と，1日フリー切符の販売は長良川鉄道の収益最大化にとってマイナスであったと思われた。

　それ以降の状況をみると，5月の一般乗客数は前年同月比マイナス3.9%，その収入は前年同月比マイナス3.4%，1人当たり収入額は前年同月比0.6%増，6月の一般乗客数（定期外の前年同月の収入は，前前年比マイナスの12.3%と大幅減少）は前年同月の大幅マイナスの反動で前年同月比8.1%増，その収入は前年同月比7.5%増，1人当たり収入額は前年同月比マイナス0.6%増，7月の一般乗客数は前年同月比マイナス9.9%，その収入は前年同月比マイナス6.6%，1人当たり収入額は前年同月比2.7%増，8月の一般乗客数は前年同月比マイナス13.5%，その収入は前年同月比マイナス12.8%（天候不順で定期外収入はマイナス8.7%と大幅減少），1人当たり収入額は前年同月比0.8%増，9月の一般乗客数は前年同月比1.7%増，その収入は前年同月比マイナス0.6%，1人当たり収入額は前年同月比マイナス2.2%となっている。平成26年度の上期半の月ごとの状況をみると，月ごとに変動があるものの「1日フリー切符」は長良川鉄道の収益最大化に寄与（1日フリー切符を廃止した平成26年度上半期の一般客の旅客収入は4月，6月を除きマイナス）していたと推測される。

　1日フリー切符の廃止により，1日八幡郡上クーポン（美濃太田駅から八幡駅往復乗車券＋博覧館入場券＋八幡城入場券，大人2,720円）の利用者が前年同期

に比べて大幅増加（23.6%増）と，このクーポンは1日フリー切符廃止の代替に
なったと思われる。また，このクーポンの需要（利用）が高いということは，長
良川鉄道利用観光者の大方の人が八幡駅までの利用であることを物語っており，
従来は正規運賃，1日八幡郡上クーポンより安い1日フリー切符を利用していた
と推測される。平成26年度上半期の一般乗客数は前年同期比マイナス4.0%，そ
の収入は前年同期比マイナス4.5%，1人当たり収入額は前年同期比マイナス0.5%
と，1日フリー切符の廃止は長良川鉄道の収益最大化にとってマイナスとなった
と推測（年度によって鉄道利用客は変動するが）される。1人当たり収入額が前
年同期比マイナスということは，1日フリー切符があることで，長良川鉄道に乗
って沿線観光地に行ってみたいと思った観光客，本来の観光目的地以外にも行っ
てみたいと思った観光客等が少なくなったと推測される。

　それらに1日フリー切符廃止の代替えにもなったと想定される桜花乗車券，の
うりん切符（長良川鉄道がアニメ「のうりん」の舞台になったことによる特別切
符），80周年記念切符（越美南線80周年を記念して，1日フリー切符4枚1万円
で販売）を加えても，一般乗客数は前年同期比マイナス2.3%，その収入は前年
同期比マイナス0.9%，1人当たり収入額は前年同期比1.5%の増となっている。1
日フリー切符廃止代替え切符を加えると1人当たり収入額が前年同期比で増加
したことは，これらの切符（比較的高い）を活用して本来の観光目的地以外にも
行っていた可能性が高い。これらのフリー切符は長良川鉄道の収益最大化に寄与
していたと推測できる。

　最近のアベノミックス効果で景気が上向いたこと等により，人々のレジャー行
動は高まっているにも拘わらず，長良川鉄道の一般乗客収入が前年同期より減少
したことは，フリー切符を廃止したことが収入面でマイナスにはたらいたと推測
でき，1日フリー切符は長良川鉄道利用（観光）へのインセンティブになってい
たと推測できる。1日フリー切符は純粋なイールドマネジメント手法ではないが，
長良川鉄道の収益最大化に寄与していたと推測できる。

　フリー切符の存在を駅で初めて知り切符を購入するような人（フリー切符が誘
客インセンティブになっていない人）には通常乗車料金を支払っていただくよう

**図表 13-1　1日フリー切符廃止の影響分析（平成 26 年4月から9月）**

| | 乗車人員（人） | 対前年同期比 | 収入額（円） | 対前年同期比 | 前年上期乗車人員（人） | 前年上期収入額（円） |
|---|---|---|---|---|---|---|
| 社内販売乗車券 | 6,338 | 114.4% | 376,7691 | 120.5% | 5,538 | 3,127,210 |
| 自動販売機販売 | 52,887 | 107.8% | 35,646,334 | 110.2% | 49,039 | 32,337,130 |
| ワンマン収入 | 49,136 | 95.6% | 26,251,909 | 98.8% | 51,393 | 26,577,840 |
| 1日八幡クーポン | 1,374 | 123.6% | 1,386,799 | 122.4% | 1,112 | 1,132,560 |
| 1日フリー切符 | ― | ― | ― | ― | 7,268 | 7,049,000 |
| 小計 | 109,735 | 96.0% | 67,052,733 | 95.5% | 114,350 | 70,223,740 |
| 1人当たり収入額（小計） | ― | ― | 611 | 99.5% | ― | 614 |
| 桜花乗車券 | 272 | ― | 368,737 | ― | ― | ― |
| のうりん切符 | 1,050 | ― | 1,376,425 | ― | ― | ― |
| 80周年切符 | 640 | ― | 776,698 | ― | ― | ― |
| 合　計 | 111,697 | 97.7% | 69,574,593 | 99.1% | 114,350 | 70,223,740 |
| 1人当たり収入額（合計） | ― | ― | 623 | 101.5% | ― | 614 |

資料：長良川鉄道データより作成。

211

な仕組みが必要となる。その手段として，フリー切符を予約制にしていくことを検討していく必要がある。

## 第5節　長良川鉄道のイールドマネジメントの可能性

　長良川鉄道には残念ながら，顧客の鉄道利用料金支払い意欲に応じてサービスの価格と割当量を変えることで，収益を最大化するというイールドマネジメントについての関心が低かった。もちろん，本格的にイールドマネジメントを導入するためにはコンピューターの導入等が必要となるが，投資に見合う効果が出るか否かは疑問が残る。このような現状から，その導入は不可能とされてきた。このような状況ではあるが，新しい乗車券販売の仕組みを構築することにより長良川鉄道の収益最大化は可能となる。

　一部の第三セクター鉄道においては，高齢者の乗車率を高め，収益率を高めようとして高齢者運賃を一律に下げているところがあるが，通院，買物等で正規の運賃を払ってでも鉄道に乗る意志（必要）がある高齢者も含めて一律に運賃を下げることはイールドマネジメント（収益最大化）の手法には馴染まない。

　それではどのような手法があるのか。例えば，高齢者の潜在的鉄道利用者に合わせた運賃体系を構築することである。具体的にいえば，高齢者の生活行動時間帯を細分化し，運賃を差別化することである。高齢者の通院，通勤は平日の朝夕（ピーク時間帯）が多く，その時間帯利用高齢者は通常運賃で，オフピーク時間帯，土日祝日利用者は低額（沿線市町住民限定で）にするとかの対応は可能である。あまり細分化すると，ワンマンの運転士が時間帯別の切符を見分けることに苦労するという面はあるが，時間帯により運賃を差別化していくことは収益最大化につながる。

　また，夜9時以降の列車利用者増加対策も必要となる。その対策の一つとして，飲酒帰宅者の列車利用を促進することである。例えば，飲食店と連携して，飲食客に「お帰り切符」（通常運賃を大幅ディスカウント）を購入してもらう誘導（出来れば飲食代に乗車券代を上乗せして，切符を飲食者にサービスとして提供）をするとかの方策も検討の余地がある。都市部では，飲酒後は公共交通機関を使用

212

する人（帰宅にタクシーを利用したくても，その料金が高いことから）が多い。その需要に応えるために，通常より高い運賃の深夜バス（例えば，通常運賃の2倍程度）を運行しているバス会社があるが，その利用は多いと聞く。しかし，中山間地域での深夜バス運行は，その利用が非常に少ない（採算ベースに乗らない）ことからそれを行うバス会社は皆無に近い。中山間地域を走る第三セクター鉄道においても夜間の運行は採算性の観点から出来れば間引きをしたいのであるが，その鉄道の宿命として，地域住民の足の確保の観点から，ある程度の時間帯までは客の多少に拘わらず運行（採算性を無視して）をする必要がある。空気を運ぶより，通常運賃をディスカウントすることで利用増が見込まれるならば，それは収益最大化に寄与することになる。都市部の交通機関とは反対の収益拡大化戦略が必要となる。

　また，平日の昼間時間帯の列車利用客拡大も大きな課題である。乗客が少ない時間帯においても，鉄道事業者側には定期的な運行（列車運行の間隔時間はともかく）が求められる。利用見込みが低い列車の利用を促進するためには，観光，レジャー等を目的とした定期外利用者の拡大である。そのためには，その人たちが列車に乗って観光等で沿線地域に行ってみたいと思わせるインセンティブが必要となる。収益性の低い列車の運賃をディスカウントして利用拡大を図るとか，利用者に特典（次回利用割引券，二次交通利用券，地域特産品の配布，割引買い物券等）を付与することによりその利用拡大を図ること等が有効と考える。長良川鉄道経営の基本理念（地域住民の移動手段の確保）に反するかもしれないが，昼間の低利用率の一般列車を付加価値の高い観光列車（例えば，弁当付き列車，キャラクター列車等で特別料金を徴して収益拡大を図る）にすることはどうであろうか。地域住民には利便性が悪く（特別料金を支払う必要がある）なり，反対の意見も出てくると予想されるが，検討の余地はある。中山間地域を走る第三セクター鉄道が存続（沿線市町村の財政は逼迫し，支援が厳しくなっている）していくためにはイールドマネジメントの視点が不可欠である。利用率の低い昼間時間帯における観光列車の定期運行は観光客の満足感を高めることになり，地域の経済，雇用への波及効果は大きい。また，旅行業者，各種団体等とタイアップす

れば定期的な観光列車利用はさらに拡大すると推測する。その効果は，観光列車「ながら」で実証済みである。

## 第6節　小括

　長良川鉄道には，1日フリー切符が収益拡大に本当に寄与しているのか疑問に思う職員が多くいたが，データを見る限りフリー切符が収益拡大に寄与していたと推察できる。飛行機と第三セクター鉄道と比較することには無理があると思われるが，国土交通省の国土交通政策研究所の「LCCの参入効果分析に関する調査研究」によればLCC（既存航空会社より運賃が安い）の新規誘発効果は16%としている[9]ことから推察しても，通常運賃より安い「1日フリー切符」の第三セクター鉄道への観光誘客効果は高いと推察できる。

　本格的なイールドマネジメントの手法については，中山間地域を走る第三セクター鉄道（コンピューターを活用して，タイムリーに収益最大化に向けた対応ができる鉄道は別として）に導入することの可能性は低いが，フリー切符，昼間割引切符，深夜割引切符等の販売等は中山間地域の第三セクター鉄道において導入することは可能であり，それが収益最大化につながる。

　今後，中山間地域を走る第三セクター鉄道ならではのイールドマネジメント（収益最大化）の手法を専門家の参加を得て，全国の第三セクター鉄道協議会等で検討していく必要がある。ブレーンストーミングの手法で，若者中心に議論していくと目から鱗的な手法を生み出すことができる可能性はあると考える。

　国土交通省においては，需要と供給の状況に合わせて価格変動させるダイナミックプライシングの仕組を2020年度にも導入しようとしている。硬直的であった運賃（公共交通機関の運賃は行政の認可が必要）に柔軟性を持たせ運営会社の収益拡大を後押しするとしている。この制度は，既に航空運賃やホテルの宿泊料金で導入されている。公共交通機関で導入の可能性の高いタクシー迎車料金で2018年度に実証実験がされ，問題点等の整理がされている。

## 注

[1] クロス（1998），訳書 78 頁。

[2] IT 情報マネジメント編集部「情報システム用語辞典（2010.1.18）@IT，ア
イティメディア株式会社
https://www.itmedia.co.jp/im/articles/1001/18/news139.html（最終アクセス 2020 年
1 月 6 日）

[3] 寺部（2002），37 頁。

[4] 高橋他（2012），42-45 頁。

[5] 「情報システム用語辞典・イールドマネジメント」（2010・1・18），
@IT 情報マメネジメント編集部 ・IT media エンタープライズ
https://www.itmedia.co.jp/im/articles/1001/18/news139.html（最終アクセス 2020 年
1 月 6 日）

[6] 「情報システム用語辞典・イールドマネジメント」（2010・1・18），
@IT 情報マメネジメント編集部 ・IT media エンタープライズ
https://www.itmedia.co.jp/im/articles/1001/18/news139.html（最終アクセス 2020 年
1 月 6 日）

[7] 井上（2006），4-5 頁，高橋他（2012），43 頁。

[8] 堀内重人の地域交通・夜行列車の存続・活性化に向けた提言（2012）http://d.
hatena.ne.jp/shoriuchi/20120621/1340299491（最終アクセス 2020 年 1 月 6 日）

[9] 国土交通省国土交通政策研究所長谷知治，小澤康彦，渡辺伸之介等「LCC の
参入効果分析に関する研究」2014 年。
http://www.mlit.go.jp/pri/houkoku/gaiyou/pdf/kkk118.pdf#search （最終アクセス
2020 年 1 月 6 日）

# 終章　結論と今後の研究課題

　沿線住民が「乗って残そう」という情緒的運動を行っているローカル鉄道（長良川鉄道もその一つ）が多々あるが，乗って残そう運動では鉄道は残らないのではないだろうか。

　ローカル鉄道の使命は時代の流れとともに変化している。当初のローカル鉄道の役割は点から点への移動手段であったが，時代の流れとともに行政の公共政策の役割を担うようになった。人口減少時代においては，定住人口の拡大から交流人口，関係人口への拡大が求められるようになってきた。ローカル鉄道は地域のソーシャル・キャピタル（社会関係資本）の形成にとってなくてはならない存在になりつつある。そんな時代において，ローカル鉄道に独立採算性を求めることに無理がある。ローカル鉄道は赤字を前提に経営がされても，多くの住民に異存はないと考える。しかし，その赤字にも限度があり，行政から財政支援とその地域へのリターンのバランスをとる必要があるのは言うまでない。

　日本では，公共交通に対する財政支援割合はヨーロッパに比べて低い。ヨーロッパでは公共交通が社会インフラとして位置づけられ，事業の採算性より住民へのサービス提供を重視している。その運営費の大半は交通税や補助金で賄われている。一方，日本の鉄道は独立採算性が課され，社会共通インフラとしての取り扱いがされてこなかった。日本のローカル鉄道の殆どが赤字で，常に廃線の危機に直面している。

　ローカル鉄道は赤字ではダメなのかの疑問が常にある。ローカル鉄道は，高齢者ドライバーの交通事故縮減政策，交通弱者の移動確保等社会政策，地域の活性化政策等行政の多様な政策を担っており，地域全体でとらえた場合，必ずしも赤字ではないのではないか。

　道路には自動車税，揮発油税など，全国民から財源を徴収するシステムがあるが，鉄道には残念ながらない。その仕組みを構築することが必要である。例えば，電話料金に課せられた「ユニバーサルサービス料金」のように，JR も含めて，すべての鉄道利用者から一定の料金を徴収し，ローカル鉄道路線の整備を行う方

法である。

　長良川鉄道がおかれた社会経済情勢，国鉄から引き継がれた経緯（国有鉄道が大赤字のため国は越美南線を放棄）等から考えて黒字化は不可能といえる。赤字はやむを得ない（赤字容認額には限界はあるが）という前提で，地域的役割を如何に果たしていくかが重要である。また，その役割，公共目的からみて，運営費以上（特に，市町の赤字補填以上）の効果が発揮されているか否か（費用対効果）常に検証していくことが必要となる。さらには，長良川鉄道は沿線市町のまちづくりと不可分の関係にあることを十分認識して，常に対応していくことが求められる。

　高齢化や若者のクルマ離れなどにより，クルマ社会は曲がり角を迎えている。クルマに依存した社会から脱却するには，利便性の高い地域の公共交通体系整備が必要である。ローカル鉄道が地域住民にとって本当に便利なら，乗客は増えていく可能性がある。今後の鉄道経営は，サービス向上を基軸として見直しを図る必要がある。ローカル鉄道が実行すべきことは，待たずに乗れる高頻度運行である。しかし，ローカル鉄道の多くは単線であること，すれ違い施設を造るにも財源確保が困難等から簡単ではない。

　その対応の一つとして，BRT（Bus Rapid Transit・バス高速輸送システム）が注目されている。

　経営の厳しいローカル線を廃止して代替バスを運行することは昔からあったが，近年は BRT を導入するケースもある。BRT のメリットは，鉄道の線路と同様，一般車が進入しない専用道を走るため，一般道だけを走る通常のバスより所要時間を短くでき，定時性が確保できる。2007 年に廃止された鹿島鉄道（茨城県）の代替バス「かしてつバス」は，2010 年に鹿島鉄道の跡地を活用した専用道経由に変更され，石岡駅～常陸小川駅間の所要時間は 5〜7 分短縮されたとされる[1]。

　また，鉄道に比べ車両の購入費（鉄道車両はレールバス型で約 2 億円，バス車両は数千万円）や路線整備費が安いことや，必要に応じて運行本数を増やすことが容易である。2011 年の東日本大震災で，2012 年に BRT が気仙沼線，大船渡線

に導入され運行本数は大幅に増えている。BRTを鉄道より利便性が高いと評価する住民も多い。また，目的地へ乗り換えなく行ける路線編成や地域住民の要望に基づいた停留所の弾力的な設置も可能である。今，バスの自動運転技術が急速に進歩しており，バス自動運転の導入も比較的容易である[2]。

　BRT導入は、地域の実情に応じ検討すべき課題である。

　今後は，「協働」をキーワードに，沿線市町村，異業種企業等と連携・協力してイノベーションを推進していくと同時に，「顧客との協働」を推進していく必要がある。そのためには，異なる領域を融合して価値をデザインする能力，ゼロベースで新しい顧客価値を見抜く能力を有する人材確保，育成が必要となる。

　ローカル鉄道の持続発展は過去の延長線上に解はない。鉄道の独立採算という日本的発想から，ヨーロッパのように鉄道は重要な公共インフラであるという認識の基に行政が全面的にサポートする仕組みを構築していくことが求められる。鉄道に対するヨーロッパ的発想を住民が容認するためには何をすべきか，MaaSの進展に合わせた鉄道のあり方，ローカル鉄道におけるデジタルマーケテイング等の研究を今後の課題としたい。

---

## 注

[1] 伊原薫『いま注目の公共システム「BRT」とは？』ヤフーニュース
　news.yahoo.co.jp/byline/iharakaoru/20130920-00028194/
　（最終アクセス2020年1月6日）
[2] 伊原薫『いま注目の公共システム「BRT」とは？』ヤフーニュース
　news.yahoo.co.jp/byline/iharakaoru/20130920-00028194/（最終アクセス2020年1
　月6日）

## 参考文献一覧

Chandler, A. D.（1962）,*Strategy and Structure*, MIT Press.（三菱経済研究所訳『経営戦略と組織』実業之日本社，1967 年）

Cross, R. E.（1997），*Revenue Management,* Redline GmbH.（水島温夫訳『RM［収益管理］のすべて――儲からない時代に利益を生み出す』日本実業出版社，1998 年）

安全で快適な自転車利用環境創出の促進に関する検討委員会編・発行 (2016)「『自転車ネットワーク計画策定の早期進展』と『安全な自転車通行空間の早期確保』に向けた提言」

　https://www.mlit.go.jp/road/ir/ir-council/cyclists/pdf5/proposal.pdf（最終アクセス 2020 年 1 月 6 日）

井上博文（2006）「観光産業におけるイールド・マネジメント―米国の観光産業を中心に」『観光学研究』第 5 号，1-10 頁

井熊均編著（2002）『第 3 セクターをリストラせよ：待ったなし!地方自治体の不良債権処理』日刊工業新聞

石井幸孝（2007）『九州特急物語』ジェイティビィパブリッシング

一般社団法人岐阜県自動車会議所編・発行（2015）『岐阜県の自動車保有車両数』

大方優子（2004）「旅行先への再訪行動に関する研究」『日本観光研究学会全国大会学術論文集』241-244 頁

大野貴司（2014）『人間性重視の経営戦略論―経営性と人間性の統合を可能とする経営戦略理論の構築にむけて―』ふくろう出版

小川孔輔（2002）『ブランド戦略の実際』日本経済新聞社

香川正俊（2005）「なぜ公共交通は赤字なのか」『月刊自治研』第 47 号，29-35 頁

北村隆一（2005）『鉄道でまちづくり』学芸出版社

岐阜県編・発行（2016）『岐阜県観光動態調査』

　https://www.pref.gifu.lg.jp/sangyo/kanko/kanko-tokei/（最終アクセス 2020 年 1 月 6 日）

岐阜県編・発行（2017）『平成 29 年岐阜県観光入込客統計調査』

　https://www.pref.gifu.lg.jp/sangyo/kanko/kanko-tokei/s11334/29kekka.html（最終アクセス 2020 年 1 月 6 日）

岐阜県ローカル鉄道連絡会議編・発行（2018）『岐阜県第三セクター鉄道の概要（平成 30 年度版）』

郡上市編・発行（2010）『郡上市観光振興ビジョン 2010』

工藤康宏・野川春夫（2002）「スポーツツーリズムにおける研究枠組みに関する

　研究」『順天堂大学スポーツ健康科学研究』第 6 号，183-192 頁

公益財団法人笹川スポーツ財団編・発行（2002～2018）『スポーツライフ・データ 2002～2018』

公益財団法人日本生産性本部編・発行（2018）『レジャー白書 2018』

厚生労働省編・発行（2015）『完全生命表』

厚生労働省編・発行（2017）『人口動態統計』

国土交通省鉄道局編・発行（2017）『国鉄の分割民営化から 30 年を迎えて』

国立社会保障・人口問題研究所編・発行（2017）『日本の将来推計人口（平成 29 年推計）』http://www.ipss.go.jp/pp-zenkoku/j/zenkoku2017/pp_zenkoku2017.asp（最終アクセス 2020 年 1 月 6 日）

小松田勝（2012）『図解でわかる！ディズニー　感動のサービス』中経出版

櫻井寛（2007）『日本全国絶景列車の旅』世界文化社

櫻井寛（2008）『世界鉄道の旅』小学館

嶋口充輝・黒岩健一郎・内田和成編著（2016）『1 からの戦略論（第 2 班）』碩学社

自転車社会学会編・発行（2003）『政策のあり方に関する調査報告書 2003』https://www.cyclists.jp/about/pdf/report2003.pdf#search（最終アクセス 2020 年 1 月 6 日）

清水省吾（2005）「地方鉄道の抱える経済的障壁」『月刊自治研』第 47 号，36-42 頁

首藤明敏（2010）「サービスブランディング」『AD　STUDIES』32 号，15-19 頁

須田寛（2012）『須田寛の鉄道ばなし』ジェイティビィパブリッシング

スポーツツーリズム推進連絡会議編・発行（2011）『スポーツツーリズム推進基本方針』

第三セクター等鉄道協議会編・発行（2018）『三セク鉄道だより第 48 号「平成 29 年度第三セクター鉄道の輸送実績」』

高石鉄雄・中村博司（2009）『自転車で健康になる』日本経済新聞出版

高橋一夫・大津正和・吉田順一編著（2012）『1 からの観光』碩学舎

辻本勝久（2012）「地方鉄道における合意形成と住民参画：和歌山電鐵貴志川線の事例」『運輸と経済』第 69 巻第 12 号，29-37 頁

寺部慎太郎（2002）「航空・鉄道業界における収益管理―レベニュー・マネジメント」『運輸政策研究』第 4 巻第 4 号，37-39 頁

十代田朗編著（2010）『観光まちづくりのマーケティング』学芸出版社

内閣府編・発行（2017）『平成 29 年版高齢社会白書』https://www8.cao.go.jp/kourei/whitepaper/w-2017（最終アクセス 2020 年 1 月 6

日）

長浜市編・発行（2007）『長浜市中心市街地活性化基本計画書（平成 19 年度)』
　　https://www.city.nagahama.lg.jp/cmsfiles/contents（最終アクセス 2020 年 1 月 6
　　日）

長良川鉄道 10 年史編集委員会編・発行（1996）『長良川鉄道 10 年史』

二宮浩彰（2009）「日本におけるスポーツツーリズムの諸相」『同志社スポーツ健
　　康科学』第 1 号，9-18 頁

原田宗彦（2016）『スポーツ都市戦略：2020 年後を見すえた町づくり』学芸出版
　　社

原田宗彦・木村和彦編著（2009）『スポーツ・ヘルスツーリズム』大修館書店

廣川洲伸（2003）『図解入門ブランド価値評価手法がよ～くわかる本』周和シス
　　テム

藤田知也・榊原雄一郎（2017）「鉄道事業者における観光列車戦略の研究～JR 九
　　州の事例から～」『関西大学経済論集』第 67 巻第 3 号，429-446 頁

古倉宗治（2013）「自転車を活用した地域活性化方策」『月刊地域づくり』第 288
　　号，4-8 頁

見奈美徹（2007）「地域と協働するえちぜん鉄道」『RRR』10 月号，2-5 頁

山下秋二・原田宗彦編著（2009）『図解スポーツマネジメント』大修館書店

## 参考資料一覧

『交通新聞』2012 年 1 月 26 日付

『日本経済新聞』2010 年 10 月 19 日朝刊，2017 年 9 月 18 日朝刊

『日本経済新聞プラス 1』2019 年 4 月 27 日付

『毎日新聞』2009 年 4 月 25 日朝刊

# 参考 URL 一覧

3C 分析とは　https://www.missiondrivenbrand.jp/entry/kaitai_3C（最終アクセス 2020
　　年 1 月 6 日）

IT 情報マネジメント編集部「情報システム用語辞典（2010.1.18）@IT，アイテ
　　ィメディア株式会社
　　https://www.itmedia.co.jp/im/articles/1001/18/news139.html（最終アクセス 2020
　　年 1 月 6 日）

NEWS ポストセブン（2017）
　　https://www.news-postseven.com/archives/20170115_484312.html/3（最終アクセ
　　ス 2020 年 1 月 6 日）

JCAST 会社ウォッチ「ヒットしないと運行できない!? 銚子電鉄の「崖っぷち商
　　法」今度は映画「電車を止めるな!」（気になるビジネス本）」
　　https://www.j-cast.com/kaisha/2019/07/15362423.html?p=all（最終アクセス 2020
　　年 1 月 6 日）

RESPONSE（2016）
　　https://response.jp/article/2016/08/29/280833.html（最終アクセス 2020 年 1 月 6
　　日）

RESPONSE（2017）参照
　　https://response.jp/article/2017/04/18/293658.html（最終アクセス 2020 年 1 月 6
　　日）

伊原薫『いま注目の公共システム「BRT」とは？』 ヤフーニュース
　　news.yahoo.co.jp/byline/iharakaoru/20130920-00028194/
　　（最終アクセス 2020 年 1 月 6 日）

裏千家ホームページ　http://www.urasenke.or.jp/textb/kids/kokoro/kokoro.html（最終
　　アクセス 2020 年 1 月 6 日）

オンライン東洋経済（2016 年 10 月 22 日）鳥取「弱小鉄道」を救った IT 出身社
　　長の手腕」　https://toyokeizai.net/articles/-/141130（最終アクセス 2020 年 1 月
　　6 日）

貴志川線の未来をつくる会　http://mirai-report.com/blog-entry-1022.html?sp（最終
　　アクセス 2020 年 1 月 6 日）

木田悟「まちづくり，地域づくりの視点から捉えたスポーツコミッション・
　　スポーツツーリズムと自治体の新しい動き」
　　http://www.mlit.go.jp/common/000192805.pdf#search
　　（最終アクセス 2020 年 1 月 6 日）

京都丹後鉄道ホームページ　https://trains.willer.co.jp/corporate/（最終アクセス 2020年 1 月 6 日）

くま川鉄道ホームページ https://www.kumagawa-rail，com/（最終アクセス 2020 年 1 月 6 日）

公益財団法人笹川スポーツ財団「スポーツライフ・データ　分析レポート Vol.6・種目別にみた運動・スポーツ実施状況　その1　https://www.ssf.or.jp/report/sldata/tabid/1716/Default.aspx（最終アクセス 2020 年 1 月 6 日）

交通政策基本法　https://www.mlit.go.jp/common/001037565.pdf（最終アクセス 2020年 1 月 6 日）

国土交通省　交通政策基本法について　https://www.mlit.go.jp/sogoseisaku/transport_policy/sosei_transport_policy_tk1_000010.html（最終アクセス 2020 年 1 月 6 日）

国土交通省国土交通政策研究所長谷知治，小澤康彦，渡辺伸之介等「LCC の参入効果分析に関する研究，2014　http://www.mlit.go.jp/pri/houkoku/gaiyou/pdf/kkk118.pdf#search（最終アクセス 2020 年 1 月 6 日）

国土交通省，日本鉄道史　http://www.mlit.go.jp/common/000218983.pdf（最終アクセス 2020 年 1 月 6 日）

国土交通省報道・広報（2019）　https://www.mlit.go.jp/report/press/20190416_SGW_JRH.html（最終アクセス 2020 年 1 月 6 日）

さいたま市市民活動及び協働の推進条例 https://www.city.saitama.jp/（最終アクセス 2020 年 1 月 6 日）

シマノ株式会社「サイクリンググッド vol7（電子版）」　https://bike.shimano.com/content/dam/productsite/shimano/pdf/VOL7.pdf（最終アクセス 2020 年 1 月 6 日）

「情報システム用語辞典・イールドマネジメント」（2010・1・18），@IT 情報マメネジメント編集部　・IT　media　エンタープライズ　https://www.itmedia.co.jp/im/articles/1001/18/news139.html（最終アクセス 2020年 1 月 6 日）

宣伝会議 編集部（2015）　https://www.advertimes.com/20151216/article212750/（最終アクセス 2020 年 1 月 6 日）

総務省「分権型社会における自治体経営の刷新戦略—新しい公共空間の形成を目指して」（2005）

https://www.soumu.go.jp/main_sosiki/kenkyu/.../081016_1_sa1.pdf
（最終アクセス 2020 年 1 月 6 日）

高野潤「自転車と鉄道の相互利用環境の整備」『交通運輸情報プロジェクトレビュー12』https://jre.sfc.keio.ac.jp/review12/ronbun/takano.pdf（最終アクセス 2020
年 1 月 6 日）

銚子電気鉄道株式会社ホームページ https://www.choshi-dentetsu.jp/（最終アクセス
2020 年 1 月 6 日）

チョン・ソンウ「ソウル市の共有都市宣言－提唱から 5 年」（2018）参照
https://nortonsafe，search，ask，com/web（最終アクセス 2020 年 1 月 6 日）

東北大学大学院医学系研究科公衆衛生学分野　「歩行時間と医療費との関連について」https://www.pbhealth.med.tohoku.ac.jp/node/286（最終アクセス 2020 年 1
月 6 日）

自転車産業振興協会　自転車生産動態・輸出入統計
https://www.jbpi.or.jp/statistics_pdf/pdexim2016.pdf（最終アクセス 2020 年 1 月
6 日）

肥薩おれんじ鉄道ホームページ https://www.hs-orange.com/kankou/（最終アクセス
2020 年 1 月 6 日）

美深町観光協会ホームページ http://www.bifuka-kankou.com/torokko.php（最終アク
セス 2020 年 1 月 6 日）

福井市ホームページ「えち鉄サポーターズクラブ」
https://www.city.fukui.lg.jp/kurasi/koutu/public/suport-echizen.html
（最終アクセス 2020 年 1 月 6 日）

福島県ホームページ「アナリーゼふくしま NO17」
www.pref.fukushima.lg.jp/sec/11045b/17044.html（最終アクセス 2020 年 1 月 6
日）

平成 29 年岐阜県観光入込客統計調査
https://www.pref.gifu.lg.jp/sangyo/kanko/kanko-tokei/s11334/29kekka.html（最終
アクセス 2020 年 1 月 6 日）

別所線再生支援協議会の活動
http://www.mlit.go.j p/seisakutokatsu/soukou/soukou-magazine/ueda-nagano（最終
アクセス 2020 年 1 月 6 日）

歩行時間と医療費との関連について
http://www.geocities.jp/bikesocio/political/2025-25plan/seisaku（最終アクセス
2020 年 1 月 6 日）

堀内重人の地域交通・夜行列車の存続・活性化に向けた提言（2012）http://d.

hatena.ne.jp/shoriuchi/20120621/1340299491（最終アクセス 2020 年 1 月 6 日）

山口高弘「サービス業におけるブランド形成の極意」日経ビジネスオンライン
http :/business.nikkeibp.co.jp/article/pba/20080912/170370/（2008）（最終アクセ
ス 2020 年 1 月 6 日）

旅行好きが選ぶ，おすすめのローカル線ランキング TOP10（2016.9.2 更新）
https://travel.rakuten.co.jp/mytrip/ranking/localtrain/（最終アクセス 2020 年 1 月
6 日）

# 著者紹介

坂本桂二

長良川鉄道株式会社代表取締役専務，岐阜女子大学文化創造学部非常勤講師

**略歴**

愛知県立大学外国語学部卒業。岐阜大学大学院地域科学研究科修士課程修了。
名古屋市役所，岐阜県庁，岐阜県イベント・スポーツ振興事業団理事長，長良川鉄道株式会社常務取締役・専務取締役を経て
2017 年　現職

**主要業績**

『スポーツマネジメント実践の現状と課題』三恵社（分担執筆）
「協働による地域づくりに関する一考察」『岐阜経済大学論集』第 47
巻 1 号（共著）

大野貴司

帝京大学経済学部准教授

**略歴**

明治大学経営学部卒業。明治大学大学院経営学研究科博士前期課程修了。横浜国立大学大学院国際社会科学研究科博士課程後期単位取得退学。
岐阜経済大学経営学部，東洋学園大学現代経営学部を経て
2019 年　現職

**主要業績**

『プロスポーツクラブ経営戦略論』三恵社
『人間性重視の経営戦略論』ふくろう出版

ローカル鉄道の経営戦略とマーケティング
―長良川鉄道を事例として―

2020年2月20日　初版発行

著　者　　坂本　桂二・大野　貴司

定価(本体価格2,460円+税)

発行所　　株式会社　三恵社
〒462-0056 愛知県名古屋市北区中丸町2-24-1
TEL 052 (915) 5211
FAX 052 (915) 5019
URL http://www.sankeisha.com

乱丁・落丁の場合はお取替えいたします。
ISBN978-4-86693-159-3 C3034 ¥2460E